KB048881

워크는 좌파가 아니다

LEFT IS NOT WOKE

LEFT ≠ WOKE

Susan Neiman

워크는 좌파가 아니다

수전 니먼 지음
홍기빈 옮김

생각의힘

"인터내셔널은 인류를 단결시킨다."

〈인터내셔널가〉 영어 가사 1절 마지막은 이렇게 끝난다. 노동계급도 아니고 민족도 아닌 인류! 이런 철저한 보편주의가 좌파의 기본 가치이자 최종 목표였다. 그러나 '워크'라는 낯선 수식어를 단 오늘날의 '좌파'는 오히려 부족주의를 내세우며 끝없는 분열과 경쟁의 먹이가 된다.

이에 맞서 저자 니먼은 '좌파 됨'의 참뜻을 선명히 일깨운다. 푸코나 슈미트 같은 저자가 끼친 그릇된 영향에서 벗어나 계몽주의라는 출발점을 재평가하자고 촉구하며, 자본주의와 제국주의에 맞설 길은 계몽주의의 폐기가 아니라 그 완성에 있음을 거듭 강조한다. 논쟁적인 주장이다. 하지만 길 잃은 21세기 좌파에게는 벼락같은 깨침의 선물이 아닐 수 없다. '진보', '좌파', '노동', '페미', 이 모든 말이 분열과 고립화의 딱지로 전락해가고 있는 이 불모의 땅에서 세상을 바꾸는 운동의 재출발을 열망하며 고뇌하는 이들의 필독서다.

장석준

사회학자,
출판&연구공동체
산현재 기획위원

최근 읽은 책 중 저자와 가장 치열하게 다투며 읽은 책이다. 처음에는 좌파라는 말에도, 워크를 향한 비판에도 거리낌을 느끼며 조목조목 반박하고 싶었다. 그러나 중반쯤 읽을 때부터 저자의 혹독하고도 논리적인 주장에 완벽하게 설득되기 시작했고, 내가 가진 진보적 입장이라는 것이 상당 부분 계몽주의 사상가들에 대한 오해에서 비롯되었음을 인정하게 됐다. 간결하고도 강인한 글이다.

모두가 피해자의 자리를 선점하기 위해 달려가며 "트라우마의 숲"에서 빠져나오지 못하는 현 상황에 나침반 역할을 한다. 나와 타인의 삶을 개선하고자 하는 사람들에게 허무주의가 아닌 희망을, 몽롱한 지적 유희가 아닌 이상을 현실에 실현시킬 구체적인 지적 자원을 쥐어준다.

저자의 열정과 지성 그리고 가차 없음에 박수를 보낸다.

하미나

작가, 《미쳐있고 괴상하며 오만하고 똑똑한 여자들》 저자

일러두기

1. 이 책은《Left Is Not Woke》(2023)를 우리말로 옮긴 것이다. 원서의 2판에서 개정된 수정 사항 또한 반영했음을 밝힌다.
2. 단행본은 겹꺾쇠표(《 》)로, 신문, 잡지, 방송 프로그램 등은 홑꺾쇠표(〈 〉)로 표기했다.
3. 각주는 독자의 이해를 돕기 위해 모두 옮긴이가 단 것이다.
4. 인명 등 외래어는 외래어표기법을 따랐으나, 일부는 관례와 원어 발음을 존중해 그에 따랐다.
5. 국내에 소개된 작품명은 번역된 제목을 따랐고, 국내에 소개되지 않은 작품명은 원어 제목을 독음대로 적거나 우리말로 옮겼다.
6. 워크woke는 1938년 "깨어 있으라stay woke"라는 노래 구절로 등장한 것이 그 기원으로, 불의에 맞서 깨어 있고 차별의 여러 증후를 언제나 감시할 것을 뜻했다. 그러나 요 몇 년 사이 특히 보수 진영에서 정치적 올바름PC 이슈에 과잉 반응하는 이들을 비꼬는 의미로 많이 쓰인다.

차례

1장

들어가며

LEFT
≠
WOKE

이 책은 캔슬 컬처cancel culture에 대해 장황한 설교를 늘어놓거나 양비론을 펼치려 들지 않는다. 또한 생각이 다른 사람들의 말도 이해하려고 노력해야 한다는 리버럴의 미덕을 설파하지도 않는다. 그러한 태도가 미덕임은 맞지만, 나는 스스로 리버럴이라고 생각하지 않는다. 내가 살고 있는 곳에서는 '리버럴liberal'이란 '자유지상주의자libertarian'라는 뜻으로 쓰이며, 좌파라는 것도 가지가지로 서로 다른 입장들이 존재한다. 하지만 나는 언제나 분명한 당파성을 지니고 살아왔다. 미국 민권 운동이 활발하던 시기에 남부의 조지아주에서 자라났으며, 거기서부터 좌파로 입장을 정리한 바 있다. 오늘날 미국 문화에서는 리버럴이라는 말조차 일종의 비방으로 쓰일 때가 많으므로 완전히 잊힌 감이 있지만, 한때는 미국과 같은 자유의 땅에서 '사회주의자'라는 것은 얼마든지 존중받는 정치적 입장으로 대접받았던 적이 있다. 다름 아닌 알버트 아인슈타인도 냉전이 절정에 달한 시점에서 자랑스럽게 사회주의를 옹호하는 글을 쓴 적이 있었으니까. 나 또한 아인슈타인과 다른 많은 이들과 마찬가지로 기꺼이 좌파이자 사회주의자라고 불리기를 원한다.

좌파가 리버럴과 구별되는 지점은 의사 표현의 자유, 종교의 자유, 이동의 자유, 투표권 등 정치적 권리뿐만 아니라 이를 실질적으로 행사할 수 있도록 떠받치는 각종 사회적 권리 또한 요구한다는 데 있다. 이러한 사회적 권리를 리버럴은 수당, 복지, 사회 안전망 등의 이름으로 부른다. 이렇게 접근하다 보면 공정한 노동 관행, 교육, 건강보험, 주택 등은 마땅히 보장되어야 할 사회 정의가 아니라 "되면 좋고 안 되면 할 수 없는" 자선의 문제처럼 보이게 되어버린다. 하지만 공정한 노동 관행, 교육, 건강보험, 주택, 문화 생활 참여 등 여러 사회적 권리는 유엔이 1948년에 내놓은 〈세계인권선언Universal Declaration of Human Rights〉에 똑똑히 명문화되어 있다. 대부분의 유엔 회원국이 이 선언문을 비준하였지만 그러한 권리를 보장하는 사회를 실제로 만들어낸 국가는 아직 아무 곳도 없으며, 선언문에 무슨 법적 강제력이 있는 것도 아니다. 이 선언문은 무려 530개의 언어로 번역되어 세계에서 가장 널리 알려진 문서이지만, 그저 열망과 희망을 담은 문서에 머물고 있다. 좌파의 입장에 선다는 것은 바로 이러한 여러 열망이 유토피아적 공상이 아니라고 강하게 외친다는 것을 뜻한다.

"전 지구에 걸쳐 모든 인류가 만장일치에 도달할 것을 기다리지 않고도 이 나라 또는 저 나라에서 법률, 재정, 사회 시스템을 변화시켜 점차 참여적 사회주의로 나아가는 것은 얼마든지 가능하다"고 경제학자 토마 피케티Thomas Piketty는 말한 바 있다.[1] 그는 전후 경제 성장이 최대로 활발했을 시기, 미국과 영국에서 시행되었던 세율에 못 미치는 정도의 세금 인상으로도 이를 달성할 수 있다고 주장했다. 정체성을 둘러싼 여러 갈등이란 사실 사회 정의와 공정한 경제라는 생각 자체가 환멸의 대상이 되면서 터져 나온 것이라는 게 그가 내린 결론이다.[2] 하지만 이 책에서 좌파가 여러 다른 불평등보다 경제적 불평등에 더 많이 주목해야 한다는 관점에 대해 논의하지는 않을 것이다. 나는 이러한 관점이 옳다고 보지만, 이를 옹호하는 논리는 이미 충분히 나온 바 있기 때문이다. 내가 다루고자 하는 문제는 따로 있다. 좌파적이라고 간주되는 현대의 목소리들이 모든 좌파적 입장에서 핵심이 되는 철학적 사상, 즉 부족주의를 극복하여 보편주의를 지향하고, 정의와 권력을 확고하게 구별하고, 진보의 가능성을 믿는 것 등을(이 생각은 모두 연결되어 있다) 어떻게 폐기해버렸는지를 논하는 것이 이 책의 관심사이다.

방금 말한 사상들은 오늘날의 담론 세계에서 이따금 공격 대상이 될 뿐, 그때를 제외하면 거의 모습조차 볼 수 없다. 이 때문에 여러 나라에 있는 수많은 나의 동료들은 이제 더는 좌파에 속한다고 말할 수가 없게 되었다는 씁쓸한 결론을 내리곤 한다. 이들은 사회 정의에 온 일생을 바쳐 헌신적으로 살아왔음에도 불구하고 오늘날 워크 좌파woke left, 극좌파, 혹은 래디컬 좌파 등으로 불리는 자들이 나타나면서 완전히 소외당한 것이다. 하지만 나는 '좌파'라는 말을 그들에게 양보할 생각이 전혀 없으며, 워크가 아닌 이들은 모조리 반동이라는 이분법도 받아들일 생각이 없다. 그 대신 오늘날의 자칭 좌파라는 자들이 좌파라면 누구나 굳건히 움켜쥐어야 할 핵심 사상을 어떻게 폐기해버리게 되었는지를 검토할 것이다.

반론이 있을 수 있다. **반동적 민족주의가 모든 대륙에서 발호하고 있는 현시점에서 이론을 바로잡는 일이라는 게 과연 가장 절박한 당면 과제일까?** 같은 가치관을 공유하는 것으로 보이는 이들에 대고 진정한 좌파의 입장이 아니라고 비판을 가하는 일은 사실 나르시시즘의 한 예로 보일 수도 있다. 하지만 나와 워크의 무리를 가르는 차이는 결코 작지 않다. 이는 단지 스타일이나 톤의 문제가 아니다. 좌파의 입장에 선다는 의미의 핵심을 건드리는 것들이다. 우파가 좀 더 위험하다고 말할 수도 있다. 하지만 사회 전체가 오른쪽으로 휘청거리는 흐름에 우리가 맞서고자 할 때 꼭 필요한 것들을 오늘날 좌파가 스스로 빼앗아 없애버리고 있다는 점을 명심해야 한다. 2023년 10월 7일의 하마스 학살에 대한 워크의 반응은 이론이 어떻게 하여 끔찍한 실천으로 이어지게 되는지를 너무나 잘 보여주고 있다.

이러한 동요는 국제적이며 또한 조직적인 현상이다. 인도의 벵갈루루에서 헝가리의 부다페스트에 이르기까지 그리고 그 밖의 무수한 지역에서 우익 민족주의자들은 정기적으로 만나 전략을 공유하고 서로를 지지한다. 물론 모두 자기 나라의 문명이 더 우월하다고 생각하지만, 이에 개의치 않고 만나 연대한다. 이는 곧 헝가리인이, 노르웨이인이, 유대인이, 독일인이, 앵글로 색슨인이,

인도인이 지상 최고의 부족이라는 따위의 생각이 이들에게 그렇게 중요한 기초가 아니라는 점을 시사한다. 이들이 단결할 수 있는 것은 바로 부족주의라는 원리 그 자체이다. 오직 자신과 같은 부족의 사람들과만 진정한 관계를 맺을 수 있으며, 그 밖의 사람들에 대해서는 진실로 깊은 책임과 헌신을 가질 필요가 없다는 생각이다. 그런데 오늘날의 부족주의자는 본인들 스스로 의식을 하든 못 하든 보편주의에 기반한 신념을 가진 이들보다 더 쉽게 공동의 운동과 명분을 만들어내고 있으니, 이는 참으로 쓰라린 아이러니라고 하겠다.

워크는 전통적인 의미에서는 무슨 운동이라고 볼 수 있는 것이 아니다. "**깨어 있으라**stay woke"라는 구절이 기록상 최초로 나타난 것은 위대한 블루스 가수인 레드 벨리Leadbelly가 1938년에 발표한 노래 〈스코츠보로 소년들Scottsboro Boys〉이었다. 이 노래는 억울하게 강간죄를 뒤집어쓰고 사형 선고를 받았다가 오랜 국제적 항의로 누명을 벗게 된 아홉 명의 흑인 소년에게 헌정된 노래였다. 사람들이 종종 망각하는 사실이지만, 이 국제적 항의를 이끌었던 것은 공산당이었다. 반면 듀보이스W. E. B. Dubois의 전미유색인종지위향상협회National Association for the Advancement of Colored People, NAACP는 처음에 이 운동에 참여하기를 주저했다.[3] 불의에 맞서 깨어 있고, 차별의 여러 증후를 언제나 감시할 것. 전혀 잘못된 이야기가 아니다. 하지만 얼마 되지 않는 짧은 시간 안에 "깨어 있음", 즉 **워크**라는 말은 상찬을 받는 용어에서 남용과 오용의 용어로 완전히 바뀌어버렸다. 도대체 무슨 일이 있었던 것일까?

론 드산티스Ron De Santis[*]에서 리시 수낵Rishi Sunak[†]과 에릭 제무르Eric Zemmour[‡]에 이르기까지, 몇 년 전 **정체성 정치**identity politics라는 말이 완전히 정반대의 뜻으로 뒤집혔던 것처럼 이제는 인종주의에 반대하는 사람에게는 누구든 딱지를 붙이고 무차별적인 공격을 가하라는 "좌표 찍기" 어휘로 쓰이고 있다. 러시아의 상트페테르부르크부터 미국 플로리다주의 세인트피터즈버그에 이르기까지 이 **워크**라는 말은 완전히 욕설로 쓰이고 있으며, 동료 중 다수는 내게 이 말을 잘못 썼다가 우파들에게 이용만 당할 위험이 있으니 아예 쓰지 말라고 강력히 충고하기도 했다. 하지만 우파에게 모든 잘못을 뒤집어씌우는 것은 온당한 일이 아니다. 정체성 정치라는 말을 만들어냈던 컴바히강 공동체Combahee River Collective[§]의 창립 멤버 바바라 스미스Barbara Smith 또한 오늘날 이 말이 본래의 의도와는 전혀 다르게 쓰이고 있다고 주장한다. "우리는 우리와 같은 사람들과만 일해야 한다고 말한 것이 절대로 아니었습니다. 우리는 서로 다른 다양한

[*] 미국 공화당의 플로리다 주지사로, 2024년 대통령 선거의 유력 후보였다.

[†] 2022년 말부터 영국 보수당 내각의 총리.

[‡] 저널리스트 출신으로, 2022년 프랑스 대통령 선거에서 마린 르 펜을 대체할 극우 후보로 부상했던 인물.

[§] 1974년부터 1980년까지 미국 보스턴에서 활동한 흑인 여성주의 레즈비언 사회주의 운동 단체.

정체성을 가진 사람들이 공통의 문제를 놓고 함께 일하는 것을 강력한 신념으로 삼고 있었습니다."[4]

어떤 이들은 정체성 정치와 워크 정치woke politics의 본래 의도 자체에 이러한 오용의 씨앗이 존재한다고 말할 수도 있겠지만, 두 용어 모두 그 용어들이 요구하는 섬세함과 조심성이 무시된 채 사용된 것은 분명한 사실이다. 둘 다 분열을 불러일으켰고, 우파는 그로 인해 생겨난 적대감을 잽싸게 이용해먹었다. 극단적인 워크의 경향으로 치달았던 것은 삶의 현장에서 사람들을 조직하려고 땀 흘리는 활동가라기보다는 대학과 대기업이다. 그리고 가장 나쁘게 악용하는 이는 워크 자본주의자로서, 다양성에 대한 사람들의 요구를 자기들 것으로 가로채서 이윤을 불리는 데에 이용하고 있다. 역사가 투레 리드Touré Reed는 이러한 과정이 철저히 계산된 것이라고 주장한다. 즉 대기업이 직원으로 흑인을 더 많이 채용하면 흑인들 사이에서 더 큰 소비 시장을 얻을 수 있다는 것이다.[5] 이러한 일은 아주 뻔뻔스럽고 직설적으로 자행될 때가 많다. 영화 산업에 대한 맥킨지 보고서를 보자. "고질적인 인종 간 불평등 문제를 다룬다면 연간 수익을 100억 달러 늘릴 수 있습니다. 이는 기준선으로 평가되는 1,480억 달러의 7퍼센트가 넘는 액수입니다."[6] 진보적인 목적으로 시작된 것이 이렇듯 노골적으로 이용당하고 있지만, 그 이전에 이미 **워크** 자체가 사회 변화가 아닌 모종의 상징 정치의 대상으로 변질되고 말았다. 2020년 다보스 포럼은 워크 자본주의를 가장 큰 주제로 내걸었지만, 개회식 연사는 도널드 트럼프였고 이 순간 기립 박수가 쏟아졌다.[7] 우익 정치가들이 **워크**라는 말을 멸칭으로 쓰고 있다는 사실이 이러한 현실에 눈을 감는 구실이 되어서는 안 된다.

과거에 나의 책 두 권을 성공적으로 번역하여 출간했던 프랑스 출판사에서는 이번에 이 책의 출간을 거부했다. 나도 출판사의 입장을 이해한다. 이 책이 우파들에게 힘과 도움이 될 수 있다는 두려움 때문이었다. "상황이 너무 심각합니다. 마린 르 펜Marine Le Pen이 나음 선거에서 승리할 수도 있습니다." 맞다. 상황은 아주 심각하다. 다음 미국 대통령 선거에서 도널드 트럼프가 승리할 수 있으며, 독일에서는 극우 정당이 꾸준히 지지율을 올리고 있다. 하지만 워크라는 문제를 인정하지 않는다든가, 이는 그저 우파에서 사회 정의를 요구하는 모든 이의 목소리를 묻어버리기 위해 만들어낸 유령이라고 우기는 식으로 문제를 회피할 수는 없는 일이다. 오히려 그 반대다. 리버럴과 좌파 쪽에서 먼저 워크의 과도한 행태를 명확히 문제 삼지 않는다면, 그들 스스로의 정치적 입지 자체가 계속해서 모호한 채로 남게 된다. 그뿐 아니다. 그들의 침묵이 계속된다면, 정치적 지향성이 분명치 않은 이들 모두가 결국에는 우파의 품에 안기게 될 것이다.

많은 개념이나 사상과 마찬가지로, 보편주의 또한 불순한 의도로 이용당할 수 있다. 프랑스는 아주 두드러진 예이다. 인류 최초로 〈인권 선언〉을 내걸었던 나라이므로 그 유산 덕분에 인종주의에 침윤될 일이 없다고 스스로 주장할 때가 많다. 작가이자 영화제작자 로카야 디알로Rokhaya Diallo는 이에 대해 이렇게 말한다.

"우리 나라는 언제나 계몽주의의 본고장이라고 내세우지만, 여러 권리를 아무렇지도 않게 짓밟고 있으며, 특히 표현의 자유를 짓밟고 있다."[8] 한편 프랑스 법원에서는 인종 프로파일링*을 일상적 현실로 인정하고 있지만, 다른 한편으로는 "프랑스가 여러 문화를 동화시킨다는 이상을 추구하고 있으며, 그 여러 다양한 문화가 표현되는 양태를 표준화해버리기 위해 정교분리라는 원칙을 활용하고 있다."[9] 디알로는 결코 보편주의를 이론적으로 반대하는 것이 아니라, 그것이 현실에서도 실현되기를 원하는 것뿐이다. "유럽 이외의 전통에서도 여러 상이한 관점, 문화, 지적 자원으로부터 보편주의의 주장이 얼마든지 나올 수 있다. 하지만 프랑스에서는 보편주의라는 말이 특정 형태의 투쟁을 비난하기 위한 구호가 되어버렸고, 백인 우월주의를 치장하는 말처럼 쓰이는 실정이다."[10]

그래서 디알로와 달리, 수많은 반인종주의 활동가들은 우파가 보편주의라는 말을 이용해먹고 있다는 것을 이유로 이 개념과 사상 자체를 완전히 거부해버리기까지 한다.

워크를 정의할 수 있을까? 워크는 주변화된 개인에 대한 관심과 염려를 출발점으로 삼으며, 주변화를 낳은 여러

* 피부색이나 인종적 특성을 기반으로 용의자를 추적하는 수사 기법.

정체성으로 개개인 모두를 분해하고 환원해버린다. 교차성intersectionality이라는 개념은 본래 우리 모두가 여러 가지 방식으로 하나 이상의 정체성을 담고 있다는 점을 강조하는 것이었다. 하지만 이제는 그 여러 정체성 가운데에서도 가장 심하게 주변화된 부분에만 초점을 두며, 계속해서 키워나간 후 결국 어마어마한 트라우마의 숲으로 불려버린다.

워크는 이런저런 특정 집단이 정의에 호소하지 못하게 되는 여러 방식이 있음을 강조하며, 그들이 입게 되는 부당한 피해와 상처를 바로잡아 회복하려고 한다. 그런데 이렇듯 권력의 불평등에 초점을 맞추다 보니 정의의 개념은 옆으로 아예 밀려날 때가 많다.

워크는 여러 민족 그리고 다양한 인간 집단에게 자기들이 저지른 범죄의 역사를 제대로 보라고 요구한다. 그런데 그 과정에서 모든 역사는 범죄의 역사라고 결론을 지어버릴 때가 많다.

이 책의 1판이 나오자 어떤 이들은 여기에 제시한 워크의 정의가 충분치 못하다고 비판했다. 정의가 너무 협소하고 여러 사례의 목록이 제시되어 있지 않으므로 나의 **워크 비판** 또한 구체적으로 무엇을 비판하는 것인지 알 수 없다는 공격이었다. 나로서는 이러한 불만이 당혹스럽다. 워크의 행태가 보여주는 사례들은 거의 매일같이 전 세계의 신문에 보도되고 있다. 나의 목적은 그런 사례집을 또 하나 내놓는 것이 아니라, 그러한 사례들의 근저에 깔린 철학적 아이디어를 이해하고자 하는 것이다. 즉 워크의 사유 방식을 떠받치고 있는 여러 전제가 겉으로는 아무런 해악도 없는 것으로 보이지만, 그 아래에 묻힌 철학적 사유 또한 과연 그러한지를 살펴보자는 것이다. 하지만 그래도 더 많은 사례의 이야기를 원하는 독자도 있을 터이니, 여기에 세 가지 사례만 내놓도록 하겠다. 이는 그저 빙산의 일각일 뿐, 워크라는 것이 얼마나 우스꽝스러운지와 동시에 얼마나 공포스러운 것인지를 잘 보여주는 사례들은 실로 무수히 많다.[11]

독일의 한 출판사가 신간 서적을 홍보하기 위해 다음과 같은 문구를 사용했다. "이 책은 여러분의 눈을 뜨게 해줄 것입니다." 이 출판사는 눈이 보이지 않는 사람들에게 상처를 줄 수 있는 말을 썼다는 이유로 즉시 공격을 받았고, 결국 광고를 내려야만 했다.

젊은 흑인 시인 아만다 고먼Amanda Gorman은 조 바이든의 대통령 취임식에서 자신의 시 〈우리가 오르는 언덕The Hill We Climb〉을 낭독하여 국제적인 성공을 거두었다. 열일곱 개의 출판사가 그의 저작을 번역하여 출간하기 위해 재빠르게 저작권 계약을 맺었다. 고먼은 네덜란드어본의 번역자로 네덜란드의 논바이너리non-binary 백인 작가를 추천했다. 고먼은 그의 부커상 수상 경력을 추앙하였기 때문이다. 번역자를 구하는 데 다른 이유가 있을 필요가 없다. 당신의 작품이 마음에 드는데, 제 작품도 번역해볼래요? 그런데 네덜란드의 한 흑인 패션 블로거가

고먼의 작품은 흑인 여성만이 번역해야 한다는 글을 올렸다. 그 백인 작가는 바로 일을 그만두었지만, 이 이야기는 유럽 전체에 울려 퍼졌다. 카탈루냐어본은 이미 번역 작업이 끝나고 번역료까지 지급된 상태였지만, 그가 백인 남성이었기 때문에 새로운 번역자를 찾아 계약하는 일이 벌어졌다. 스웨덴어본은 번역자로 한 흑인 래퍼를 찾았지만, 덴마크에서는 흑인 번역자가 부족했기 때문에 결국 히잡을 쓰는 한 갈인褐人, brown* 여성이 번역자로 계약을 맺었다. 독일어본 출판사는 아주 독일적인 해법을 찾아내어, 흑인 여성 한 사람, 갈인 여성 한 사람, 백인 여성 한 사람으로 번역 위원회를 구성하여 그 전체와 계약을 맺었다.

세 번째는 이 글을 쓰는 시점에서 가장 최근에 불거진 워크 행태이지만, 전혀 웃을 수가 없다. 탈식민주의 워크는 오래전부터 이스라엘은 북방세계Global North에 속하며, 팔레스타인은 남방세계Global South에 속한다고 보았다. 이는 실로 엉터리 지리학의 산물로서, 그 어리석음은 수많은 워크주의자들이 1,200명의 이스라엘 국민을 하마스가 무자비하게 학살한 것을 두고서 "점령에 대한 저항"이라느니 심지어 "정의는 반드시 승리한다poetic justice"느니 하며 떠받드는 모습에서 여실히 드러나고 있다.

* 포괄 범위가 아주 넓어서, 중남미 출신(이른바 히스패닉 혹은 라티노)뿐만 아니라 필리핀, 인도 등의 (동)남아시아인들 심지어 이집트 사람들까지도 포함할 때가 있는 말이다. 멸칭으로 쓰이기도 하지만, 본인들 스스로 정체성을 나타내는 말로 쓰이기도 한다.

이는 결코 정의가 아니다. 학살당해 마땅한 "점령자들"로 지목된 이들 중 다수의 이스라엘인은 가자 지구의 이웃을 병원으로 데려가는 등 직접적이고도 유용한 방식으로 그곳에 평화를 일구고자 오랜 세월을 보낸 이들이었다. 희생자 중에는 생후 3개월 된 아기도 있었다. 하지만 그러한 의인도 또 순진무구한 아기도 무차별하게 학살당하고 말았다. 희생자들은 그저 잘못된 부족에 속한 게 죄였으며, 그것만으로도 그런 꼴을 당할 충분한 이유가 된다는 것이다.

다른 부족의 아이들 수천 명에게 폭격을 퍼붓는 것은 전쟁 범죄 이외의 아무것도 아니라는 점을 다시 말할 필요가 있을까? 나는 나의 저서 《근대 사상에서의 악Evil in Modern Thought》에서, 악에 무게라는 것을 부여하여 큰 악과 작은 악을 구분하는 일은 성공할 가능성도 없을 뿐만 아니라 아마도 외설스러운 짓이라고 주장한 바 있다.[12] 물론 독일의 유대인 철학자 귄터 안더스Günther Anders는 히로시마 핵 폭격에 가담했던 비행기 조종사 한 사람과 서신을 주고받은 끝에, 악에도 중요한 구분이 있을 수 있다는 점을 이야기하기도 한다. 한 아이를 가스실로 데려가거나 산 채로 불태울 수 있는 자는 마땅히 영혼이 있어야 할 자리에 깊이를 알 수 없는 구멍이 뻥 뚫려 있는 사람이다. 우리 대부분은 그렇게 할 수가 없다. 하지만 한 번도 본 적이 없는 아이에게 폭탄을 떨어뜨리는 일은 훨씬 쉽다. 바로 이 때문에 두 번째 종류의 악이 더욱 위험하다는 게 안더스의 주장이었다. 하지만 둘 다 악일 뿐이다. 둘 모두를 비난하지 말아야 할 이유가 도대체 무엇인가?

나는 오래도록 이스라엘의 팔레스타인 점령을 소리 높여 비판해왔으며(갈수록 극우화되는 이스라엘 정부에 대한 비판은 말할 것도 없다), 그러한 관점 때문에 독일 내에서 십자포화의 표적이 된 사람이다. 하지만 이스라엘의 점령에 대한 나의 비판은 언제나 부족주의가 아닌 보편주의에 뿌리를 둔 것이었으며, 권력이 아닌 정의에 대한 관심에 뿌리를 둔 것이었다. 즉 사람들이 함께 힘을 모아 진보를 이루고자 할 때 비로소 진보가 가능해진다는 나의 믿음에 뿌리를 둔 것이었다. 가자 지구에서 희생당한 이스라엘 키부츠(집단농장) 주민들도 그러한 신념을 가지고 있었다. 그 신념 덕분에 그들이 학살을 피해갈 수 없었던 것이 아니라고 해서 그들의 생각이 틀린 것이 되는 것도 아니다. 하마스의 테러 그리고 그와 함께 벌어지는 각종 반유대주의적 행태를 높이 찬양하는 행태가 광범위하게 확산되고 있는 바, 이러한 행태를 비판하는 많은 이들이 이를 국제적 좌파의 실패라고 부르고 있다. 참으로 한탄이 나오는 일이다. 심각한 실수이기 때문이다. 오히려 지금이야말로 워크식 탈식민주의가 좌파 혹은 리버럴이 견지해온 모든 원칙을 뿌리째 뽑아 내버렸음을 똑똑히 직시해야 하는 순간이기 때문이다.

많은 이들이 좌파와 워크를 구별하거나 또는 워크라는 것을 두고 만족스러운 정의를 내리는 데 어려움을 겪는 것은 우연이 아니다. 워크라는 것은 감정과 사유가 충돌하는 지점에서 생겨나며, 따라서 그 자체가 일관성 있게 성립하는 개념이 못 되기 때문이다.

워크 운동이 사람들에게 혼란을 낳는 것 중 하나는 이 운동 또한 전통적으로 좌파의 것으로 여긴 감정들, 즉 주변으로 밀려난 이들과의 공감, 억압받는 이들의 어려운 처지에 대한 분노, 역사적으로 저질러진 잘못은 바로잡아야 한다는 굳은 결의 등에서 태어났다는 점이다. 하지만 이들의 **이론**에 깔린 다양한 전제 때문에 그 감정들이 엉뚱한 방향으로 탈선하게 되고 종국에 가면 감정들 자체까지 약화시키고 만다. 영어에서는 **이론**theory이라는 말이 이렇게 도무지 정체를 알 수 없는 모호한 개념이지만, 현실에서는 오히려 그 때문에 유행의 최첨단을 선도하는 것이 되었고 급기야 새로운 패션 라인이 출시될 때도 사용되는 실정이다. 오늘날 이들 **이론**의 내용은 알기 힘든 것이 되고 말았지만, 일정한 방향성만큼은 대단히 분명하다. 서로 아주 다른 지적 운동을 하나로 묶어주는 이 **이론**이란 곧 18세기 계몽주의의 유산으로 내려온 인식론적 틀과 정치적 전제를 거부하는 것이다. 주디스 버틀러Judith Butler나 호미 바바Homi Bhaba의 난해한 책들을 해독하느라 몇 년씩 고생하지 않았다고 해도, 이제 우리는 모두 이 **이론**의 거대한 영향력 안에 놓이게 되었다. 이 **이론**의 여러 전제가 우리 문화 전체에 깊숙이 파고든 상태이기 때문이다. 게다가 이 전제들은 마치 증명할 필요도 없는 자명한 진리인 양 이야기되고는 하므로, 우리는 이 **이론**의 영향에 휘둘리고 있다는 사실조차 거의 의식하지 못한다. 즉 우리가 의문을 제기할 수 있는 생각이 아니라 현실을 묘사한 것인 양 제시되기 때문에, 이런 전제들을 끄집어내어 직설적으로 도전하는 일 자체가 어렵다. 오늘날 대학에서 스스로 진리라고 주장하는 모든 이야기를 불신하라고 배운 이들은 오류를 인정하는 일도 망설이게 되어 있으니까.[13]

〈뉴욕타임스〉를 살펴보는 것으로 시작하자. 이 신문은 비단 미국에서뿐만 아니라 세계적인 차원에서 여러 관점의 표준을 제시할 만큼 유력한 매체이기 때문이다. 또 그렇기 때문에 일정한 철학적 전제들이 주류 담론으로 몰래 스며드는 일이 사람들의(아마도 주류 담론에 글을 쓰는 언론인들도 포함하여) 주목을 끌지 않는 가운데 얼마나 쉽게 벌어지는지가 그대로 드러나는 장이기도 하다. 〈뉴욕타임스〉는 예나 지금이나 변함없이 주류적 신자유주의의 합의를 대표하는 상징적 존재이지만, 2019년 이후로는 갈수록 공공연하게 워크의 노선을 표방하고 있다. 큰 논란을 일으켰던 "1619 프로젝트1619 Project"* 이후, 이러한 노선 전환이 실질적인 진전을 이루었고 가장 눈에 띄는 변화는 흑인 및 갈인들의 목소리와 얼굴이 신문 지면에서 늘어났다는 것이다. 하지만 사실을 전달해야 할

* 2019년 7월 〈뉴욕타임스〉는 미국의 역사를 백인들의 이주와 건국의 과정으로 보는 것이 아니라 아프리카 흑인들이 노예로 끌려와 살아온 과정을 중심으로 재구성할 것을 주장하면서, 건국의 시점을 1776년이 아닌 흑인들이 처음 노예로 끌려온 1619년으로 삼는 역사 교육을 제안했다. 이후 이러한 관점은 미국 전역의 학교 등으로 확산되면서 1776년을 고수해야 한다는 우파와 심한 갈등을 일으켰다.

이 매체가 2021년 지면에 내놓은 한 문장을 보라. "카멀라 D. 해리스 부통령이 인도계 미국인임에도 불구하고, 바이든 정권은 인도 모디 총리의 힌두 민족주의에 대해 강경한 입장일 수 있다." (이 예측이 현실이 되었더라면 얼마나 좋았을까.) 서둘러 읽다 보면 놓치게 되지만, 이 문장 아래에 깔린 이론적 전제는 분명하다. 정치적 관점이 민족적 배경으로 결정된다는 전제이다. 지금의 인도에 대해 조금이라도 아는 사람이라면, 모디 총리의 폭력적인 힌두 중심주의를 가장 격렬하게 비판하는 이들이 인도인이라는 것을 모를 수 없다. 그들 중에서도 대담한 이들은 아예 파시즘이라고까지 부르는 실정이다.

그런데 이와 거의 비슷한 시기에 대부분의 미국 매체들은 2020년 미국 대통령 선거가 보인 놀라운 특징에 당혹감을 감추지 못했다. 도널드 트럼프가 자신의 정부 4년 내내 흑인이나 라틴계에 대한 인종주의를 공공연히 드러냈음에도 불구하고, 그들로부터 받은 표가 오히려 2016년 선거 당시보다 늘어났던 것이다. 물론 이런 식의 인구학적 분류가 반드시 득표 결과로 이어지는 철칙 같은 것은 아니라는 점은 잠깐만 생각해보면 알 수 있다. 하지만 언론은 그런 전제 자체에 의심을 던지지는 않고, 이를 어떻게 설명할지를 놓고서 진땀을 빼다가 라틴계 공동체의 다양성을 강조하는 쪽으로 잽싸게 방향을 잡아나갔다. 푸에르토리코 사람들은 쿠바 사람들과 다르며, 멕시코 사람들은 베네수엘라 사람들과 다르다는 것이다. 각각의 공동체는 나름의 역사, 문화, 자체적인 이해관계를 가지고 있으므로 모두 다른 집단으로서 존중받아 마땅하다는 것이었다. 이런 식의 논리는 흑인들에게서도 트럼프의 표가 늘어난 것은 어떻게 된 일인지 설명하기 힘들다는 문제도 있지만, 그 이전에 이렇게 여러 부족을 그보다 더 작은 단위의 소부족으로 나누는 것은 애초에 해답이 될 수 없다. **사람들**은 본래부터 다양한 존재이다. 흑인 공동체도 백인 공동체도 갈인 공동체도 동질적인 집단은 하나도 없다. 우리가 이런저런 행동을 하는 이유는 특정 부족의 성원이라는 것 말고도 무수히 많다.

하지만 이런 매체는 사람들의 행동을 오로지 그가 속한 특정 부족의 논리로 설명할 수 있다는 전제를 깔고 있다. 아이러니한 일은, 이들이 지금의 미국 공화당에 전혀 호의적이지 않음에도 불구하고 이런 전제가 도널드 트럼프의 행동에 깔려 있던 전제와 그다지 다르지 않다는 점이다. 트럼프 또한 오로지 흑인이라는 이유로 신경외과 의사를 도시개발부 장관으로 임명하였고, 오로지 유대인이라는 이유로 무책임한 인물인 자신의 사위를 세계에서 가장 어려운 미국 외교정책의 책임자 가운데 한 사람으로 만들었으며, 오로지 여성이라는 이유로 극우 가톨릭 인사를 대법원 판사 루스 베이더 긴스버그Ruth Bader Ginsberg의 후임으로 임명하고, 오로지 동성애자 남성이라는 이유로 외교 참사의 주인공을 독일 대사로 지명하는 등이다. 베를린은 거의 100년 가까이 동성애자에게 호의적인 도시였음에도 불구하고, 리처드 그레넬Richard Grenell이 보인 일련의 파행적인 정치 행태에 외교적 수사도 걷어치우고 경악을 표명하기도 했다. 단명으로 끝나버린 영국의 트러스 총리 내각도 이런 식의 전술을 취한 최신판이었다. 다양성에서는 영국 역사상 최고의 내각을 구성하였지만, 그 정책으로는 20세기 중반 이후의 가장 보수적인 것들을 내걸었으니까. 자신들의 치부를 가리고자 나뭇잎으로 덮어보지만 어쩌나, 나뭇잎이 너무 작아서 다 뻔히 보이는 것을.

어떤 사람이 태어나면서 갖게 된 우연적인 속성들, 그리고 여러 날 숙고하여 자기 것으로 만든 원칙들. 당신은 둘 중 어느 것이 더 본질적이라고 생각하는가? 전통적으로 우파는 첫 번째에, 좌파는 두 번째에 초점을 두었다. 하지만 이러한 전통은 이탈리아에 첫 번째 여성 총리가 선출된 것을 두고 힐러리 클린턴과 같은 리버럴 정치인들이 "과거와의 단절"이라고 갈채를 보냈던 순간, 반대로 뒤집히게 되었다. 클린턴은 조르자 멜로니Giorgia Meloni의 정치적 입장이 제2차 세계대전 이후 그 어떤 이탈리아 정치 지도자보다도 이탈리아 **파시즘**에 가깝다는 사실은 완전히 무시하고 있다. 워크가 비록 소외된 이들과 공감하려는 정서와 해방적인 의도를 갖고 있지만, 그들이 견지하는 이론 때문에 그런 정서와 의도가 침식당하고 만다는 것은 놀라운 사실이 아니다. 그런 이론은 강력한 반동사상에 뿌리가 있을 뿐만 아니라, 이론가들 중 일부는 노골적인 나치 지지자였다.

워크라는 말이 널리 유통되기 이전인 2013년에 역사가 바바라 필즈Barbara Fields는 인종 본질주의raicla essentialism에 대해 논하면서 이렇게 말한 바 있다. "이 사람들은 자기들이 지금 반복하고 있는 역사가 얼마나 유해한 종류의 것인지 모릅니다. 인종 본질주의를 이야기하는 이들에게 가서 '그렇다면 아예 대놓고 뉘른베르크법Nuremberg Laws*을 제정하는 걸로 해결을 보지 그러세요?'라고 말한다고 해도, 무슨 소리인지 하나도 못 알아들을 거예요."[14]

카를 슈미트Carl Schmitt와 마르틴 하이데거Martin Heidegger는 나치 당원이었다. 이는 그들의 지적 작업과 얼마나 깊은 연관을 가지고 있는가? 이에 대해 상당한 양의 학문적 연구가 있지만, 이 책은 그 어지러운 논쟁으로 들어가지 않을 것이다. 문헌들은 대부분 양상은 다양해도 결국 "나치 당원이었던 것은 맞다. 하지만…"이라는 태도를 취한다. 그리고 그 "하지만…"이라는 말 뒤에는 그들이 나치 이데올로기의 **모든 측면을 남김없이** 받아들인 것은 아니라든가, 작은 목소리로 약간의 비판을 하기도 했다든가, 당을 일찍 떠났다든가 하는 이야기가 나온다. 또 어떤 이들은 복잡한 개념적 분석을 통하여 그들 사상의 중요한 몇 가지 부분이 나치즘과 양립 불능이라고 주장하기도 한다. 이에 대해 격분하는 사람들이 있으면 분석의 복잡한 논리를 내세우면서 충격을 받을 이유가 없다고 주장하며,

* 1935년 나치 독일에서 제정된 법률로서, 유대인의 교직 및 공직을 일체 금지시키고 축출하도록 한 인종차별법.

그런데도 충격을 받는다면 지적인 태도를 제대로 갖추지 못하고 철학적으로 깊이가 없기 때문이라는 태도를 취한다. 슈미트와 하이데거 모두 나치 당원으로 복무했을 뿐만 아니라 전쟁이 끝난 뒤에도 오랫동안 자신들의 행동을 옹호했다는 사실은 아무도 기억하려 하지 않는다. 오늘날 분노의 십자포화는 오로지 18세기 철학자들의 저작에 나오는 인종주의적 구절에만 쏟아진다.

이런 식으로 슈미트와 하이데거를 감싸는 이들은, 반유대주의가 나치즘의 본질적 요소였다는 요즘 통용되는 전제를 그대로 받아들이고 있다. 따라서 개인적 인간관계에서 반유대주의자가 아니었던 이들은 진정한 나치였을 리 없다는 것이다. 하지만 많은 학자들은 반유대주의가 비록 언제나 나치즘의 한 구성 요소이기는 했지만, 또한 더 깊고 광적인 반反근대주의의 일부라고 주장해왔다. 사후에 출간된 저작들을 볼 때 하이데거도 슈미트도 특별할 것 없는 보통의 반유대주의자였지만, 이들이 가진 반동적 반근대주의는 훨씬 더 무섭도록 파괴적이다.

슈미트와 하이데거 두 사람의 철학과 그들의 정치적 신념 사이의 관계를 어떻게 읽어내든, 분명한 사실들이 있다. 슈미트는 보편주의를 거부하였으며 권력의 개념을 초월하는 그 어떤 정의의 개념도 거부하였고, 유럽은 16세기 종교개혁 이래로 퇴락의 길을 걸어왔다고 믿었다(그는 다른 어떤 곳에도 관심을 두지 않았다). 그리고 하이데거는 근대를 거부하고 여러 농민적 미덕에 호소하였던 바, 이는 그가 확신하였던 여러 생각 중에서도 그의 사상에 가장 속속들이 뿌리 깊게 배어 있는 것이었다. 이들이 나치와 명운을 함께하기로 결정한 데에는 이러한 태도가 분명히 영향을 주었으며, 전쟁이 끝난 뒤에도 결정을 철회하기를 거부하게 했던 것이다.

이러한 사실을 본다면, 식민주의를 염려하는 이들이 슈미트에 매료되는 것도 황당한 일이며 노동의 권리를 염려하는 철학자들이 하이데거에 맞서는 방식으로 하이데거를 독해하자고 이야기하는 것도 참으로 황당한 일이다. 굳이 슈미트와 하이데거에 집착하지 않고 시야를 넓게 가진다면 훨씬 더 훌륭한 지적 자원을 얼마든지 찾을 수 있는데. 오히려 당혹스러운 것은 워크가 사회에 가져온 충격 중에서 그나마 높게 찬양할 만한 것들은 모두 워크 스스로가 경멸해 마지않는 지적인 운동에서 나왔다는 사실이다. 예를 들어 워크의 교리 중에서도 세상을 하나의 지리적 관점에서만 보기를 한사코 거부하는 것은 가장 훌륭하다고 할 수 있지만, 이는 18세기 계몽주의 사상에서 바로 물려받은 생각이다. 하지만 이러한 사실을 알고 있는 이들은 찾아보기 힘들다. 오늘날 계몽주의를 거부하자고 하는 이들은 거의 언제나 계몽주의 사상에 대해 별로 아는 바가 없으니까. 이 책은 그 **이론**이라는 것이 만들어낸 여러 혼동과 뒤엉킴을 철학을 통해 제대로 풀어낼 수 있고, 그 과정에서 우리의 정치적 실천도 강화할 수 있다는 희망에서 썼다. 자기가 어느 나뭇가지에 앉아 있는지도 모른 채 그 가지를 톱으로 잘라내는 사람이 무슨 진보 같은 것을 만들어낼 희망을 가질 수는 없는 일이다.

이 책은 학술서가 아니다. 여기에서 다룰 문제 대부분에 관해 이미 수많은 책이 쓰인 바 있다는 사실을 나도 잘 알고 있다. 나는 이 문제들의 모든 측면을 모조리 검토하려는 것이 아니다. 나는 이제부터 푸코, 슈미트, 진화심리학 등에 대해 여러 주장을 내놓을 것이지만, 여기에 학문적인 검토를 끌어들이게 되면 이야기만 복잡해진다. 이 책에서 내가 관심을 두는 것은 이러한 사상가들에 대한 최상의 독해를 제시한다기보다는 이들이 오늘날의 문화에 어떤 영향을 끼치고 있는지를 이해하는 일이다. 이들의 사상에 대해 보다 너그러운 해석을 제시하는 설명들도 분명히 존재하며, 나도 그런 저작물을 일부 읽은 바가 있다. 하지만 이런 저작은 워낙에 논리가 정교하고 우리의 직관에 반대되는 주장을 펼치고 있으므로 넓은 층의 독자를 얻지는 못한다. **사실 논리가 정교하고 직관에 반대되는 주장을 자주 펼치는 철학이야말로 훌륭한 철학 아닌가?** 분명히 그럴 때도 있다. 하지만 박사학위를 받은 전문 연구자가 오랜 시간과 공을 들여야만 읽을 수 있는 문장이라면(게다가 오늘날은 심지어 작가들조차 책을 잘 읽지 않는 시대가 아닌가), 이런 종류의 이론적 저작이 그 의도한 만큼 사람들을 해방시키는 효과를 내기란 난망한 일이다.

이 책은 학술서는 아니지만 철학서이다. 도덕철학과

정치철학은 본질적으로 규범적 성격을 갖는다. 나는 역사가로서 좌파를 이야기하는 것이 아니다. 내가 갖는 관심은 하나의 이상으로서의 좌파이다. 물론 역사적으로 좌파가 스스로 내건 이상에 도달하지 못했던 여러 경험과 사실을 충분히 의식하고 있다. 하지만 이 책의 임무는 그러한 실패를 추적하는 것이 아니라 좌파가 오늘날까지 자주 내걸어왔으며 또 여전히 열망하고 있는 철학적 이상에 대한 명확한 개요를 제시하는 것이다.

어떤 이들은 일반 독자를 대상으로 책을 쓴다면서 왜 철학 이야기를 하는 데 그렇게 많은 시간을 쓰느냐고 물을 수도 있다. **미셸 푸코니 카를 슈미트니 하는 이들이 정치적 사건들에 무슨 큰 영향력이 있다고? 그런 책을 붙잡고 읽는 사람이 몇 명이나 된다고?** 이 책의 1판이 나왔을 때, 푸코를 옹호하면서 터져 나왔던 반론들로 보면 생각보다 많은 것 같기는 하다. 하지만 대학 근처에도 가지 않은 사람들이라고 해도 신문이나 텔레비전이나 SNS 등은 본다. 그런데 이런 것들을 제작하는 이들은 대학을 다니면서 푸코나 슈미트 같은 이들의 사상 혹은 그 아류의 사상에 푹 젖어든 이들이다. 사람들이 자신이 전혀 이해하지 못하는 텍스트에 영향을 받을 수 있다는 사실이 믿어지지 않는다면, 이 세상에 존재하는 성경학자의 수와 성경에 영향을 받은 이들의 수를 비교해보라. 앤드류 브라이트바트Andrew Breitbart의 정치적 성향은 실로 혐오스럽지만, 그가 남긴 문장은 진리이다. "문화가 윗물이면, 정치는 아랫물이다poltics is downstream from culture." 만약 워크 문화로 세계관이 형성되었다면 다음과 같은 생각을 하게 된다.

"전통적인 지식인의 관념으로 보면, 인간의 상태를 근본적으로 개선할 수 있는 복잡한 진실을 발견하고 명석하게 밝히는 작업에만 매달리는 이들은 절대로 지식인에 포함될 수 없다는 것을 (…) 나는 알고 있었다. 또한 나는 계몽주의, '이성', '객관성', '경험주의' 등이 백인성whiteness, 서유럽, 남성성, 부르주아지와 등가성을 갖는다는 것에 대해서 알고 있었다."[15]

여기 인용된 문장이 계몽주의에 대한 무식함을 뽐내고 있을 뿐만 아니라, 지적인 탐구 행위 자체에 대해서도 무지함을 드러내고 있다는 것은 더 길게 이야기할 필요가 없다. 대부분의 워크 저술가들의 글은 워낙 무슨 말인지 알 수가 없게 쓰여 있어서 분석하기도 어렵다. 한때 인문학으로 불리던 학문 분과에서 일반 독자를 위한 글쓰기는 이제 냉대받는 장르가 되어버렸다. 더 잘 쓰려면 그 방법을 열심히 배워야 하지만, 그렇게 하도록 장려하는 분위기도 완전히 사라져버렸다. 젊은 학자들은 아예 그런 작업은 시도조차 하지 않는 게 좋다는 조언을 듣는다. 그러다가는 학계에서의 평판을 망쳐버릴 수 있으니까. 오늘날 워크에서 **이론**을 맡은 자들과 옛날 계몽주의 시대의 사상가들을 구분 짓는 아마도 가장 중요한 차이점은, 후자는 소수의 선별된 독자층만을 위해 글을 쓸 생각이 전혀 없었다는 점일 것이다. 계몽주의 사상가들은 최대한 많은 수의 독자에게 닿기 위해 어려운 용어도 없이 명쾌하게 글을 썼다(심지어 계몽주의 철학자 중 가장 읽기 어려운 칸트마저도 일반 독자가 완벽하게 이해할 수 있는 에세이를 열다섯 편이나 남겼다). 나도 이들의 모범을 따르기 위해 열심히 노력해보겠다.

2장

보편주의와 부족주의

LEFT
≠
WOKE

우선 보편주의라는 사상으로 이야기를 시작하자. 이는 한때 좌파의 성격을 규정하는 본질적인 개념이었으며, 국제적 연대야말로 좌파의 핵심 구호였다. 바로 이것이 좌파와 우파를 가르는 구분선이었다. 우파는 자신들이 설정한 울타리 바깥의 사람들과는 깊은 연계성을 인정하지도 않았고 진실한 의무감을 갖는 법도 거의 없었다. 하지만 좌파는 그 울타리가 전 지구를 감싸며 확장될 것을 요구했다. 좌파의 입장에 선다는 것은 바로 이것을 의미했다. 영국의 웨일즈 지방에서 파업 중인 탄광 노동자들에게, 스페인 공화국 수호대 자원병들에게, 남아프리카 공화국에서 자유를 위해 싸우는 이들에게 자신이 속한 부족의 좁은 틀을 벗어나 관심과 지지를 표명하는 것이다. 이들이 단결하는 매개는 핏줄이 아니라 확신이었는데, 다른 무엇보다도 무릇 인간은 그들 사이의 시간과 공간의 모든 차이점을 넘어서 무수히 다양한 방식으로 연결되어 있다는 확신이었다. 역사적·지리적 차이에서 오는 영향은 사소한 것이며, 우리의 존재가 그런 차이로 결정될 수는 없다는 생각이었다.

같은 경험과 역사를 공유하면 각별한 유대가

생겨난다는 것은 분명하다. 농담이 바로 통하고, 무언가 암시를 하면 금세 알아듣고, 별 고민하지 않아도 무슨 생각으로 행동하는지를 곧장 이해할 수 있는 사람들을 우리는 더욱 신뢰하는 경향을 가질 수밖에 없다. 따라서 보편주의자가 되려면 추상화의 정신 활동이 필요하다. 다른 문화에 빠져본다든가 다른 언어를 배우는 식으로 추상화 활동에 구체성을 더할 수 있겠지만, 우리 모두 위대한 예술가이자 활동가인 폴 로브슨Paul Robeson*처럼 뛰어난 재능을 가질 수는 없다. 하지만 로브슨과 같은 재능으로 다른 사람들의 문화를 완전히 이해하지는 못해도 얼마간 공유해볼 수 있는 방법은 무수히 많다. 물론 자장가처럼 친숙하고 가깝게 다른 문화를 대하는 일은 불가능할 것이다. 그래도 좋은 영화, 예술, 문학은 많은 기적을 만들어낼 수가 있다.

보편주의의 반대는 '정체성 지상주의identitarianism'라고 불릴 때가 많지만, 여기에는 오해의 소지가 있다. 우리가 가진 여러 정체성을 오로지 두 개의 차원으로 축소할 수 있다는 생각을 암시하기 때문이다. 현실에서는 우리 모두 수많은 정체성을 가지고 있으며, 인생 전반에 걸쳐 그 각각의 중요성은 시간과 공간에 따라 다양하게 달라진다. 철학자

* 미국 컬럼비아 대학에서 법률가 자격을 획득한 뒤, 연극배우, 바리톤 성악가, 영화감독 및 제작자, 그 밖의 여러 다양한 예술 및 지적 활동으로 미국 흑인들의 이른바 "할렘 르네상스"를 이끈 인물 중 하나였다. 제2차 세계대전 후에는 흑인 민권 운동 등의 이유로 매카시즘의 탄압을 받았고, 이에 〈자유Freedom〉라는 간행물을 창간하여 사상적·지도적 역할을 했다.

콰메 앤서니 아피아Kwame Anthony Appiah가 일깨우고 있는 바처럼,

> 20세기 중반까지만 해도 그 누구도 자신의 정체성을 묻는 질문에 인종, 성별, 계급, 국적, 종교, 지역 따위를 언급하는 법이 없었다.[1]

우리는 모두 누군가의 자녀이다. 이러한 사실은 우리가 자녀를 낳아 기르느라 바빠지는 등의 이유로 점차 중요성이 감소하겠지만, 부모님이 사는 집에 들어가는 순간에는 최초의 정체성이었던 '아이'로 돌아가게 된다. 그리고 아침이 되고 직장으로 가서 업무를 시작하면 정체성은 또다시 이동한다. 이러한 여러 정체성 중 어느 하나가 다른 것들보다 당신에게 더욱 본질적인 것일까? 그것도 늘? 지금 말한 종류의 정체성 이동은 아주 보편적인 것이지만, 그 이외에도 수많은 다른 종류가 있다. 적극적으로 정치에 참여하는 사람이라면 자신을 정치에 무관심한 이로는 여길 수 없으며, 열정적인 축구 팬이라면 자기가 응원하는 축구단에 대한 충성심을 빼놓고서는 자신의 정체성을 생각할 수 없다. 모든 이가 생업을 정체성으로 삼는 것은 아니지만, 그렇게 하는 이들의 경우에는 만약 완전히 다른 직업을 가진 자신을 상상해보라고 한다면 밑도 끝도 없는 진공을 상상해보라는 말이나 마찬가지이다.

정체성 정치에서는 민족적ethnic 정체성과 성gender

정체성 두 가지를 중요시하도록 고집한다. 하지만 사람에 따라서는 방금 우리가 말한 가지가지의 것들이 그 두 가지 이상으로 중요할 수 있다. 심지어 그 두 가지 정체성 또한 생각보다 결정력이 크지 않다는 것을 잠깐만 고민해도 알 수 있다. 치마만다 응고지 아디치에Chimamanda Ngozi Adichie가 《아메리카나》에서 아주 훌륭하게 보여준 바 있듯이, 미국에서 사느냐 나이지리아에서 사느냐에 따라 흑인의 삶은 엄청나게 달라진다. 게다가 나이지리아인이라는 정체성도 그 나라 밖에서나 의미를 갖는 말이다. 나이지리아는 사연 많은 역사에다 500개 이상의 언어가 공존하는 곳이라 그 국민들은 갈래갈래 분열되어 있으므로, 이 나라 안에서 자기가 나이지리아인이라는 말은 아무 의미도 가질 수가 없다. 베를린에서 유대인이 되는 것과 브루클린에서 유대인이 되는 것은 너무나 다른 경험이기에, 이 둘은 상이한 정체성에 해당한다고 나는 분명하게 말할 수 있다. 텔아비브의 유대인이라는 것도 또 다른 정체성이지만, 그 가운데에서도 텔아비브에서 태어난 토박이 유대인과 인생 후반기 들어 텔아비브로 이주한 유대인은 세상에 대해 근본적으로 다른 입장을 갖게 된다. 그리고 내게는 그 어떤 지역적 경험도 뛰어넘는 중요한 정체성이 있으니, 유대적 보편주의 전통Jewish universalist tradition이 그것이다. 나도 유대인이니 베냐민 네타냐후Benjamin Netanyahu 같은 자와 어떤 유전자를 공유할지는 모르겠지만, 내게는 이 유대적 보편주의 전통을 유지하고 지켜내는 것이 그런 유전자 따위와는 비교도 할 수 없을 만큼 절대적으로 중요한 일이다. 힌두교 신자와 이슬람 신자 그리고 브라만과 불가촉천민을 똑같이 아우르는 단일한 인도의 정체성이라는 것이 존재하는가? 동성애자라는 정체성 또한 그 사람이 사는 곳이 이란의 테헤란인지 스페인의 톨레도인지를 언급하지 않는다면 무슨 의미를 갖겠는가? 역사가 벤자민 자카리아Benjamin Zacharia의 말이다.

> 예전에는 특정한 본질로 사람들을 규정하는 행위가 모욕적이며, 어리석고, 반자유주의적이며, 반진보적인 행동이라고 여겨졌다. 하지만 오늘날에는 남들이 내게 그렇게 할 때만 문제가 될 뿐이다. 자신을 스스로 하나의 본질로 규정하고 또 하나의 정형화된 스테레오타입으로 규정하는 행동은 용납될 뿐만 아니라, 오히려 권력을 강화하는 행동으로 여겨지고 있다.[2]

불과 20년 전만 해도 정체성의 본질화를 규탄해 마지않던 이들이 오늘날에는 우리 정체성을 이루는 모든 요소를 깎아내고 딱 두 가지로 만족하고 있다. 최근 들어 사회적 다양성을 증진하기 위한 노력은 권력이 있는 자리에 "나처럼 생긴" 사람들을 앉히는 것을 중요한 일로 내세울 때가 많다. 이 말은 참으로 천진난만한 아이 같은 표현이지만, 실제로 아이들 눈에 비친 모습도 그럴지는 의문이다. (조금이라도) 아프리카계 혈통을 가진 사람들은 피부색과 머릿결이 다른 어떤 집단보다도 다양하다. 게다가 우리가 눈으로 감별하는 성질은 피부색과 머릿결 말고도 무수히 많다. 어떤 아이에게 누군가가 "너처럼 생겼다"라고 말하면, 그 아이는 아마 이렇게 물을 것이다. 그 사람 키는 작은가요, 큰가요? 뚱뚱한가요, 말랐나요? 나이가 많은가요, 적은가요? 그리고 성별은 어떻게 되나요? 등등.

시각적 정체성이 중요하다는 사실을 부인할 사람은 없다. 내가 어렸을 적 미국에서 매력적인 사람이란 백인일 뿐만 아니라 금발이라고 여겨졌다. 그 모습이 아닌 이들은 바브라 스트라이샌드Barbra Streisand가 각광받는 스타가 되었을 때 안도감을 느꼈으며, 안젤라 데이비스Angela Davis가 주목을 받게 되자 더욱 큰 안도감을 얻었다. 두 사람은 전혀 다르게 생겼지만 모두 아름다우며 전혀 마릴린 먼로와 닮지 않았다. 워크 운동 덕분에 우리는 **백인**이라는 것이 여러 정체성 가운데 하나 정도가 아니라 인간 전체를 대표하는 것, 즉 중립과 규범 사이의 어떤 것으로 여겨지고 있음을 자각하게 되었다. 마치 연한 분홍색 크레용에다 **살색**이라는 딱지를 붙여서 모든 사람의 피부가 다 이 색깔인 것처럼 여기는 식으로 말이다. 물론 다양성은 우리가 마땅히 추구해야 할 선善이다. 하지만 유일한 선은 아니다. 권력이 무엇을 위해 사용되는지는 묻지 않은 채 그저 권력 구조에 참여하는 개인의 인종 및 젠더 다양성만 증진시킨다면 오히려 더욱 강력한 억압 시스템이 나타날 뿐이다. 이는 내가 처음 지적하는 문제도 아니다. 캐나다의 코미디언 라이언

롱Ryan Long은 이언 맬컴Ian Malcolm의 아이디어를 받아서 길가에 나가 다양한 행인을 붙잡고 다음과 같은 질문을 던졌다. "해외 심문 하청업자들offshore interrogators(이는 CIA가 고문 기술자를 부르는 용어이다)"의 구성에 있어서도 인종과 젠더의 다양성을 추구해야 할까요?" 행인들은 이를 농담이 아닌 진담으로 받아들이는 모습을 보였거니와, 이러한 현실은 결코 재미난 코미디로 받아들일 수 없는 일이다.[3]

비록 우리가 어떤 사람과 만나 제일 처음 눈에 띄는 것이 외모일 때가 많기는 하지만, 우리 모두가 가진 다양한 여러 정체성을 인종과 젠더라는 단 두 가지 요소로 축소하는 일은 모든 것을 외모의 문제로 환원하는 것이 될 뿐이다. 인간의 경험에서 유독 이 두 차원에 초점을 두는 것은 곧 가장 큰 트라우마를 경험한 차원에 초점을 두자는 이야기이다. 20세기 중반 이후 역사의 주체를 더는 영웅이 아니라 희생자에 둔다는 큰 변화가 나타나기 시작했고, 오늘날 정체성 정치라고 불리는 것은 이를 그대로 체현하고 있다.[4] 두 차례의 세계대전이라는 참극을 치르는 가운데 전통적인 형태의 영웅주의의 가치를 드높이려는 충동은 사그라들었다. 역사의 희생자들에게로 초점을 옮기려는 충동이 나타났고, 그 시작은 정의로운 행동에 대한 갈구였다. 그간 역사는 승자들의 이야기였으며 희생자들의 목소리는 아무도 들으려 하지 않았다. 이는 희생자를 두 번 죽이는 짓이었다. 육신의 죽음을 당한 이들을 기억에서 한 번 더 죽이는 일이었으니까. 그래서 입장을 뒤집어 희생자들의 이야기를 서사로 넣어야 한다는 주장은 오래된 잘못을 바로잡는 행동의 한 부분일 뿐이었다. 희생자들의 이야기가 마땅히 주목을 받게 된다면, 우리의 공감과 동정만이 아니라 시스템 차원에서의 정의를 바로잡기 위한 노력에서도 응분의 주목을 받게 될 것이다. 노예들이 스스로 비망록을 쓰기 시작했을 때 그들은 주체성을 향한 발걸음을 떼어놓은 것이었고, 존재에 대한 인정을 얻어냈다. 그리고 그러한 인정의 보상 또한 비록 느린 속도이긴 했지만 확실하게 얻어낼 수 있었다.

이렇듯 학살과 노예제의 희생자를 위해 사회적 인정을 얻어내자는 운동은 좋은 의도에서 시작되었다. 권력과 정의는 일치하지 않을 때가 많고 이 때문에 가지가지의 사람들에게 아주 끔찍한 일이 일어나며, 이러한 부당한 일을 바꿀 수 없을 때라도 기록할 수밖에 없음을 인식했다. 지난 몇천 년 동안은 그러지 못했다. 로마 군단이나 몽골 침략군이 벌였던 학살에서 살아남은 이들에게 돌아오는 거라고는 "원래 세상은 그런 나쁜 일투성이야"라는 무심한 말뿐이었음을 생각한다면, 이는 진보를 향한 한 발자국이었다. 그러나 우리가 희생자의 입장을 다시 써나가는 과정에서 무언가 잘못되기 시작했다. 애초 다른 이에게 좋은 것을 주고 싶은 마음에서 일어났던 충동이 완전히 엇나가기 시작했다. 이렇듯 잘못된 경향의 극단적인 사례가 벤자민 빌코미르스키Benjamin Wilkomirski의 이야기이다. 이 스위스 남성은 나치 독일의 강제 수용소에서 어린 시절을 보냈다고 주장했지만, 모두 꾸며낸 이야기로 판명되었다. 예전에는 사기꾼들이 문제 많은 출신을 숨기고 귀족 가문인 척 위장하는 것을 출세의 방법으로 삼았다. 그럴 법도 했다. 이리저리 떠돌아다니는 기사나 비행을 서슴지 않았던 교황 등은 사방에 묻어둔 자식들이 있었을 터이니, 누구든 자기가 그 후손이라고 주장하면 그만이었을 테니까. 그런데 이제는 사람들이 얻으려고 하는 것이 정반대의 성격으로 바뀌었다. 자신의 출생을 실제보다 더 비참한 것이라고 주장하고 나선다면, 새로운 형태의 지위를 보장받게 된 것이다.

빌코미르스키는 결코 특별한 경우가 아니다. 예전에는 피부색이 밝은 아프리카계 미국인들이 인종주의적 차별을 피하고자 백인으로 행세했고, 지배계급에 편입되어 더 자유로운 삶을 살고자 가족을 등지는 슬픈 일이 많았다. 하지만 최근 들어 몇몇 백인 미국인들이 흑인이라고 거짓 행세를 함으로써 얻어낸 일자리를 다시 잃는 일들이 있었다. 어느 아프리카계 미국인 배우는 인종주의적 공격을 당하는 자작극을 벌였다가 걸려서 수감되었다.[5] 독일의 한 유대계 팝스타는 반유대주의적 사건을 꾸며내며 공분을 샀다. 경찰이 오랜 시간 면밀히 수사했지만 사실 관계를 확인할 수 없었고, 그는 현재 사기죄로 기소된 상태이다.[6] 이렇듯 만들어진 희생자 행세는 실제로 인종주의 공격을 당한 희생자를 조롱하는 것이므로 참으로 가식적인 짓임은 말할 것도 없다. 하지만 내가 지금 더 관심을 두고자 하는 것은 그러한 결과보다는 이런 짓이 언감생심 가능하게 되었다는 사실에 있다. **최근까지 낙인으로 여겨진 것이 이제는 지위 상승의 원천이 되어버렸다.** 프레더릭 더글러스Frederick Douglas*의 서사에서 우리가 볼 수 있듯, 고통스러운 출신과 박해의 경험을 인정하고 받아들이고 나면 그 고통은 그것을 극복할 수 있는 서곡이 된다는 점이다. 그에게 자부심의 원천이 되었던 것은 피해자성을 이기고 넘어섰던 것이지 피해자성 그 자체는 아니었다. 그러니 오늘날처럼 사람들이 앞다투어 자기가 경험한 것보다 더 끔찍한 역사를 지어내려 하는 것은 새로운 현상이다.

거짓을 꾸며내 지위를 얻는 일은 특별할 것이 없다. 얼마나 많은 사람들이 전쟁 경험을 아름답고 숭고하게 말하는지 생각해보라. 하지만 가짜 행세를 하는 개인들은 둘째 치고, 피해자라는 것 자체에 가치를 부여하는 행태가 여러 문제를 야기하고 있다. 누가 더 피해를 입었는가를 놓고 다투는 피해자 배틀victimhood Olympics이 이제는 국제적인 차원에 도달했다. 기억해야 한다는 명령은 한때 영웅적 행동과 이상을 기억하라는 외침이었지만, 이제 "결코 잊지 마라!"는 말은 고통을 끊임없이 상기하라는 요구가 되었다. 하지만 고통을 겪는 것은 미덕으로 내세울 일이 전혀 아니며, 고통 자체에서 무슨 미덕이 생겨나는 경우도 거의 없다.

* 미국의 흑인 노예 출신으로, 탈출한 뒤에는 웅변가로 이름을 날렸고 자신의 노예 생활과 탈출 그리고 운동가로서의 이력을 자서전으로 남겨 큰 영향을 주었다.

피해자성은 응분의 보상을 주장할 정당성의 원천이 되어야 하지만, 피해자성 자체를 마치 화폐처럼 당연히 인정을 요구할 수 있는 권리로 여기기 시작하면 인정과 정당성은 미덕과는 완전히 별개의 것으로 분리된다.

이제 우리는 피해자의 이야기를 무시했던 과거와 단절하려고 한다. 이는 도덕적 진보의 신호라고 볼 수 있다. 그들은 마땅히 우리의 공감을 받아야 하며, 가능하다면 보상도 얻어야 한다(아무 생각 없이 이들을 무시하다가 또 아무 생각 없이 이들을 무조건 받아들이는 쪽으로 몰려간 현상은 비록 불가피한 측면은 있어도 진보의 신호라고 마냥 상찬할 수만은 없다). 내가 던지고자 하는 질문은, 인정을 요구한다는 말의 의미가 무엇인가이다. 장 아메리Jean Améry는 독일 나치즘의 희생자들을 위한 기념비조차도 세우기를 원치 않았다. 그는 "희생자라는 것 자체는 명예가 아니다"라고 말했다.[7] 이는 오늘날에는 구닥다리처럼 보이게 된 전제, 즉 기념비란 우리가 경배할 만한 행동을 해서 그 뒤를 따르고 싶은 이들에게 돌아가야 한다는 생각에서 비롯된 주장이다.

아메리는 오스트리아의 귀화한 유대인으로 1912년에 태어났으며 당시 이름은 한스 마이어Hans Meyer였다. 비록 대학에 갈 돈이 없었음에도 박식으로 이름을 얻은 당대의 철학 저술가 중 한 사람이었다. 아메리는 1938년 나치의 오스트리아 합병 이후 비엔나를 떠나 벨기에로 망명하여 브뤼셀에서 레지스탕스에 합류하였지만, 게슈타포에 체포되어 고문을 받은 후 유대인이라는 사실이 드러나자

아우슈비츠 수용소로 보내졌다. 그의 책《정신의 한계에서At the Mind's Limits》는 이제껏 나온 책 중에서 홀로코스트와의 가장 지독한 대결을 담은 저서일 것이다. 그는 이렇게 말한다.

> 세상에 대한 적극적인 지식을 '지혜'라고 한다면, 우리는 아우슈비츠에서 아무 지혜도 얻지 못했다. 바깥세상에서 감지할 수 없었던 것을 그곳에서 새로 감지하게 된 것도 없었고, 실제적인 삶의 지침을 건네받은 것도 전혀 없었다. 본래 지적인 '깊이'라는 것이 재앙이나 안겨주는 것일 뿐 정의하는 것조차 가능할까 싶기는 하지만, 우리가 수용소에서 무슨 지적인 '깊이'를 얻게 된 것도 전혀 아니었다. 내가 생각하기에는 아우슈비츠에서 우리가 더 나아지고, 더 사람다워지고, 윤리적으로 더 성숙해진 게 있다는 말은 온통 거짓말이다. 비인간화된 사람이 온갖 행동과 악행을 저지르는 것을 관찰하게 되면, 오히려 인간이 존엄성을 갖고 태어난 존재라는 생각만 뿌리부터 의심스러워진다. 우리는 수용소에서 나왔을 때 모든 것을 털리고 빼앗겨서 외면도 내면도 아무것도 없는 껍데기 같은 존재였으며, 정신적 방향 감각도 완전히 상실한 상태였다. 그리고 자유라는 일상적 언어를 다시 배우는 데에만도 실로 오랜 시간이 걸렸다. (앞의 책)

아메리는 프란츠 파농Frantz Fanon을 아주 높게 존경했던 바, 파농은 그의 책《검은 피부, 하얀 가면Black Skin, White

Masks》에서 이렇게 주장했다. "**나는 나의 조상들을 비인간화한 저 노예제의 노예가 아니다.**" 최근에는 철학자 올루페미 타이워Olúfémi O. Táíwò가 다음과 같이 주장했다.

> 고통은 그 연원이 억압이든 다른 것이든 형편없는 스승이다. 사람은 고통을 겪는 과정에서 편파적이고, 근시안적이며, 오직 자기에만 몰두하는 존재가 된다. 고통에서 무언가 다른 것을 기대하는 정치 따위는 없어져야 한다. 억압은 사람을 깨우쳐주는 예비 학교와 같은 것이 아니다.[8]

타이워는 트라우마라는 것이 기껏해야 지구상의 다른 대다수 인간들과의 연결성을 깨닫게 하는 취약한 경험이지, "발언에 있어서나 만물에 대한 가치 평가에 있어서나 또 한 집단의 결정에 있어서나 무슨 특별한 권리 따위를 부여하는 것이 아니다"라고 말한다(앞의 책). 따라서 트라우마에 특별한 가치를 부여하면 사회 변화의 정치가 아니라, 자기표출의 정치가 나타나게 된다는 게 그의 주장이다.

아메리와 타이워의 비판은 입장 인식론standpoint epistemology의 여러 중요한 주장에 이의를 제기한다. 입장 인식론은 우리의 사회적 지위 각각이 지식을 주장할 수 있는 권리에 다양한 방식으로 영향을 미치게 되어 있다고 강조한다. 철학자 미란다 프리커Miranda Fricker는 이렇게 주장한다.

> 여성주의자들은 마르크스주의로부터 다음과 같은 직관을

가져왔다. 즉 어떤 권력 관계의 다발에서 끄트머리의 삶을 살아야 했던 이들은 권력을 점유하고 안락한 삶을 살았던 이들이 얻지 못하는 비판적인 이해를 (우선 사회적 세계에 대해서) 얻게 된다는 것이다.[9]

이는 중요할 뿐만 아니라 직관을 통해 다가오는 것으로서, 여기에 많은 혜안이 담겨 있음을 부정할 이는 없을 것이다. 하지만 두 가지 질문이 남는다. 물론 사람이 아무 권력이 없는 상태에 처하면 비판적 이해를 얻게 될 **가능성**이 있지만, 그게 언제나 벌어지는 일일까? 입장 인식론을 전투적으로 옹호하는 이들이라 해도 그렇게 주장하지는 못할 것이다. 만약 언제나 벌어지는 일이 아니라면, 무력감의 경험이라는 것을 정치적 권위의 **필연적인** 원천으로까지 승격시키는 것이 옳은 일일까?

나라면 차라리 권위를 내세울 권리라는 것이, 세상이 우리에게 무슨 짓을 했는가가 아니라 우리가 세상에 어떤 일을 했는가에 초점을 맞추는 모델로 돌아가야 한다고 말할 것이다. 그렇다고 희생자들이 역사의 잿더미로 다시 파묻히는 것은 아니다. 희생자를 돌보는 것을 미덕으로 존중하게 되지만, 희생자가 되는 것 자체가 미덕이라는 생각은 장려하지 않을 수 있다. 평등한 정의 운동Equal Justice Initiative*의 창립자 브라이언 스티븐슨Bryan Stevenson은 사형

* 미국 앨라배마주에서 1989년에 만들어진 단체로서, 제대로 된 법적 지원을 받지 못하고 기결수가 된 이들과 모든 사형수에 대한 지원 활동을 펼쳐왔다.

집행을 앞둔 살인죄 기결수들을 변호하면서 사람은 스스로 저지른 가장 끔찍한 짓으로만 판단해서는 안 될 존재라고 주장했다. 당신은 당신에게 일어난 가장 끔찍한 일로 규정되는 존재가 되고 싶은가?

스스로 좌파의 입장에 있다고 생각하면서 보편주의를 불편하게 여기는 이들이 있다면, 여기 숙고해야 할 사실이 있다. 과거를 근거로 피해자성을 호소하는 태도의 극치를 달리는 정체성 정치의 가장 성공적인 사례가 바로 이스라엘의 현직 국방부 장관이자 유죄가 확정된 테러리스트 이타마르 벤그비르Itamar Ben-Gvir 같은 정치가들이 내세우는 유대인 민족주의라는 점이다.[10] 애초 이스라엘 국가는 역사에서 처음으로 유대인이 희생자가 되지 않도록 하겠다는 희망에서 설립되었다. 하지만 앤소니 러먼Anthony Lerman과 다른 이들이 자세히 보여준 바 있듯이, 이스라엘 정치가 우경화되면서 국가 자체가 홀로코스트의 기억을 도구로 이용하여 팔레스타인 점령에 대한 모든 비판을 비켜가는 정책을 의식적으로 채택하게 되었다.[11] 희생자성에 본질적 성격을 부여하는 것은 결코 좌파가 따를 만한 길이 아니다.

정체성 정치는 우리의 정체성을 이루는 여러 구성 요소를 단 하나의 요소로 축소할 뿐만 아니라, 우리가 가장 통제할 수 없는 종류의 요소를 들어 그것을 우리 본질로 삼아버린다. 정체성 정치가 제기하는 문제는 여전히 유효하지만, **정체성 정치**라는 용어 자체는 이제 해로운 것으로 변질되었고 보수주의자들에게 이용당하는 말이 되어버렸다(이들은 스스로 정체성 정치를 실천하고 있다는 사실조차 인식하지 못한다). 나는 '부족주의tribalism'라는 말이 더 정확하다고 본다. 야만성을 불러일으키기 때문이다. 좋은 의도를 가진 어느 동료 연구자는 미국 원주민이 불쾌하게 여길 수 있다는 염려를 표하기도 했지만, 부족주의라는 개념은 미 대륙에서 만들어진 것이 아니라 오래전 구약성경으로 거슬러 올라간다. 구약성경은 사람들이 부족이라는 정체성으로 뭉치면 어떤 일들이 벌어지는지를 끊임없이 되풀이하여 경고한다. 질시, 불화, 전쟁 등이 그 일반적인 결과였다. 부족주의란 어떤 종류의 사람들이 **자기들 종족**과 나머지 모든 사람 사이에 근본적인 인간적 차이가 있다고 생각하면서 내란 상태가 야기되는 것을 묘사하는 말이다.

오늘날 부족주의는 더욱 역설적이다. 인종이라는 것 자체가 인종주의자들이 만들어낸 개념이라는 점 때문이다.[12] 19세기 내내 유대인도 아일랜드인도 백인으로 여겨지지 않았다. 꼭 생물학적인 개념들만이 의미를 갖게 되는 것은 아니다. 인종주의가 사회를 지배하는 조건이라면, 사회적 구성물의 개념이라 해도 생물학적 개념과 똑같은 현실성을 갖는다. 하지만 인종을 어떤 범주로 나누었는지의 역사를 볼 때, 오늘날 통용되는 인종 구별이 2050년에 어른이 될 이들에게도 똑같은 의미를 가질 것이라는 보장은 없다.

지금은 작고한 미국의 사회학자 토드 기틀린Todd Gitlin의 《젊은 활동가에게 보내는 편지Letters to a Young Activist》는 각종 부족적 정체성에 기초한 정치의 힘을 인정하면서 시작한다. “당신의 정체성을 끌어내어 피해자성의 근거로 삼는 것이 출발점입니다. 그 정체성은 당신의 의지로 선택한 것은 아니지만, 결코 도망치지도 않겠다는 것이지요.” 하지만 정체성 정치의 원동력이 되는 원초적인 열정은 그 약점으로 드러나기도 한다. “정체성 정치가 사람들의 피를 끓어오르게 하는 힘은 있지만, 그 근저에는 무력함이 도사리고 있으며, 이것이 은폐될 때가 아주 많습니다.” 그는 정체성 정치가 자잘한 일에서 오는 짜증을 역사를 바꾸는 웅대한 열정인 양 혼동하게 할 뿐만 아니라, 더욱 큰 목표를 내거는 이들에게 그건 정치적 수사일 뿐이라고 조롱을 퍼붓기 일쑤라고 주장한다.

> 이런 관점에서 보자면, 정치의 목적은 당신 자신이 내거는 범주가 권력의 대표성을 확실히 갖도록 만드는 것이며, 다른 사람의 정치에 대해서는 그들이 대표하는 범주가 당신의 범주가 아니라고 말하는 것만으로도 적절한 비판이라고 여겨지게 됩니다. (…) 정체성 정치는 사람들의 급진적 성미를 활용하기도 하지만, 결국은 이익집단의 정치일 뿐입니다. 이는 각종 혜택의 분배를 바꾸고자 할 뿐, 분배를 규정하는 규칙들 자체를 바꾸려 하지는 않습니다.

따라서 정체성 정치는 궁극적으로 과거에 뿌리를 박고자 하는 사람들을 계속해서 그 자리에 묶어놓을 뿐이라는 게 기틀린의 결론이다.

악명 높은 뉘른베르크법의 배경이 되는 법 이론을 발전시킨 나치 법학자들은 당시 미국의 인종 관련 법률을 연구했다. 그들은 미국의 "피 한 방울" 원칙*은 독일에 적용하기에는 너무나 가혹하다는 결론을 내렸고, 유대인을 규정하는 데에는 보다 완화된 기준을 적용하기로 했다. 조부모 중 한 사람만 유대인이라면 매우 위태롭기는 해도 독일 시민권을 유지할 수 있도록 한 것이다. 하지만 이 독일 법학자들은 미국의 법적 현실주의가 "인종에 대한 과학적 정의를 내리는 것이 기술적으로 불가능해도 인종주의적 입법을 행하는 것은 얼마든지 가능하다는 것을 입증했다"고 높이 평가했다.[13] 이 "피 한 방울" 원칙은 인종 간 결혼을 금지하던 당시 미국 여러 법률을 뒷받침했고, '4분의 1 흑인quadroon'이니 '8분의 1 흑인octoroon'이니 하는 범주들을 만들어냈다. 지금도 미국의 자칭 타칭 진보적인 전문가들이 백인 인구가 줄어들면서 공화당은 사라질 수밖에 없는 운명이라고 주장하고 있지만, 이들 또한 애초에 인종주의의 불길을 일으켰던 바로 그 근거 박약의 사고방식에 속아 넘어가고 있는 셈이다. 인종이라는 범주가 사회적

* 1910년 테네시주에서 처음으로 제정된 원칙으로, 조상 중 한 명이라도 흑인이 있으면 흑인으로 간주한다는 원칙. 이후 다른 여러 주에서 이와 마찬가지의 원칙이 채택되었다.

구성물임을 알고 있는 이들조차도 거기에 과도한 권력을 부여해야 한다고 고집을 피우고 있다. 과학적 차원에서는 인종적 범주가 허구라는 합의가 더욱 확실해지고 있지만, 그럴수록 정치적 문화에서는 더욱 완강하게 역할을 하게 된다.

케냐의 몸바사에서 태어나느냐, 미국의 맨해튼에서 태어나느냐에 따라 삶이 완전히 달라지고 수명까지 달라질 수 있다는 사실을 아무도 부인하지 못한다. 그렇다면 인류 전체를 관통하는 보편을 추구한다는 것은 모두 위선적인 거짓말이 아닐까? 그렇지 않다. 고통에서 시작해보자. 폭력적인 이미지가 넘쳐나는 요즘 세상이지만, 만약 폭탄에 맞아 갈기갈기 찢어진 사람의 몸을 담은 사진을 본다면 잠시나마 몸서리를 칠 수밖에 없다. 비록 외국에서 일어난 일이라고 해도 내게도 일어나지 말라는 법은 없으니까. 비트겐슈타인이 주장했듯이, 타인의 고통이 우리 자신의 고통으로 바뀌는 것은 어떤 복잡한 추론 따위를 통해서 벌어지는 일이 아니다. 설령 금세 사라진다 해도, 공감이라는 작용이 벌어지는 것은 순간의 일이다. 이는 장 자크 루소가 이성에 선행하는 것이며 인간뿐만 아니라 많은 동물에게서도 발견된다고 주장했던, 아픔을 함께할 줄 아는 마음 바로 그것이다.

다음으로 신체에 관해 이야기해보자. 몸에 붙은 살은 그 형태와 색깔과 크기에 있어서 여러 나라의 문화와 역사만큼이나 어지러울 정도로 다양한 모습을 띠며, 또한 그만큼이나 흥미로운 대상이 된다. 하지만 그렇게 다양해 보이는 신체도 그 틀을 이루는 골격에서만큼은 모두 동일하다. 보편주의자가 된다면, 서로 다른 다양한 방식에 매료되어 기쁨을 느끼는 동시에 또 우리 모두를 하나로 묶는 골격으로도 수시로 시선을 되돌릴 수 있다. 골격은 또한 우리가 이 세상을 떠난 뒤에 남는 것이기도 하다.

시간과 공간을 넘어서 인간에게 공통적인 성향들은 또 어떤 것이 있을까? 무궁무진하게 많지만, 육체적 고통만큼 아프게 공감을 얻어내는 것은 아니어도 루소가 또한 기본적인 것이라고 생각했던 또 다른 예 하나를 보자. 우리는 모두 자유롭게 태어났으며, 우리의 자유를 제약하려는 모든 시도에 대해 저항하는 경향을 띤다. 이는 텔아비브에서 테헤란에 이르기까지, 최근의 여러 시위에서도 나타나는 바이다. 게다가 우리는 그러한 시도에 누구든 저항하는 것을 당연하다고 생각한다. 장 폴 사르트르의 말대로, "모든 혁명의 밑바닥에는 '우리도 인간이다'라는 선언이 깔려 있다."[14] 여기서 한 걸음 더 나아가 노예제, 식민주의, 인종주의, 성차별주의에 반대하는 모든 논리는 "그 사람은 사람이 아니란 말인가?"라는 질문에서 구체화된다고 할 수 있다. 철학자 아토 세키-오투Ato Sekyi-Otu는 이 질문이 토머스 제퍼슨의 영어만큼이나 자신의 모국어인 아칸Akan어에서도 똑같이 자연스러운 익숙한 말이라고 한다. 그래서 세키-오투는 인간적인 것이 무엇인가에 대한 답을 유럽에서 수입해 와야 한다는 생각 자체가 모욕적이라고 말한다.[15]

주디스 버틀러는 "모든 문화마다 칸트주의자를 발견할 수 있다고? 도대체 이런 문화적 강요가 어디 있는가?"라고 물은 바 있다. 물론 수사적 의문문이었지만, 세키-오투는 답을 내놓는다. "그것은 전혀 강요가 아니다. 우리의 모국어를 사용하는 토착민들 또한 매일매일 그러한 작업을 한다."(앞의 책) 그는 일상언어철학ordinary language philosophy*의 가장 중요한 혜안에 의지하여 유럽 바깥 토착민이 어떤 도덕적 주장을 내놓을 때 자기들의 모국어로 어떻게 정당화하는지에 주의를 기울이라고 촉구한다. 그리고 이렇게 말한다.

> 인류 공통의 직관과 이상에 형식적이고 제도적인 틀을 부여하여 표현한 것에 대해서는 유럽의 공을 인정해야 한다. 하지만 서양인들에게 그에 대한 배타적 소유권까지 주어서는 안 된다. (앞의 책)

비인간화로 내몰리는 이들에 대하여 그들도 인간이라고 호소하는 것은 시공을 초월하여 우리가 억압에 대응하기 위해 사용하는 보편적인 형식이다. 제퍼슨도 칸트도 자신들이 설파한 바를 실천에 옮기지는 못했지만, 이것이

* 비트겐슈타인의 후기 철학에 영향을 받아서, 사람들의 일상 언어를 논리적으로 완벽한 언어로 환원하는 대신 그 '자연어' 자체에 내재한 맥락과 의미 등을 음미하여 그것이 '철학적·형이상학적' 문제로 잘못 이르게 되는 오해를 피하고자 한다.

그들의 설교 또한 잘못되었다는 논거가 될 수는 없다.

지금 좌파 진영에서 보편주의가 집중 공격을 받는 이유는 따로 있다. 특수한 시대와 장소와 이해관계를 반영할 뿐인 지배적 문화를 추상적 인간의 이름을 내걸고서 다른 문화에 강요하는 가짜 보편주의와 뒤섞여버렸기 때문이다. 이는 오늘날 대기업이 주도하는 지구화의 이름으로 우리 일상에서 매일 벌어지고 있으며, 우리로 하여금 인간 행복의 열쇠는 지구 전체에 광활하게 펼쳐진 보편적 쇼핑몰에 있다고 믿게 하고 있다. 하지만 여기서 잠깐 호흡을 가다듬고, 애초에 인간이라는 추상적 개념을 만들어낸 것이 얼마나 위대한 업적이었는지를 생각해보도록 하자. 이전에는 인간 사회란 본질적으로 모두 서로 다른 특수한 형태이며, 법이라는 것 또한 종교에서 나온다고 여겨졌다. 고대 그리스의 작은 국가들도 마찬가지였으니, 각각의 도시국가에서 모시는 신들은 바로 인접한 도시국가의 신에게서 핍박을 받는 이들에게 피난처를 제공하기도 했다(《오레스테이아》*를 생각해보라). 물론 대부분의 종교법에는 다른 종교 신자를 어떻게 대우할지에 대해 일정한 조항이 있었지만, 이는 준수되기 위해서가 아니라

* 아이스퀼로스의 '비극 3부작'을 가리킨다. 정부情夫와 공모하여 남편 아가멤논을 죽인 어머니 클뤼타이메스트라를 아들 오레스테스는 도끼로 살해하여 아버지의 원수를 갚는다. 하지만 친모를 죽인 죄로 복수의 여신들에게 쫓김을 당하는 신세가 되며, 이에 아폴론과 아테나가 개입하여 오레스테스를 구해낸다. 복수라는 전통적인 부족 윤리에서 이성과 관용이라는 논리로 법이 전환하는 과정을 상징하는 작품으로 이야기된다.

깨뜨리기 위해 존재할 때가 훨씬 많았다. 하지만 개신교도와 가톨릭, 유대인과 무슬림, 영주와 농민 모두 인간이라는 공통점이 있으므로 단 하나의 법이 똑같이 적용되어야 한다는 생각이 나타난 것이다. 이는 최근 이루어진 성취이며, 오늘날에는 이러한 생각이 인간 세상에 대한 우리의 가정을 철저하게 형성해 놓았으므로 하나의 성취라는 사실조차 사람들이 인식하지 못하고 있다. 물론 계몽주의 사상가들은 자신이 쌓아 올린 이 위대한 성취의 높은 수준까지 스스로 올라서지는 못했고 밑바닥 수준에 붙들린 채 지역적 편견에 갇힌 모습을 보이기도 했다. 그럼에도 불구하고 이들이 인간이라는 추상적 개념을 얻어낸 것은 마땅히 칭송받아야 할 위대한 업적이다.

그 반대의 경우도 고찰해보자. 나치의 법 이론가였던 카를 슈미트 같은 이는 "'인간'이라는 말을 내뱉는 이들은 모두 당신을 기만하려는 자들"이라고 말한 바 있다.[16] 그의 주장들 다수가 그렇지만, 이 또한 그의 독창적인 주장이 아니다. 그는 그저 우익 사상가 조제프 드 메스트르Joseph de Maistre가 1797년에 썼던 이야기를 되풀이하고 있을 뿐이다.

> 자, 이 세상에 '인간'이라는 것은 존재하지 않는다. 내 일생 동안 프랑스인, 이탈리아인, 러시아인 등은 만나본 적이 있다. 또 나는 몽테스키외 덕분에 페르시아인이 어떤 이들인지도 알게 되었다. 하지만 인간이라고? 나는 그런 사람은 한 번도 마주친 적이 없음을 분명히 밝힌다.[17]

슈미트의 논리는 훨씬 세련되었지만, 또 훨씬 경악스럽다. 슈미트는 호모 사피엔스의 일원이라고 해서 모두 인간이라고 볼 수는 없다는 말까지 서슴지 않는다. 그의 저서 《땅과 바다Land and Sea》는 인간이라는 이름을 오로지 땅에 뿌리를 둔 이들만으로 국한하고 있다. 그는 섬나라 영국인들과 피지섬 주민들을 바다 민족이라고 말하며, 아예 생선 민족이라고 부르기도 한다(정말인데, 원문은 "Fischmenschen"이다). 유대인은 함대를 보유한 것도 아니고 고향 땅이 있는 것도 아니므로 생선도 닭도 아니지만, 1942년에 출간된 이 책에 따르면 분명코 인간이라고 할 수도 없다. 실제로 슈미트는 **인간**이라는 보편주의적 개념은 유대인이 비유대인 사회에서 권력을 얻으려는 자기들의 특정 이익을 은폐하려는 의도에서 발명해낸 것이라고 말하기도 한다.[18] 이는 아돌프 아이히만Adolf Eichmann이 내놓았던 주장이기도 하다.[19] 또한 계몽주의가 내세우는 보편주의라는 것이 점점 비백인화되고 있는 세계에서 권력을 놓지 않으려는 유럽의 특정 이익을 은폐하고 있다는 오늘날의 주장과 위험할 정도로 가깝다.

반계몽주의자들은 **인간**이 경험적 개념이 아니라는 점을 인식하지 못했다. 한두 순간 슬쩍 훑어보기만 해도 포착할 수 있는 **개** 심지어 **프랑스인** 같은 것과는 다른 종류의 개념이라는 점이다. 슈미트의 유명한 인용구를 그대로 따라 하는 대신, 이렇게 말할 수 있을 것이다. "'인간'이라는 말을 내뱉는 이들은 모두 일종의 규범적 주장을 하고 있는 것이다." 독일 헌법의 첫 번째 문장처럼 "인간의 존엄은 불가침이다"와 같은 언어를 쓴다면, 이 점이 은폐될 수도 있다. 만약 객관적 사실에 대한 언명으로 받아들인다면, 이 문장은 사실 터무니없는 말이다. 제3제국이 상상을 초월하는 전대미문의 방식으로 인간의 존엄을 짓밟은 지 불과 몇 년 후에 쓰였으니까. 이 문장의 의미는 당위적인 것으로, 누군가를 인간으로 인정한다는 것은 그 사람 안에 **마땅히 존중되어야** 할 존엄성이 깃들어 있음을 인정한다는 것을 뜻한다. 또한 이러한 인정이 하나의 성취임을 함축하고 있다. 온갖 낯설고 아름다운 방식으로 나타나는 사람들의 모습에서 동일한 인간성을 보는 것은 곧 눈앞의 현상 너머에 있는 것을 인식할 줄 아는 대단한 능력이자 위업인 것이다. 이러한 의미에서라면, 인간이라는 개념이 최근에 만들어진 발명품이라는 푸코의 주장은 옳다. 하지만 그는 근대가 만들어낸 다른 것들과 마찬가지로 이 개념에도 가치를 부여하지 않았고 또 앞으로 사라질 것이라고 기대했다. "우리의 임무는 인간주의에서 우리를 해방시키는 것이다." 이는 그가 《말과 사물The Order of Things》에서 주장한 바 있듯이, 인간이라는 개념의 죽음을 받아들일 것을 요구한다.

인간이라는 추상적 개념은 그다지 탄탄한 것이 못 되며, 이를 생각해내는 일보다 더욱 어려운 것은 이를 행동의 근거로 삼는 일이다. 누군가의 인간성을 인정한다는 것은 곧 그 사람이 존엄한 존재로 취급받을 권리가 있음을 인정하는 일이다. 그렇다면 그 사람을 노예로 만들거나 존재를 소멸시키는 일은 그의 인간성을 부정하는 일이 된다. 흑인을 짐을 나르는 가축으로 취급하거나 유대인을 해충으로 취급하는 경우를 생각해보라. 베트남 전쟁 중 미국의 논평가들은 아시아인이 다른 민족에 비해 죽어가는 사람들을 별로 신경 쓰지 않는다고 엄숙한 표정으로 설명하는 일이 흔히 있었다. 나는 TV에 나와 그런 말을 아무렇지도 않은 표정으로 내뱉었던 이들의 뻔뻔한 얼굴을 지금도 똑똑히 기억한다.

좌파 진영이 부족주의로 선회한 것이 특히 더욱 비극적인 이유는, 초기의 민권 운동 그리고 반식민주의 운동이 모든 형태의 부족주의적 사고에 단호히 반대했다는 데 있다. 이 운동들의 힘은 "모든 형제자매가 자유로워지기 전까지 우리는 모두 노예다"라는 노래 가사에 잘 표현되어 있다. 부족주의는 위험한 게임이며, 우파는 이 점을 아주 일찍부터 간파하고 있었다. 소수자의 요구가 인권이 아니라 특정 집단의 권리에 불과하다면, 다수도 자기들 권리를 고집하지 말라는 법이 없지 않은가? 트럼프가 집권한 과정을 볼 때, 또 최근 영국과 프랑스, 네덜란드와 독일에서 일어나고 있는 정체성 지상주의 운동을 볼 때 반드시 짚고 넘어가야 할 문제이다. 운동에 참여하는 이들은 시대적 조류에 발맞추는 것일 뿐 해로운 일을 하는 게 아니라는 주장을 방패로 세워 이러한 추세에 의식적으로 편승하고 있다. 다른 집단도 다 자기들의 권리를 위해 싸우는 것이 허용되는 판인데, 백인 유럽인이라고 해서 자기들 권리를 위해 일어서지 말라는 법이 있는가?

사실 이 문제에 대한 대답은 그다지 어려운 것이 아니다. 트럼프가 2016년 당선된 직후 미국에서는 논쟁이 일어났다. 진보주의자들이 정체성 정치를 지지했던 것이 트럼프 당선이라는 결과를 낳은 주범이 아닐까?[20] 미묘한 형태의 차별을 둘러싼 자잘한 이슈에 붙들린 결과 백인 유권자들을 소외시켜버렸고, 이들이 좀 더 근본적이고 경제적 이유에서 트럼프를 지지하게 된 것이 아닐까? 이 질문은 선견지명이 있는 동시에 약간은 방향이 빗나가 있다. 흑인에 대한 인종주의는 살해 행위로 이어질 때가 많으며, 이는 결코 사소한 문제가 아니라 분명한 중범죄이다. 여성 및 성소수자 공동체 성원에 대한 폭력도 마찬가지이다. 하지만 부족적 이해관계에 부합하지 않으면 모두 가짜라고 믿는 이들이 다른 사람을 향해 이러한 범죄에 함께 분노할 것을 요구하는 일은 앞뒤가 맞지 않는다. 이들의 말대로 하면 특정 집단의 이익에 기반한 주장 이외에는 모두 근거가 박약한 것으로 여겨지게 되기 때문이다.

한나 아렌트는 아돌프 아이히만이 유대인 민족에 대한 범죄가 아니라 인류에 대한 범죄로 재판을 받아야 한다고 생각했다. 아렌트가 이런 주장을 했던 당시에는 대수롭지 않은 구별이었지만, 이 문제가 얼마나 중요한지는 시간이 지나면서 분명하게 드러났다. 나는 "흑인의 목숨도 소중하다Black Lives Matter, BLM" 운동을 지지했지만, 이는 내가 흑인이라는 부족의 성원이라서가 아니며 나의 선조들이(20세기 초 시카고로 이민 온 가난에 찌든 동유럽 유대인들이었다) 저지른 잘못에 대한 죄의식 때문도 아니다. 내가 이 운동을 지지한 이유는 무기를 소지하지도 않은 사람을 죽이는 것은 인간에 대한 범죄이기 때문이다. 또한 동시에 나는 "모든 이의 목숨은 다 소중하다All Lives Matter"라고 외쳐댔던 백인들의 반대 운동을 거부했다. 진부한 일반적 진리를 악용하여 아프리카계 미국인이 다른 미국인보다 차별과 폭력에 희생될 가능성이 훨씬 크다는 중대한 경험적 진실을 호도하고 있기 때문이다. 이는 경험으로도 분명한 사실이지만, 제대로 인식하려면 진실이란 무엇인가에 대한 개념을 가지고 있어야만 한다.

처음에 BLM 운동은 보편주의적 운동이었다. 참여자 숫자로 보나(미국에서만 약 2,600만 명이 참여), 시위 횟수로 보나(4,446개의 미국 도시에서 일어났으며 대개 평화시위였다), 미국 역사상 최대 규모의 사회 운동이었다. 2020년에 벌어진 시위는 참여자들의 인종 구성에 있어서도 미국에서 그 이전에 벌어졌던 어떤 인종주의 반대 운동보다 더 다양했다. 로스엔젤레스, 뉴욕시, 워싱턴 D.C. 등에서 실시한 조사에 따르면, 시위자의 54퍼센트는 백인이라고 밝혔다. 그리고 참여자 절반 이상은 이번이 자신의 첫 번째 시위 참여라고 밝혔다.

이렇듯 백인 우월주의에 대한 미국의 거부는 전 세계에 반향을 불러일으켰다. 영국은 미국에 비해 자신들이 저지른 역사를 기억해내는 속도가 늦는 경향이 있었거니와, 그

적지 않은 이유는 대영제국이 노예제 대부분을 식민지에 외주화했기 때문이었다. 2020년 BLM 운동이 시작되기 3개월 전에 〈가디언〉이 행한 여론 조사에서 대영제국이 저지른 짓에 부끄러움과 회한을 느끼는 영국인의 비율은 19퍼센트에 불과했다. 그렇기에 영국에서 벌어진 태도 변화의 속도는 더욱더 놀라운 것이었다. 어느 항구에 세워져 있던 유명한 노예 무역상의 동상은 상징적인 차원에서 응징을 당하고 철거되었다. 처칠 기념비의 기단에는 그가 인종주의자였음을 상기하는 문구들이 스프레이로 얼룩졌다. 이러한 상징적 변화와 발을 맞추어 시스템 차원에서의 변화를 요구하는 목소리도 높아졌다. 학교 교육 시스템 전반에 걸쳐 흑인 역사와 식민지 역사를 의무적으로 가르치라는 요구가 나왔고, 뉴욕시만큼 치명적이지는 않지만 그럼에도 불구하고 인종주의에 젖어 있는 런던 경찰의 행태를 철저히 조사하라는 요구도 나왔다. 벨기에에서는 1,000만 명에 달하는 콩고인을 죽음으로 내몰았던 정책을 시행한 국왕 레오폴드 2세의 동상들이 시뻘건 페인트로 칠갑되는 일이 벌어졌고, 전 세계에 걸쳐 이런저런 동상의 인물들에 대한 역사적 맥락에서의 논의가 이루어지고 있다. 오스트레일리아에서는 원주민 부족에게 자행되었던 불의에 대해 사과 이상의 것들이 나오기 시작했다. 이렇듯 전 세계에 걸쳐 터져 나온 목소리는 그 연령, 계급, 민족적 배경 등에서 놀라울 정도로 다양했으니, 여기에서 두 가지가 분명해진다. 미국에서 벌어진 BLM 운동에 대해 충분한 지식을 가지고 연대를 표명했다는 사실 그리고 이들이 스스로의 인종주의적 역사를 용감하게 직시하겠다는 책임감을 보여주었다는 사실이다. 독일에서는 지난 수십 년간 유대인에 대해 벌인 범죄에만 몰두하고 있었지만, 이제는 그 짧지만 잔혹했던 식민주의의 역사도 인정하며 약탈해온 예술 작품을 반환해야 한다는 목소리가 마침내 나오기 시작했다. 한때 독일의 동맹국이었던 일본은 각종 전쟁 범죄를 인정하는 데 독일보다 훨씬 저항이 심했지만, 이곳에서도 수천 명의 시민들이 한 달 동안 시위를 벌이면서 미국 흑인들에게 공감을 표했으며 지금도 계속되는 일본의 인종주의에 항의했다.

이러한 시위 가운데 그 어떤 것도 경찰의 폭력을 종식시키는 데에는 성공하지 못했다. 우리가 알게 된 문제들이 구조적인 성격을 지녔기 때문이다. 미국 남부에 자리한 한 대도시의 경찰 총수였다가 퇴역한 이가 내게 말해준 바에 따르면, 그가 일했던 주에서는 경찰로 투입되기 전에 받는 훈련 시간 수가 미용사가 되기 위해 받아야 하는 훈련 시간 수보다도 짧았다. 믿을 수 없는 일이지만 사실이다. 미국의 일부 주에서는 다른 사람의 머리카락을 씻고 자르고 말려주는 자격증을 얻는 것보다 살인 무기를 휘두르며 법을 집행하는 자격증을 얻기가 더 쉽다는 것이다. 이러한 정보를 볼 때, "경찰 예산을 끊어라Defund the Police"는 방향을 잘못 잡은 슬로건임을 알 수 있다. 오히려 필요한 것은 더 많은 예산이다. 경찰이 되는 이들에게 범죄의 문제와 정신 건강의 문제를 구별하는 법을 가르치고, 정신 건강의 위기를 겪는 이들을 범죄자로 오인하지 않도록 주의할 것을 가르쳐야 한다. 유색인종 젊은이들은 어두운 전망을 비관하여 광란의 범죄를 저지르거나 그나마 나은 선택지랍시고 마약 밀매상이 되는 일이 빈번하거니와, 이들에게 직업 및 기술 훈련과 희망을 제공하는 지역사회 프로그램을 마련할 수 있도록 가르쳐야 한다.

시위가 미국에서 시작된 것은 놀랍지 않다. 인종주의가 국제적 문제이기는 하지만 그 때문에 사람들이 더 많이 죽어 나가는 것은 미국의 길거리이기 때문이다(심지어 잠을 자던 침대에서 죽어 나가는 경우도 있다. 켄터키주의 루이스빌에서는 젊은 흑인 의료 노동자 브리오나 테일러Breonna Taylor가 한밤중에 불법으로 자신의 집에 밀어닥친 경찰의 습격으로 죽음을 당했다). 하지만 이것만이 아니다. 더 중요한 점이 있다. 미국은 다른 나라와는 달리 일련의 이상을 건국의 기초로 삼았다고 주장하는 나라이기 때문이다. 물론 여러 역사가들이 오랜 연구를 통해 충분히 보여준 바 있듯이, 미국의 현실은 그들이 표방하는 이상과는 큰 차이가 있다. 하지만 문서고를 뒤져 이루어진 역사 연구가 대중의 의식에까지 영향을 미치는 데에는 아주 오랜 시간이 걸린다. 그래서 최근까지도 미국 대중 사이에서는 미국이 특별한 나라라는 미국 예외주의가 지배적이었으며, 여기에 의문을 제기하는 것이 불법화된 주도 많다. 이러한 예외주의를 지지하는 이들도 때때로 미국 역사가 그 이상과 달랐다는 점을 인정하기는 하지만, 역사와 이상을 일치시키고자 했던 시도에 초점을 맞춘다. 때로는 철학자들도 그렇게 한다. 랄프 왈도 에머슨Ralph Waldo Emerson과 헨리 데이비드 소로Henry David Thoreau는 보다 조용한 종류의 노예제 폐지론자들을 지지했을 뿐만 아니라 존 브라운John Brown* 또한 옹호했다. 윌리엄 제임스William James는 당시 막 성장하던 미국의 제국주의를 비난하기도 했다. 여기서 중요한 것은 아프리카계 미국인들이 미국을 캐묻고 추궁하는 데 언제나 중요한 역할을 해왔다는 점이다. "아프리카로 되돌아가자Back-to-Africa" 운동을 지지한 이들은 거의 없었다. 프레더릭 더글러스에서 폴 로브슨을 거쳐 토니 모리슨Toni Morrison에 이르기까지, 아프리카계 미국인들은 미국이 스스로 표방한 이상에 부응할 것을 요구하는 최전선에 있었다. 2021년 미국 국회의사당 난입 사건이 벌어졌을 때 외국 관찰자들이 큰 충격을 받았다는 사실에서 알 수 있듯이, 미국이 내건 이상을 고수하는 이들은 미국인들만이 아니다. 나는 세네갈, 이집트, 인도의 친구들로부터 깊은 슬픔을 표하는 전화를 받았다. 그들은 미국이 그 전에도 이상을 무수히 저버렸다는 사실을 충분히 알고 있었지만, 그럼에도 불구하고 자기들 나라에서나 있을

* 메이플라워호 이민자의 유서 깊은 가문 출신으로 노예제 폐지의 방법은 무장 봉기와 폭력 혁명밖에 없다고 확신하여 무기고를 공격했다가 1859년 처형된다. 논란이 많은 인물이지만, 찬양하는 쪽은 그를 남북전쟁과 노예 해방의 효시를 이룬 이라고 높게 평가한다.

법한 일이 미국에서 벌어질 것이라고는 생각지도 못했다고 했다.

그러나 2020년 BLM 운동이 이렇듯 보편주의적 성격을 가졌음에도 불구하고, 인종주의 우파는 재빠르게 이를 정체성 정치의 한 사례로 몰아가버렸다. 아마도 흑인에 대한 폭력의 종식을 요구하고 나선 이들이 이토록 폭넓고 다양했다는 사실이 그들의 신경을 곤두서게 했을 것이다. 2020년 6월에는 미국인의 77퍼센트가 사회 체제에 인종주의가 내재해 있으며 이것이 아주 큰 문제라는 점에 동의를 표했다. 이렇게 압도적인 여론 조사가 나온 적이 있었던가? 하지만 부족주의적 수사학으로 이 운동을 몰아갔던 것은 슬프게도 우파만이 아니었다. 반세기 전 민권 운동 조직이었던 학생비폭력조정위원회Student Nonviolent Coordinating Committee, SNCC에서 투표를 거쳐 그 내부의 백인 성원을 축출하기로 (미국 흑인의 투표권을 위한 공동 투쟁 과정에서 수많은 백인 활동가가 구타를 당하고 심지어 두 사람이 살해당했음에도) 결정했을 때의 전개가 이번 BLM 운동에서도 그대로 되풀이되었다. 물론 이러한 결정을 둘러싸고는 논쟁이 있었다. 하지만 보편주의와 정의에 호소하는 목소리가 오랫동안 들리지 않았던 상황에서는 부족주의와 권력에 호소하는 목소리가 훨씬 이해하기 쉬울 수밖에 없다. 그래도 케넌 말리크Kenan Malik가 스토클리 카마이클Stokely Carmichael에 반대하며 주장했던 바를 기억할 필요가 있다.

"온갖 혁명적 허세에도 불구하고, 이 결정은 결국 태머니 홀Tammany Hall의 동원 정치machine politics*와 같이 동네와 인종에 뿌리를 둔 정치적 중개업이며 또 다원적 사회 안에서 집단 권력을 행사하겠다는 이야기에 불과하다. 매우 보수적인 두 개의 주제가 이번 결정의 중심에 도사리고 있다."[21]

보편주의와 정의를 신념으로 삼고 있는 우리의 과제는 그러한 이상이 현실이 되어야 한다는 입장을 완고하게 유지하는 것이다. 절망으로 손을 놓아버리는 것이 아니라.

그리하여 2020년 가을이 되면, 보편주의적 입장에서 BLM 운동을 옹호하는 목소리는 거의 사라져버린다. 어떤 이들은 이 운동이 모두의 공통된 이상을 대표하는 것이라는 생각 자체를 아예 노골적으로 거부했다. 백인 동맹자들은 일정한 역할을 할 수 있을 뿐, 그게 다라는 것이었다. 하지만 나는 동맹자가 아니다. 동맹에서는 확신이라는 것이 별 역할을 하지 않으며, 이것이 동맹이 오래가지 못하는 이유일 때가 많다. 만약 나의 자기이익이 당신의 자기이익과 일치하면 잠시 동안 우리는 동맹을 형성할 수 있을 것이다. 미국과 소련은 나치 체제가 패배할 때까지 동맹국이었다.

* 태머니 홀은 19세기 중반부터 약 100년 가까이 뉴욕시의 정치, 특히 민주당을 좌우했던 이민자 집단의 네트워크였다. 이민자들의 투표를 동원해준다는 것을 미끼로 하여 후보 선출 과정에 깊이 개입해 힘을 행사하였고, 그 지도부에 해당하는 자들은 갖은 이권 개입과 부패에 연루되었다.

그런데 미국이 나치 전력자를 채용해서라도 공산주의를 무너뜨리는 것이 자신의 이익이라고 결정했던 순간, 소련은 동맹국에서 적국으로 전환되었다. 그렇다면 물어보자. "흑인의 목숨도 소중하다"를 외쳤던 백인들의 경우 과연 코로나 바이러스 감염의 위험을 무릅쓰면서까지 길거리로 쏟아져 나올 만한 무슨 자기이익이 있었던 것일까? 이는 동맹이 아니라 보편적 정의에 대한 신념과 책임감이었다. 어떤 운동의 성원을 동맹자와 기타 세력으로 나누는 것은 깊은 연대의 기반을 훼손할 뿐만 아니라 좌파의 입장에 선다는 것 자체의 의미를 파괴하는 일이다.

물론 부족주의로 몰려가도록 부추기는 것은 나쁜 이론만이 아니다. 심한 분노 또한 중요한 원인이 된다. 미국 역사상 가장 큰 사회 운동도 유색인종에 대한 지속적인 살해 행위를 막지 못했다는 것은 사실 정말로 믿을 수가 없는 일이다. 이러한 현실을 알게 되면 뉴저지주에서 백인 경찰이 시위대 앞에 무릎을 꿇었던 일이나 오레곤주에 출동한 군대 앞에서 백인 전역 군인이 "흑인의 목숨도 소중하다"라는 티셔츠를 입고 맞섰던 것도 다 부질없는 일이었다고 생각하기 쉽다.

하지만 분명 중요성을 갖는 일이었으며, 특히 백인이건 흑인이건 불 코너Bull Connor*와 같은 자를 기억하는

* 미국 앨라배마주의 백인 우월주의자 정치가. 공공안전위원장으로 재임하면서 흑인 민권 운동가들에 대해 소방차 호스와 경찰견까지 동원하는 잔혹한 진압과 공격을 주도했다. 아이들까지 공격당하는 모습이 전국 TV에 방송되

이들에게는 더 중요한 사건이다. 그리고 우리가 부족주의를 그 뿌리까지 거부하고 저항하려 한다면, 이는 더욱더 큰 중요성을 갖게 된다. 이러한 작업을 위해서는 지성사를 살펴볼 필요가 있다.

§§§§§

오늘날에는 보편주의라는 것이 다른 계몽주의 사상과 마찬가지로 식민주의를 지지하는 유럽중심주의적 관점을 은폐하려고 발명된 사기극이라는 생각이 무슨 신앙처럼 퍼져 있다. 나는 이러한 주장을 약 15년 전에 처음 들었거니와, 그때는 하도 어설프기에 금세 사라질 것이라고 생각했다. 전혀 사실무근일 뿐만 아니라, 아예 계몽주의 사상을 거꾸로 뒤집어 놓았기 때문이다. 계몽주의 사상가들이 **발명**한 것이 있다면, 오히려 유럽중심주의에 대한 비판이었고 이들이야말로 보편주의적 사상에 기초하여 식민주의에 공격을 감행했던 최초의 사람들이었다. 이 점을 살펴보려면 계몽주의 사상을 다룬 어렵고 두꺼운 책을 읽을 필요도 없다. 볼테르Voltaire의 《캉디드Candide》를 저렴한 보급판으로 한 번 읽어보는 것으로 충분하다. 종교적 광신, 노예제, 식민지 약탈 및 기타 유럽의 악행에 대해 간단하고도

면서 오히려 백인 흑인 할 것 없이 전체 여론의 반전이 벌어졌고, 1964년 미국 남부의 여러 주에서는 흑인 민권을 강화하는 법들이 통과된다.

명쾌한 논평을 원한다면, 이를 능가하는 글은 찾기 힘들다.

하지만 지적 조류의 향방을 예측하는 데에는 내가 젬병이라는 게 드러났다. 지난 몇 년간 계몽주의는 아예 우리 세상 비참함을 대부분 끌어온 원흉으로 지목되기에 이르렀다. 한 세기 전의 사람들이 당대 모든 고통의 원천을 근대성이라고 불렀던 것과 똑같은 사태다. 따지고 보면 모든 문제의 원인으로 뒤집어씌우기 위해서는 무언가 큼직한 게 필요할 수밖에 없다. 계몽주의 때리기는 미국 대학들에서 시작되었지만, 이제는 서방 세계 대부분에서 문화 전반을 휩쓸어버렸다. 수많은 예가 있지만 하나만 들어보자. 독일은 보통 자신들의 귀중한 문화적 유산을 드높이기 위해 국가 차원에서 거액의 돈을 퍼붓는 나라였다. 그래서 지난 20년간 "아인슈타인의 해", "루터의 해"(루터가 지독한 반유대주의자였음에도 불구하고), "베토벤의 해", "마르크스의 해" 등의 행사를 치러왔다. 그런데 오늘날에는 계몽주의에 반감을 가진 공감대가 너무나 넓게 퍼져 탄생 300주년을 맞은 임마누엘 칸트의 해를 조직하기가 어려워진 상태이며, 그 계획 자체가 완전히 압도당하여 소심하게 쪼그라들고 말았다.

계몽주의란 논쟁이 많은 개념이며, 따라서 그 주제의 연구자들 사이에서도 의미가 각각 다르다. 18세기에 정점에 달했던 이 사상은 과거에도 여러 번의 선례가 있었지만, 여기에서 나는 1698년 피에르 벨Pierre Bayle의 《역사적·비판적 사전Historical and Critical Dictionary》 출간과 함께 꽃피우고

1804년 칸트의 죽음으로 막을 내린 지적·정치적 운동을 지칭하는 말로 쓰겠다. 계몽주의가 설파한 신념에는 많은 사상이 포함되어 있지만, 이 책에서는 내가 앞서 좌파의 기초라고 불렀던 것들, 즉 보편주의, 정의, 진보의 가능성에 대한 신념 등에 초점을 두고자 한다. 계몽주의 운동이 스스로 전투적으로 내걸었던 모든 이상을 실현하지 못한 것은 분명하지만, 본래 이상이란 실현 가능성을 넘어서서 제기되는 것이다. 계몽주의는 자기비판을 발명한 운동이었다. 따라서 오늘날에도 끊임없는 자기비판을 통해 스스로의 오류를 대부분 바로잡을 힘이 있음을 보여줌으로써 계몽주의 운동을 강화하는 것이 얼마든지 가능함을 보여줄 수 있었다. 하지만 이렇듯 계몽주의의 이상을 더욱 깊고 넓게 실현할 수 있었을 이들이 오히려 계몽주의를 공격해온 것이 현실이다.

그들은 계몽주의가 초토화된 땅, 사람들의 피로 젖은 유럽 대륙에서 나타났다는 사실을 망각했다. 계몽주의 사상가를 현실 모르는 천진난만한 자라거나 대책 없는 낙관주의자였다고 무시하는 이들은 그들이 남긴 여러 저작에 대해서만 무지한 게 아니다. 이들이 계몽주의 사상을 형성한 역사적 배경에 대해서도 무지하다는 것이 더욱 중요하다. 치료법도 없는 전염병이 파도처럼 밀려오고, 종교 전쟁이 끝없이 되풀이되어 셀 수도 없는 이들이 죽음을 당했다(다니엘 켈만Daniel Kehlmann의 베스트셀러 소설 《틸Tyll》에 그 세계가 생생하게 그려져 있다). 여성들은 마녀 혐의를 받아 산 채로 불에 타 죽는 일이 일상적으로 벌어졌으며, 남성들은 팸플릿을 썼다는 이유로 쇠사슬에 묶여 지하 감옥에 던져졌다. 대서양 건너편으로부터는 신대륙의 여러 민족에게 행해진 온갖 야만 행위에 관한 소식이 들려왔다. 악惡이라는 문제에 대해 역사상 그 어느 때보다도 더 많은 글이 더 열정적으로 쏟아진 때가 바로 이 시대였다는 것은 별로 놀라운 일이 아니다.

계몽주의 운동은 바로 이러한 상황에서 **인간**이라는 개념을 도입했다. 이는 드 메스트르와 같은 당대의 계몽주의 비평가들이 아예 인식할 능력도 없었던 새로운 사상이었다. 계몽주의 사상가들은 모든 사람이 그 종교와(기독교도이건 유교도이건) 국적 및 문화를(파리 사람이건 페르시아 사람이건) 초월하여 본래부터 존엄성을 가지고 태어난 존재이며, 이 존엄성은 마땅히 존중되어야 한다고 강력히 주장했다. 물론 이러한 생각은 유대교, 기독교, 이슬람교의 경전에서 여러 다른 버전으로 발견할 수 있다. 이 경전들은 최소한 우리 중 일부는 신의 형상에 따라 만들어졌다고 주장하고 있으니까. 하지만 계몽주의는 생각의 기초를 신의 계시가 아닌 인간의 이성에 두었다. 에덴동산에서 무슨 일이 있었는지에 대해서는 저마다 생각이 다르다고 해도, 이성에 호소한다면 누구나 동일하게 이 결론에 도달할 수 있다는 것이었다.

모든 사람이 그 출신과 무관하게 인간으로서의 존엄성을 요구할 수 있다는 생각이 사람들 사이의 여러 차이가 중요하지 않다는 결론으로 치달았던 것은 결코 아니다. 각각의 역사와 문화가 다르므로, 이를 통해 추상적 인간이라는 골격에 살과 피를 입히게 된다. 따라서 오히려 모든 이에게 보장되어야 할 인권이라는 개념이 도출된다. 사람들이 살아온 역사 또 그들이 살고 있는 문화와 무관하게 보장되어야 할 권리인 것이다.

인권의 개념과 그것이 현실 세계에 갖는 함의점은 1796년 제레미 벤덤Jeremy Bentham이 잠꼬대 같은 헛소리라고 부른 이후 논란이 되어왔다. 하지만 인권이라는 게 도대체 무엇인가에 대해 존재론적 설명이 나오지 않았다고 해도, 이미 정치적으로는 인권의 확장이라는 것이 갈수록 더 중요한 역할을 하고 있음이 명백하다. 톰 키넌Tom Keenan은 이렇게 주장한다.

> 권리, 특히 인권이라는 개념은 **우리가 보유하고 있는 것**이 아니라 **우리가 주장하는 것**이라고 보는 것이 낫다. 사소한 표현상의 차이로 보이지만, 나는 이것이야말로 우리가 인권 담론에 대해 사유하고 실천하는 방식에 근본적인 도전을 던질 만한 잠재력이 있는 문제라고 생각한다. 인권이 그저 주장일 뿐 그 이상이 아님을 인정한다고 해서 그러한 주장의 힘이 약해지는 것은 아니다. 오히려 그 주장이 본질주의와 교조주의를 덜어내고, 신성 혹은 마이클 이그나티에프Michael Ignatieff가 우상숭배적이라고 부른 성격도 벗어날 수 있으므로 더욱 강력한 것이 될 수 있다.[22]

누군가의 권리가 침해되었다고 주장하면, 그 사람의 고통을 단순히 동정심의 문제가 아니라 정의롭지 못한 상태라고 이해하게 된다. 키넌은 고전이 된 린 헌트Lynn Hunt의 저서《인권을 발명해내기Inventing Human Rights》의 논지를 따르면서, 인권이라는 것이 너무나 추상적이어서 현실에서 힘을 발휘할 수 없고 그 형이상학적 근거도 결여되어 있다는 점이 오히려 힘의 원천이 된다고 주장한다. "'인간의 권리'라는 생각은 혁명 자체와 마찬가지로 모순과 변혁에 대한 답이 정해져 있지 않은 토론을 열어젖히는 것이다."

그러므로 제2차 세계대전으로 폐허가 되어버린 세상에서 인권을 규정하는 단일의 경전을 확정하고자 했던 시도가 숱한 논란에 휩싸였던 것은 전혀 놀라운 일이 아니다. 미국은 정치적 권리는 인정했지만 사회적 권리는 인정하지 않았다. 소련은 여행의 자유를 인정하지 않았다. 남아프리카 공화국은 인종차별정책apartheid에 제한을 가할 만한 내용은 일체 거부했으며, 사우디아라비아는 여성에게 동등한 권리를 부여하는 데 반대했다. 더욱 놀라운 사실은 캐나다, 레바논, 중국 등 다양한 나라에서 온 위원회 성원들이 2년에 걸친 논의 끝에 문화적·정치적 차이를 초월하고자 하는 동일한 문서에 서명할 수 있었다는 사실이다. 당시 유엔에 가입한 나라 중 10개국이 기권한 가운데 58개국이 〈세계인권선언〉을 이루는 30개 조항에 동의했다. 위원회 의장이었던 엘리너 루스벨트Eleanor Roosevelt는 이 문서가 법적 구속력을 갖지 못한다는 점을 알고 있었지만, "모든 나라의 모든 사람이 성취해야 할 공통의 기준으로 기능할" 것을 희망했다.[23] 좌파의 입장에 선다는 것은 곧 이 기준을 지지하여 다음 내용에 동의한다는 것을 뜻한다.

> 모든 인권은 분할할 수 없다. 생명권, 법 앞에서의 평등, 표현의 자유와 같은 시민적·정치적 권리 그리고 노동권, 사회보장, 교육과 같은 경제적·사회적·문화적 권리이든, 또는 발전과 자기결정권과 같은 집단적 권리이든 모두 분할할 수 없으며, 상호 연관되어 있고, 상호 의존적이다. 한 권리를 개선하면 다른 모든 권리의 진전도 촉진된다. 마찬가지로 한 권리를 박탈할 경우에는 다른 모든 권리도 악영향을 받게 된다.[24]

계몽주의 시대는 권리와 이성을 이야기했지만, 또한 노예제와 식민주의의 시대이기도 했다.

이런 식으로 계몽주의를 공격하는 이들은 18세기의 현실과 이를 바꾸고자 종종 상당한 신변의 위험을 무릅써가며 싸웠던 계몽주의 사상가들을 혼동하고 있다. 이와 같은 명제는 상관관계와 인과관계를 혼동하는 어리석음을 보여준다. 계몽주의 사상가들이 노예무역과 식민주의가 팽창하던 시대에 저작을 내놓았다고 해서 그들에게 책임을 물을 이유는 없다(최근에 어떤 현실 사안을 놓고서 맹렬하게 저항한 경험이 있다면 생각해보라. 당신 또는 사람들이 어떤 주장을 한다고 해서 지배 권력이 언제나 거기에 응답하던가?).

계몽주의가 유럽중심적이라는 주장만큼 황당한 공격도 없다. 오늘날 탈식민주의 이론가들은 우리가 비유럽 지역 사람들의 관점에서 세상을 바라보는 법을 배워야 한다고 주장한다. 그런데 이는 몽테스키외로 거슬러 올라가는 전통을 그대로 앵무새처럼 되풀이하고 있는 것이다. 몽테스키외는 가상의 페르시아인을 설정해 당대 유럽의 풍습을 비판했다. 만약 프랑스인인 그가 자신의 목소리로 글을 썼다가는 안전을 보장받지 못했을 터이니까. 몽테스키외의 《페르시아인의 편지The Persian Letters》에 이어 동일한 장치를 사용한 수많은 저작물이 쏟아져 나왔다. 라홍탕 남작Louis-Armand, Baron de Lahontan은 《휴론족과의 대화Dialogue with a Huron》를, 디드로Denis Diderot는 《부갱빌의 항해 보론Supplement to Bougainville's Voyage》을 통해 유럽의 가부장적 성 관련 법률을 비판했다. 유럽에서는 혼외 자식을 낳은 여성을 범죄자로 다루었는데, 이를 보다 평등주의적인 휴론족과 타히티 주민들의 관점에서 비판한 것이다. 기독교에 대해 날선 공격을 가했던 볼테르의 글은 중국 황제 그리고 남아메리카 토착인 성직자의 목소리를 빌려오기도 했다.

최근 베스트셀러가 된 《모든 것의 새벽The Dawn of Everything》에서 인류학자 데이비드 그레이버David Graeber와 고고학자 데이비드 웬그로David Wengrow는 흥미로운 주장을 펼치고 있다. 오늘날까지 비유럽 관찰자의 관점에서 유럽을 비판한 계몽주의 저작은 보통 글쓰기 전략으로 이해되었다. 즉 저자들은 자신의 저작이 초래할 박해를 피하기 위해 비유럽인을 상상으로 꾸며내고 그들의 입을 통해 자기들 생각을 전해왔다. 하지만 그레이버와 윈그로는 비유럽 화자들이 실제로 존재했다고 완고하게 주장한다. 이들의 주장은 대개 라홍탕의 《휴론족과의 대화》에 대한 연구에 기초하고 있다. 이 저작은 계몽주의 운동의 여명기라고 할 1703년에 출간된 책으로서, 엄청난 성공을 거두어 수많은 모방 작품을 낳기도 했다. 이 프랑스 작가의 책은 라홍탕이 캉디아롱크Kandiaronk라는 이름의 웬다트Wendat족 지도자이자 사상가와 가진 일련의 대담을 담고 있다. 라홍탕은 캐나다에 머무는 동안 알곤킨Algonquin족과 웬다트족의 언어를 유창하게 할 수 있게 되었다. 이야기는 캉디아롱크가 한 것으로 되어 있지만, 많은 사람들은 원주민이 그렇게 세련된 정치적 논리를 구사할 리가 없다고 생각했다. 하지만 그레이버와 윈그로는 캉디아롱크가 명민함과 언변으로 유명했던 실제 인물이며, 바로 라홍탕이 기록한 것처럼 유럽인들과의 논쟁에 열중했던 사람이라는 증거를 제시한다.

그러나 그들의 증거는 결정적이지 않으며, 그들이 계몽주의 사상에 대해 내놓는 명제 중 일부는 그릇된 것이다.[25] 설령 그레이버와 윈그로의 주장대로 캉디아롱크가 실존 인물이며 이 저작에 영향을 주었다고 해도, 계몽주의자에게 영향을 주었던 수많은 목소리 중 하나의 예일 뿐이다. 화폐, 사적 소유, 사회적 위계 제도 등에 대한 원주민의 비판은 이미 16세기부터 유럽의 관심을 끌었다. 이들이 계몽주의 사상의 유럽 문명 비판에 영향을 주었던 것은 분명하며, 이는 계몽주의 사상가 스스로가 증언하는 바이기도 했다. 그중 상상으로 꾸며낸 원주민 이야기와 진짜 원주민 이야기가 얼마나 되는지는 알 길이 없다. 아마도 대부분의 문학 작품이 그러하듯 두 가지 모두 혼합되었을 가능성이 높다. 그레이버와 윈그로는 계몽주의를 옹호하는 유럽인과 비유럽인이 공유했던 생각을 보여주고는 있지만, 계몽주의를 구제하기 위해서는 그 기원을 비유럽적인 것으로 부여해야만 한다는 생각을 암시하고 있으며 유럽인이 식민지 토착민의 영토만 훔쳐간 것이 아니라 그들의 사상까지 빼돌렸다고 암시하려 한다. 어찌 되었건 《모든 것의 새벽》을 둘러싼 논쟁에서 분명해지는 사실 하나는, 계몽주의 사상이 유럽중심주의를 거부하고 유럽인들로 하여금 더 넓은 세계 전체의 관점으로 스스로를 성찰하도록 촉구하는 획기적인 돌파구를 마련했다는 점이다.

계몽주의 사상가들이 비유럽 세계를 논의했던 동기는 사심 없는 객관성과는 거리가 멀었다. 이들이 이슬람을 연구한 목적은 어떤 보편적인 종교를 찾아내 기독교의 결함을 부각시키고자 함이었다. 벨과 볼테르는 이슬람이 기독교보다 관용적이며 합리적이기 때문에 피비린내

나는 잔혹성이 덜하다고 주장했다. 계몽주의 초기 시절을 휩쓸었던 중국 애호 풍조는 도자기 수집이나 먼 곳의 고대 문화에 대한 단순한 호기심이 아니라, 중국을 배우는 것 자체가 목적 가운데 하나였다. 당시 프랑스 부르주아들은 거액의 정부 사업 계약이 귀족에게 돌아가던 봉건주의의 여러 제약에서 괴로워하고 있었으니, 전국적인 과거 시험으로 능력을 측정하여 출세가 이루어지는 유교적 제도를 찬양했다. 이렇듯 여러 문화 사이의 인류학에서 자기 주장을 입증할 작은 부분만을 떼어와 사용하는 관행은 아주 흔했다. 그래서 사드 후작Marquis de Sade도 이를 사용하거나 패러디하기도 했다. 사드는 이러한 관례를 살짝 비틀었는데, 비유럽 문화를 조사하는 목적이라는 게 거의 언제나 유럽 문화의 결함을 집어내는 데 있다는 것이다. 사드의 저작에는 비유럽 문화권에서 벌어지는 온갖 범죄의 목록이 나오며(거기에 달린 각주는 가짜일 때가 많다), 이를 통해 인간 세상 어디에서든 잔혹함은 끝이 없다는 반대의 주장을 입증하려고 했다.[26]

계몽주의 사상가들이 그려낸 비유럽인의 모습 중에는 우리의 귀에 거슬리는 일부도 있다. 18세기 사상가들은 여행의 가능성이 제한되어 있었으므로 소수의 보고서에 의존해야 했으며, 이는 식민주의자들의 이해에 맞도록 희화화된 내용이 반복적으로 나타날 때가 많았다. 하지만 오늘날의 비평가들과 달리 계몽주의 사상가들은 자신의 지식에 빈 곳이 많다는 점을 아주 잘 알고 있었다. 1754년에 루소가 쓴 글을 보자.

> 유럽에 살고 있는 사람들은 지난 300~400년 동안 세계의 모든 지역으로 달려나갔고 새로운 여행기와 보고서를 끊임없이 쏟아 놓았다. 하지만 나는 우리가 유럽인들 이외의 인간에 대해서는 제대로 알고 있지 못하다고 확신한다. (…) 우리는 신대륙의 여러 민족을 알지 못한다. 이곳을 방문한 유럽인이란 오로지 머리보다는 지갑을 채우는 데에만 관심 있는 자들뿐이기 때문이다. 아프리카 전역과 그곳에 있는 수많은 주민들 또한 그 피부색만큼이나 독특한 성격을 지니고 있지만, 이에 대한 연구는 아직도 갈 길이 멀다. 지구 위를 덮고 있는 여러 나라에 대해 우리는 오로지 이름만 알고 있으며, 그런데도 인류를 판단하는 기만을 저지르고 있다![27]

루소만이 아니었다. 디드로 또한 중국어와 중국 문화를 철저히 익히고 "중국의 모든 성省을 여행하여 모든 계층의 중국인과 자유롭게 대화할" 기회를 얻기 전에는 중국에 대해 이러쿵저러쿵 판단을 내려서는 안 된다고 경고했다. 칸트는 민족지학적 자료들이 서로 상충할 때가 많으니 여기에서 이런저런 결론을 내리기는 어렵다고 지적했다. 자료 중 일부는 유럽인이 지적으로 우월하다고 주장하는 반면 다른 일부는 아프리카인과 미 대륙 원주민도 똑같은 태생적 능력을 가졌다는 증거를 제시하고 있으며, 양쪽 주장 모두 똑같이 그럴듯하다는 것이었다. 계몽주의 사상가 중 뛰어난 이들은 지식의 한계를 인식하고 있었으므로 비유럽 지역의 민족에 대한 경험적 서술을 독해하는 데 조심성과 회의적 태도를 가질 것을 촉구했다. 하지만 이들은 정치적 동기가 깔린 유럽인의 자기만족적 편견에 대해서는 불같은 비판을 퍼부었다. 스페인의 멕시코 정복에 대해 디드로가 말했던 것을 보자.

> 그들은 이 사람들이 한 인물에게 정부의 권한을 모두 부여하지 않았다는 이유에서 이들에게는 어떤 형태의 정부도 없으며, 마드리드의 문명과는 다르다는 이유에서 이들에게 문명이 없고, 자기들과 똑같은 종교적 신념을 갖지 않았다는 이유에서 아무런 미덕도 없으며, 자기들과 견해가 똑같지 않다는 이유로 아무런 이해력도 없다고 멋대로 생각한다.[28]

디드로의 다른 많은 글처럼 이 글 또한 그가 죽은 뒤에 출간되었다. 이미 초기 저작을 냈을 때부터 글 때문에 투옥을 경험한 바 있는 디드로로서는 또 감옥에 가는 일을 피하고자 당연히 조심해야 했을 것이다. 하지만 계몽주의 저술가 중에는 디드로보다 훨씬 가혹한 운명에 처한 이들도 많다. 이들에게 닥쳐오는 위험이란 트위터에서의 **악플**만이 아니었던 것이다. 크리스티안 볼프Christian Wolff는 오늘날에는 학자들에게만 알려져 있지만, 18세기

초 독일에서는 가장 유명한 철학자였고 젊은 임마누엘 칸트에게 큰 영향을 준 인물이었다. 하지만 1723년, 그는 48시간 안에 할레Halle 대학의 교수 자리를 비우고 프로이센 영토를 떠나라는 통지를 받는다. 이를 어길 시에는 사형에 처한다는 것이었다. 무슨 흉악 범죄를 저질렀던 것일까? 그는 중국인이 기독교 없이도 완벽히 도덕적이라고 공개적으로 주장했다. 이런 일을 겪은 것은 볼프만이 아니었다. 계몽주의 사상의 정전이라고 할 저서는 대부분 금지되고 불태워졌으며 혹은 익명으로 출간되어야만 했다. 이들 사이에도 여러 차이점이 있었지만, 모든 문화를 초월하여 누구든 스스로 얻을 수 있는 보편적 원리를 명분으로 삼아 기성 권력을 위협하는 자들로 여겨졌다는 점은 모두 같았다. 그로부터 70년 후, 이미 독일의 가장 위대한 철학자이자 "쾨니히스베르크의 현자"라는 명성을 얻은 노년의 임마누엘 칸트마저도 종교 문제에 대해서는 어떤 저작도 공개 발언도 내놓지 말라는 명령을 받는다. 칸트는 프로이센 정부의 장관이 이 명령을 취소할 때까지 여기에 순종했다.

하지만 계몽주의 사상은 식민주의의 이데올로기가 아닌가!

이런 주장을 하는 이들은 계몽주의 이전에는 식민주의가 없었다고 생각하는 것일까? 물론 그럴 리는 없을 것이다. 하지만 이들이 이렇게 황당한 생각을 진리인 양 여기게 된 과정을 이해하는 것은 중요하다(동의할 수 없는 생각을 가진 이들도 이해해보려는 노력에 축배를!). 우선 제국이라는 것이 근대 유럽 국가들이 새로 만든 발명품이 아니라는 사실부터 지적하자. 물론 이들이 사용한 군함과 대포가 창병들의 행진을 앞세웠던 그 전의 제국들보다 훨씬 효과적이기는 했지만, 어쨌든 역사가 기록된 이래 힘이 센 나라가 약한 나라를 식민지로 삼는 일은 언제나 벌어졌다. 사실 우리가 지금 사용하는 의미에서의 국민/민족이 나타나기 훨씬 전부터 있었던 일이다. 그리스와 로마도 제국을 건설했고, 중국, 아시리아, 아즈텍, 말리, 크메르, 무굴 제국, 기타 등등도 마찬가지였다. 이 제국들은 잔혹성과 억압성에서는 차이가 있었지만, 권력과 정의를 동일한 것으로 여기는 논리에 기초해 있었다는 점에서는 모두 동일했고, 이는 곧 정의라는 개념 자체가 존재하지 않았다는 것을 뜻한다. 이 제국들은 하나같이 약한 집단이 자원을 내놓고, 공물을 바치고, 더 많은 제국 팽창 전쟁을 위해 남자들을 군대로 끌어내고, 제국의 명령 앞에 지역의 관습과 법률을 무시하도록 하는 데 자기들의 권력을 활용했다. 우리가 알고 있는 바에 따르면, 이들 사이에 공통으로 결여된 것이 하나 있었다. 바로 양심의 가책이다.

　별쭝나게 잔인했던 황제들이 비판을 받는 일은 있었지만, 식민지 지역에서 벌어지는 잔혹 행위에 대해 본국에서 이를 공격하는 이들이 나타나는 일은 아주 드물었다. 네로 황제나 카이사르에 대한 반대 세력은 있었지만, 이들은 어디까지나 로마인에 대한 범죄라는 점에 초점을 두었을 뿐이다. 16세기 도미니카 수도승

바르톨로메 데 라스 카사스Bartolomeo de las Casas는 초기에 나타난 예외였다. 그의 저서《인도 지역의 파괴에 대한 짧은 설명Short Account of the Destruction of the Indies》은 스페인 정복자들이 원주민 민족에게 행한 온갖 가혹 행위를 비난하고 있다. 하지만 라스 카사스의 본래 주장은 그저 식민화를 더 친절하고 부드러운 형태로 바꾸자는 것뿐이며, 여기에는 노예 노동에 남미인 대신 아프리카인을 가져다 쓰자는 내용도 있었다. 제국이라는 프로젝트 전체에 대해 그가 의문을 던진 것은 나중이 되어서야 벌어진 일이었다.

하지만 계몽주의자들은 그렇게 했다. 칸트가 식민주의에 대해 내놓은 매서운 공격을 보자.

> 문명 국가, 특히 상업적인 우리 세계의 국가들이 행하고 있는 불친절한 행동을 비교해보라. 이들이 방문하는 곳마다(이는 정복과 같은 말이다) 그곳의 사람들에게 수행한 정의롭지 못한 짓은 일일이 셀 수 없이 많아 우리를 공포에 떨게 한다. 이 문명화된 침입자들은 미 대륙, 흑인들이 살고 있는 땅, 말라카 제도, 남아프리카 희망봉 등을 발견했을 당시 이곳을 주인 없는 땅이라고 여겼거니와, 이는 그들이 그곳 주민들을 아무것도 아닌 존재로 간주했기 때문이었다. (…) [이 국가들은] 원주민을 억압하고, 다양한 국가 사이에 광범위한 전쟁을 일으키고, 기근, 반란, 배반 등을 확산시키고, 창세 이래 인류가 짊어져온 모든 악행을 저질렀다. 이런 손님을 이미 겪은 경험이 있는 중국과

일본은 지혜롭게도 아예 이들의 입국을 거부했다.[29]

칸트는 우아한 문필가라고는 볼 수 없지만, 단어의 선택에서는 보통 세심한 주의를 기울였다. 그는 '악행evil'이라는 단어를 웬만해서는 쓰지 않았는데도 여기에서만큼은 아주 명쾌하게 입장을 밝힌다. 즉, 식민주의는 인류가 창세 이래 짊어져온 모든 종류의 악행을 저질렀다는 것이다. 그는 중국과 일본이 유럽 침입자들에 문을 닫은 지혜를 찬양하지만, 그의 식민주의 비판은 오래되고 세련된 문화를 정복했다는 데에만 국한되는 것이 아니었다. 당시 막 생겨나고 있었던 식민 권력은 아프리카와 미 대륙의 원주민 영토를 빼앗은 것을 정당화하고자 그곳의 원주민들이 미개하므로 그 땅은 주인이 없다는 논리를 내세웠는데, 칸트는 이를 "그곳 주민들을 아무것도 아닌 존재로 간주했다"면서 정의롭지 못한 짓이라고 비난했다.

디드로는 한 걸음 더 나아갔다. 만약 유럽 식민자의 위협을 받은 원주민이 그 짐승 같은 유럽 침입자를 정말로 짐승처럼 죽여버렸다면 자신들의 이성, 정의, 인간성을 간직한 존재로 남을 수 있었을 것이라고 주장했다. 호텐토트족은 당시 네덜란드 동인도회사가 케이프타운을 건설하면서 내놓은 거짓 약속에 속아서는 안 된다고 디드로는 강하게 주장했다.

호텐토트인들이여, 떨쳐 일어나라! (…) 도끼를

> 들고, 활시위를 당기고, 이 낯선 자들에게 독 묻은 창을 소나기처럼 쏟아부어라. 그래서 무슨 일이 벌어졌는지를 본국에 알릴 사람조차 남지 않도록 모조리 죽여버려라.[30]

글에 나오는 무기의 종류만 바꾼다면, 이는 프란츠 파농의 말에서 가져왔다고 생각해도 무방할 것이다. 이 문장만이 아니다. 18세기 철학자 디드로는 20세기 정신과 의사 파농만큼 자주, 때로는 파농 이상으로 더 극적인 어조로 식민주의자들에 맞서 무기를 들 것을 호소했다.

제국을 비판했던 계몽주의 사상가들은 단지 그 잔혹 행위만을 지적한 것이 아니었다. 이들은 또한 원주민의 땅과 자원에 대한 도둑질을 정당화하려고 했던 여러 이론을 해체해버렸다. 그중 가장 중요한 것은 존 로크의 노동가치론이었으니, 이는 수렵 채집 생활을 하는 떠돌이 민족은 자기들 땅에 아무런 청구권도 없다고 주장하는 데 쓰인 이론이었다. 로크에 따르면 오로지 농업을 수행하면서 자신의 노동을 땅과 결합하여 소유권을 획득한 이들만이 재산을 얻는 법이라고 했다. 칸트는 여기에 동의하지 않는다.

> 만약 그런 사람들이 드넓은 면적의 땅 위에서 생계를 해결하는 유목 혹은 수렵 민족이라면(호텐토트족, 퉁구스인, 또는 대부분의 미 대륙 인디언 민족), 이들을 정착시키는 것은 폭력이 아니라 계약에 의해서만 이루어져야 하며, 그 주민들이 자기들 땅을 양도하는 행위에 대해 무지하다는

것을 이용하지 않는 계약에 의해서만 이루어져야 한다.[31]

여기에서 칸트는 로크의 소유권 이론을 무너뜨릴 뿐만 아니라, 토지의 사적 소유에 대한 개념이 없어서 맨해튼섬을 한 줌의 구슬과 바꾸는 민족을 착취하는 뻔뻔스런운 행동을 비난하고 있다. 하지만 이렇게 정착민 식민주의를 비난했던 칸트의 주장에 대해 비판을 퍼부은 훗날의 논자들은 해당 구절이야말로 칸트가 문화적 혹은 역사적 문제를 판단할 능력이 없음을 보여주는 증거라고 무시해버렸다. "원시 민족"은 권리의 개념도 없으며 따라서 조약을 맺을 능력도 없다는 것이 이들의 주장이었다.

계몽주의 사상가 중 가장 뛰어난 이들이 이렇듯 유럽 제국을 구성했던 드넓은 땅을 도둑질한 것을 비난했다. 그렇다면 수많은 사람들에 대해 도둑질을 저지른 것은 어떻게 생각했을까? 대부분 또렷하게 노예제를 단죄했다. 기본적인 도덕 법칙을 표현하는 칸트의 개념인 정언 명령은 사람을 절대로 수단으로 다루어서는 안 된다고 언명한다. 이는 노예제는 물론 다른 여러 형태의 억압을 있을 수 없는 일로 판단한다. 또한 이 사상가들은 비록 노예 소유자들이 아니라고 해도 유럽인 전체가 노예제를 유지하는 공범이라고 공격을 퍼부었다. 볼테르의 《캉디드》는 수리남의 한 아프리카인을 묘사한다. 그는 노예에서 탈출하려 시도하다가 다리를 잘리고 말았다. 다시 노예가 된 그는 이렇게 말한다. "이것이 당신들 유럽인이

설탕을 먹는 대가요." 디드로는 한 걸음 나아가, 노예상은 동정심이나 도덕적 설교 따위가 통할 대상이 아니며 노예가 된 아프리카인들이 스스로를 해방시키려면 오로지 폭력만이 답이라고 결론을 내린다. 그는 결국 "위대한 인물, 흑인 스파르타쿠스"가 떨쳐 일어나 이러한 해방을 이끌 것이라고 예언했거니와, 이는 투생 루베르튀르Toussaint L'Ouverture*에게 영감의 원천이 된다. 칸트는 인종화된 노예제를 정당화하기 위해 고안된 종교적 주장을 겨냥한다. 이는 남북전쟁 때의 미국 남부연합American Confederacy이 생기기 오래전부터 나온 주장으로서, 흑인은 아버지 노아의 벗은 모습을 보았다가 저주를 받은 함Ham의 자손이라는 것이었다. 이런 의심스러운 신학적 주장에 맞서 칸트는 이성을 활용한다.

> 어떤 이들은 무어인들의 조상이 함이며 신께서 함에게 벌을 내리셨으므로, 오늘날 그의 자손들이 그 벌을 물려받은 것이라고 상상한다. 하지만 흰색 옷보다 검은색 옷이 더 잘 어울리는 경우가 있으며, 이때도 검은색이 저주의 증표라는 이유를 증명하는 것은 불가능한 일이다.[32]

오늘날에도 백인 우월주의자 기독교인들이 휘둘러대는 논리를 칸트는 이미 오래전에 완전히 무너뜨렸던 것이다. 참으로 흥미로운 일이지만, 계몽주의 사상의 인종주의를

* 프랑스 혁명 당시 프랑스령 아이티에서 흑인들의 무장 봉기를 일으켜 독립을 이끈 인물.

폭로하기 위한 목적으로 최근에 출간된 계몽주의 저작 선집에 칸트의 이 구절도 포함되어 있다. 선집의 편집자는 이러한 점을 전혀 알아채지 못했던 것으로 보인다.[33]

모든 진보적 지식인이 그러하듯, 급진적 계몽주의 사상가들도 모든 전투에서 승리를 거두지는 못했다. 비록 이들은 많은 문제에서 동시대 사람들의 생각을 바꾸었지만, 19세기에 전력 질주로 이루어진 유럽인들의 거대한 제국 건설 경쟁을 막지는 못했다. 제국 건설에 대한 이들의 비판적 사유는 19세기에 들어오면서 인기를 얻지 못하게 되었고, 심지어 존 스튜어트 밀과 같은 자유주의 사상가들마저도 온건한 형태의 제국주의를 옹호하게 된다.

하지만 식민주의는 막지 못했다고 해도 최소한 여기에 양심의 가책을 심는 데에는 성공했다. 그리고 이들의 사상은 훗날 투생 루베르튀르와 다른 반식민주의자들에게 하나의 주춧돌이 된다. 장 폴 사르트르가 말한 바 있다.

> 몇 년 전 한 부르주아 식민주의자는 서방 세계를 옹호한답시고 이런 말을 한 적이 있다. "우리는 천사가 아닙니다. 하지만 최소한 어느 정도는 양심의 가책을 느끼고 있습니다." 참 대단한 고백이다![34]

만약 계몽주의 사상가들이 양심의 가책을 제공하는 데에서 그쳤다면, 사르트르의 냉소가 이들에게도 적용되어야 마땅하다. 하지만 이들은 자신의 사상이 명확해지면 곧 그것이 현실에 실현될 것을 요구하고 나선다. 로마인들은 자신들의 제국을 정당화할 필요도 또 무슨 양심의 가책 따위도 느끼지 않았다. 또한 이들은 자신들이 복속시킨 신민들에게 식민지가 된 것이 그들에게도 좋은 일이라고 말하지도 않았다. 그런데 19세기의 식민가들은 더 나은 군함과 무기 말고도 그 이전의 제국주의자에게는 없었던 것을 가지고 있었으니, 자신들의 행동을 정당화할 필요성이 그것이었다. 19세기 인도 민족주의자였던 오로빈도 고즈Aurobindo Ghose는 이 문제에 대해 이렇게 말했다.

> 어떠한 종류의 전제정도 인간에 대한 죄악이라는 생각이 모종의 본능적 감정처럼 굳어져 있었다. (…) 제국주의 또한 스스로를 이러한 근대적 정서에 맞게 정당화해야만 했고, 이를 위해서는 자유의 신탁인으로 행세하면서, 미개인을 문명화하라는 명령을 천상으로부터 받은 자들인 척하는 수밖에 없었다.[35]

슬프게도 계몽주의 사상이 식민주의를 인정하고 재가했다는 잘못된 전설의 원천은 이것임에 틀림없다. 문학비평가 츠베탕 토도로프Tzvetan Todorov가 말한 바 있다.

> 식민지 팽창이나 "아프리카 분할" 등의 원인을 계몽주의의 수출이라는 인문주의적 프로젝트에서 찾는

것은 프로파간다에 불과한 주장을 액면 그대로 받아들이는 짓이다. 전혀 다른 목적으로 세워진 건물의 앞면에다가 석회를 다시 칠하려는 짓이며, 거의 대부분 형편없는 억지 주장으로 끝나버린다.[36]

계몽주의 사상가들은 식민주의를 비난했고, 정의는 이 유럽 침입자들을 죽여버리거나 문을 닫아버린 비유럽 국가들의 편에 있다고 주장했다. 그런데 반세기 후 유럽 제국주의자들은 자신이 실현하고자 했던 이상이 명분이 되어 강력한 비판을 받게 되자, 국내에서는 자유와 자기결정권의 이상을 지지하는 동시에 해외에서는 그것을 짓밟는 짓을 계속할 방법을 모색했다. 이들이 찾아낸 해법은, 그러한 이상을 스스로 깨닫지도 못하는 민족을 깨우친다는 주장이었다. 제국이란 바로 이 토착 원주민의 이익을 위해 유럽의 백인이 어쩔 수 없이 짊어진 부담스러운 책임이라는 것이었다. 자기들 민족에는 온갖 좋은 것들을(기근과 질병의 종식 그리고 법 앞에서의 평등) 가져다주려 노력하고 있지만, 제국주의는 이와 모순되는 것이 전혀 아니고 모든 식민주의자는 아직 깜깜한 밤을 헤매며 그런 것들을 발견하지 못한 민족에게 그런 좋은 것들을 게다가 기독교까지 곁들여서 전파해주려 노력한다는 것이었다. 루소, 디드로, 칸트는 이런 사기극을 꿰뚫어 보았을 것이며, 자기들이 마련한 여러 이상이 이데올로기로 변질된 것을 보고 눈물을 흘렸을 것이다. 하지만 식민지의 약탈은 너무나 매력적이었고, 그 비판자들은 이미 죽어 땅에 묻혔다.

위대한 계몽주의 저술가들의 저작에서도 흑인과 유대인에 대한 불쾌한 언급이 여기저기 나오는 것이 사실이다. 계몽주의 사상가들은 당대의 시대적 한계를 지닌 사람들이었고, 저술을 남긴 대부분은 **남성들**이었으며, 그것도 성차별주의에 찌든 남성들이었다. 이들을 교육시킨 이들은 그보다 더 옛날의 남성들이었으며, 이들이 당대의 편견과 선입견으로부터 스스로를 해방시키고자 했던 몸부림은 결코 완성된 모습이 아니었다. 칸트는 이따금 나오는 그의 인종주의적 논평이 자신의 이론 체계와 모순된다는 사실을 수십 년이 지나서야 겨우 인지했다.[37] 하지만 루소, 디드로, 칸트와 같은 사상가들이 유럽중심주의와 식민주의를 비난했던 최초의 사람들이라고만 기억하는 것은 아주 잘못된 일이다. 이들은 또한 인종주의에 반대하는 모든 투쟁이 기초로 삼았던 보편주의의 이론적 기초를 닦았으며, 문화 다원주의가 보편주의를 대체하는 것이 아니라 오히려 그것을 더 강화시킨다는 탄탄한 논리를 확실하게 내걸었다. 나는 이들이 진보의 가능성을 믿었기에, 그들이 결코 얻지 못했던 여러 혜안을 향해 나아가는 오늘날 우리의 행보를 진보로 여겨 환호했을 것이라고 생각한다. 이들은 이성을 전투적으로 옹호했다. 그 이외의 다른 어떤 평가도 이들을 일관되게 설명하지 못한다.

계몽주의 사상가들의 중요한 저작 대부분에서 인종주의와 제국주의에 강력하게 반대하는 입장을 찾아내는 것은 쉬운 반면, 성차별주의에 대해 문제를 제기한 이는 극소수에 불과했다. 이들은 남성에 관한 한 유럽인과 비유럽인 사이에 본질적인 차이를 느끼지 않았지만, 남성과 여성은 양쪽의 생물학적 차이로 인해 전혀 다른 운명을 갖게 된다고 가정했다. 출산이 산모의 죽음으로 이어질 때가 많았고 또 영아 사망률도 높았으므로 인류가 존속하려면 여성이 평균 다섯 명의 아이를 낳아야 했던 시대였으니, 이들의 가정이 아주 무의미한 것은 아니었다. 그런데도 이들이 여성에 대해 남긴 언급을 보면 실로 모욕적일 때가 많아서 우리가 왜 이런 사상가들을 진지하게 받아들여야 하는지 의문이 생기게 마련이다. 하지만 오드리 로드Audre Lorde*에게는 미안하지만, 지배자의 집을 부수기 위해서는 지배자의 연장을 필요로 할 때도 있는 법이다. 비록 대부분의 계몽주의 사상가들은 여성이 이성을 갖춘 존재임을 부인하였지만, 우리는 그 이성이라는 도구가 없다면 아무것도 할 수가 없다. 하지만 이성을 비판적으로 재건하는 작업은커녕, 되려 이성이라는 것이 억압 그 자체와 동일시되고 있는 실정이다. 이성이 지배의 도구라고 묘사되는 이상, 어떤 품위 있는 영혼이 이성에 호소하려 하겠는가? 게다가 어떤 사람의 주장과 맞붙어 씨름하는 것보다는 그 사람의 화자로서의 위상을 문제 삼는 것이 훨씬 쉬운 일이다.

* 1992년에 타계한 흑인 레즈비언 사회주의자이자 래디컬 페미니스트.

백인인 당신이 계몽주의와 그것이 표방하는 보편주의의 보편성을 수호하는 것은 전혀 놀랍지가 않다. 그게 바로 계몽주의가 하는 일이니까. 백인 유럽인이 자기들 마음대로 여러 개념을 만들어낸 뒤 이를 세계 모든 곳에 적용하겠다고 우기는 것 아닌가?

한때는 함부로 해서는 안 될 인신공격ad hominem이라고 불리던 것이 이제는 위치성positionality*이라는 어엿한 이름으로 불리면서 마구 행해지고 있다. 인간의 사유를 그가 삶에서 얻은 경험의 부산물 정도로 환원하는 인식론적 입장은 말할 것도 없이 의심쩍은 것이다. 하지만 좋다. 나는 기꺼이 나의 위치성에 대해 언명하겠다. 나는 삶의 대부분을 미국과 유럽에서 보냈으며, 백인 여성이라는 코드를 가지고 있다. 백인 민족주의자들은 유대인을 백인으로 보지 않지만, 흑인 민족주의자들은 그렇게 여긴다. 그리고 대부분의 유대인들은 이 문제에 대한 생각이 복잡하다. 그저 준거틀에 불과한 것이라고 해도, 나 또한 이 질문에 대해 분명히 특정한 편향을 가지고 있다. 내가 임마누엘 칸트에 대해 꽤 많은 글을 썼다는 사실도 이러한 편향을 합리화하려는 혹은 나의 입장을 정리하려는 시도로 읽힐 수 있다. 이 질문에 대해서는 무슨 주장을 편다고 해도 답이 나오지는 않을 것이다.

그렇다면 논의를 진전시키기 위해 백인도 유럽인도 아니면서 나와 같이 보편주의는 유럽인들이 강요하는

* 주디스 버틀러 등은 이 단어를 어떤 이의 성적·인종적 등등의 정체성을 형성하는 사회적·정치적 맥락이라는 의미로 사용한다.

기만이 아니라는 확신을 공유하는 사상가들을 살펴볼 필요가 있다. 내가 언급할 이들은 그 반대의 경우보다 잘 알려져 있지 않으므로, 여기에서 소개하는 이야기로 이들 주장의 대강을 이해했다고 생각하지 말고 더 찾아서 읽기를 권한다. 아돌프 리드Adolph Reed는 그가 비판하는 이브람 켄디Ibram X. Kendi만큼 많은 책을 팔지 못했고, 아토 세키-오투보다 아쉴 음벰베Achille Mbembe가 더 유명하며, 벤자민 자카리아Benjamin Zachariah보다는 가야트리 스피박Gayatri Spivak이 더 유명하다. 때로는 지적 유행이라는 것이 그저 우연적 정황의 반영물일 때도 있지만, 이 경우는 그런 게 아니라고 나는 본다. 현실 세계에서 보편주의보다 부족주의가 선호되는 것은 단지 보편성보다 특수성을 선호하는 지적 유행 때문이 아니다. 그보다 더 중요한 요인은, 희생자의 목소리가 가장 많은 진실을 담은 진짜 목소리라는 가정이 세상에 퍼졌고 이것이 반영되었다는 점이다. 얼핏 보면 이러한 가정은 충분히 타당해 보일 수 있다. 사람들은 자신의 영웅적 자질을 부풀려 이야기하고, 자신의 성취를 과장하며, 반면 자신의 비겁함은 숨기는 경향이 있기 때문이다. 그리고 무엇보다도 누가 정말로 영웅인지는 언제나 논란이 따르는 질문이다. 하지만 비트겐슈타인은 이렇게 말했다. "누군가 자신이 고통을 겪고 있다고 말할 때 그것이 현실에서 벌어진 경우라면 두 배로 의심하라."[38] 하지만 이 위대한 오스트리아 철학자는 역사의 주체를 영웅에서 희생자로 이동시키는 운동이 막 시작될 무렵에 세상을 떠났다. 그런데 오늘날에는 도널드 트럼프 혹은 블라디미르 푸틴 같은 이들까지 자기들이야말로 역사의 희생자라고 떠들고 나서는 지경이 되고 말았다. 과연 비트겐슈타인은 자신의 사후 일이 이렇게까지 될 것이라고 상상이라도 할 수 있었을까?

희생자에게 높은 가치를 부여하는 것은 자신이 저지른 역사적 범죄를 철저히 밝히고 처벌하겠다고 나선 세계 최초의 나라, 독일에서는 오늘날 널리 퍼져 있는 관행이다. 이러한 조치는 빨리 진행되지도 못했고 간헐적으로 중단되기도 했으며 또 마지못해 억지로 이루어질 때도 많았지만, 21세기에 이르러서는 홀로코스트라는 죄악을 독일 역사 서술에서 언제나 중심으로 두어야 한다는 국민적 합의가 이루어진다. 이는 진보적인 변화로서, 분명히 더 좋아졌다고 말할 수 있다. 하지만 유대인은 피해자이며 독일인은 가해자라는 관계가 독일의 자기 이미지에서 중심을 차지하게 되는 바람에, 독일인은 유대인을 희생자 이외의 다른 것으로 생각할 수 있는 능력을 잃고 말았다.

물론 예외도 있다. 하지만 고통의 목소리야말로 가장 진실에 가까운 것이라는 암묵적인 관점이 지배하면서 독일인은 유대인의 희생자성에만 초점을 두는 유대인 민족주의의 목소리에 우선성을 부여했다. 이러한 충동은 상당히 자학적이지만 그래도 너그러운 마음의 발로라고 할 수 있다. 그리고 이 경우 독일인이 죄책감을 느끼는 데 의당한 면이 있는 것도 사실이다. 하지만 이러한 죄책감 때문에 독일인은 유대인 보편주의자의 목소리를 완전히 묵살하게 되었다. 즉 우리 유대인 가운데 팔레스타인 사람들 또한 인간이므로 마땅히 인간적 권리가 인정되어야 한다는 직관을 떨쳐낼 수 없는 이들이 있지만, 이들의 목소리는 묵살당하게 된 것이다. 모세스 멘델스존Moses Mendelssohn*에서 한나 아렌트에 이르는 독일계 유대인 문화의 거인들은 바로 이러한 유대인 사상의 보편주의 전통으로부터 태어났던 것이다. 비록 멘델스존의 묘비는 훼손당했고 아렌트는 강제로 독일을 떠나야 했지만, 오늘날 독일은 박물관에서 우표 인쇄까지 모든 수단을 다 동원하여 이러한 인물들에게 명예를 바치고 있다(오늘날 독일 정치인 중 아렌트를 인용하지 **않은** 이는 찾기 힘들다). 하지만 독일의 식자들은 유대인에게도 보편주의의 전통이 있다는 것을 알게 되면 놀라고 당혹스러워할 때가 많다. 그 뿌리가 성경 자체에 있는데도 말이다. "너는 이방 나그네를 압제하지 말며 그들을 학대하지 말라 너희도 애굽 땅에서

* 18세기에서 19세기까지 계속된 유대인 계몽주의 운동Haskalah의 시작 역할을 맡았던 독일의 유대인 사상가이다. 나치 시대에 그 무덤이 훼손되었다. 유럽의 유대인은 오래도록 유럽 사회와 스스로를 고립시키고(또는 고립당한 채) 전통적 문화와 생활 방식을 고수해왔다. 유대인 계몽주의자들은 한편으로 유대인의 이러한 문화적 전통과 정체성을 분명히 하면서도 그 방법으로 이성과 합리성을 통한 개혁을 내세웠고(이디시어 대신 히브리어를 다시 일상 언어로 사용하자는 운동도 이들이 시작했다), 또한 그와 동시에 이성과 합리성을 매개로 하여 주류 유럽 사회의 문화와 조직도 적극적으로 이해하고 또 통합될 수 있는 방법을 찾기를 원했다. 19세기 말에는 이러한 흐름이 유대인 민족주의의 발흥으로 연결된다.

나그네였음이라."[39] 기억하라는 명령은 히브리어 성경 전체에 걸쳐서 반복된다. 성경을 읽지 못하는 유대인도 매년 유월절 만찬 절차Passover Seder에서 이 메시지를 반복해서 듣는다. 물론 서로 모순되는 명령도 있다. 우리를 죽이려 했고 언제든 다시 시도할 이방인 아말렉Amalek을 기억하라는 명령이 그 예이다. 종교적 논리가 되었든 세속적 논리가 되었든, 보편주의와 부족주의 사이에서 어느 쪽이 옳다고 정리할 수 있는 주장은 있을 수 없다. 이는 개인이 내리는 선택이며, 각각 자신의 선택에 대한 위험을 감수해야 하는 문제이다.

민족주의적 주장을 보편주의적 주장보다 우월하게 여겨 특권적 지위에 놓는 경향이 지배적 위치를 차지하는 것은 비단 독일인과 유대인 사이의 관계에서만 벌어지는 일이 아니다. 백인과 유색인종 사이의 관계에서도 비슷한 변화가 진행 중이다. 워크 운동은 보편적이라는 이름이 붙어 있는 것들이 사실은 갈색보다는 흰색이고, 여성보다는 남성이고, 동성애보다는 이성애일 때가 많다는 사실을 많은 이들에게 심지어 진실한 보편주의자에게도 깨닫게 해주었으며, 이 점에서는 상찬을 받아 마땅하다. 또한 식민주의가 저지른 여러 악행을 서구 역사 의식의 전면에 부각시키기도 했다. 비록 독일 내에서 홀로코스트를 둘러싸고 존재하는 인종주의에 대한 국제적 합의를 아직 만들어내지는 못했지만, 최소한 백인 식자층에서는 수치심을 느끼는 이들이 늘어가고 있음은 무시할 수 없다. 체계적이고 조직적인 인종주의의 존재와 광범위한 식민주의를 오랫동안 간과해왔던 이들일수록 이런 문제를 가장 목소리 높여 강조하는 사람들의 이야기를 가장 열심히 들어야 한다.

그런데 열심히 경청하는 자세는 언제나 좋은 것이지만, 한 가지 목소리만 경청하다가 다른 목소리를 놓치는 것 또한 언제나 잘못이다. 이 경우 땅속으로 스며들어 지금까지 은근하게 내려오는 인종주의가 작동하고 있다. 독일인 대부분에게 유대인은 여전히 "타자"이며, 마찬가지로 백인 대부분에게 유색인종 또한 여전히 "타자"이다. 만약 어떤 사람을 만날 때마다 그를 어떤 "타자"로 여긴다면 개성을 가진 개인으로서 경험하기는 어려울 것이며, 어떤 특정 부족의 대표자로 보기 십상일 것이다. 그들이 부족주의가 아닌 입장을 취할 수 있다고 상상하기 어려워지는 것은 바로 이러한 숨은 인종주의 때문이다.

한때 유럽인들은 비유럽 야만인들에 맞서 문명인이라고 스스로를 설정했다. 반면 오늘날에는 이러한 이분법을 그대로 뒤집어서, 비유럽인 특히 토착 원주민 민족이야말로 모든 미덕의 원천이며 유럽인에게는 아무런 미덕도 없다고 보는 이들이 나타났다. 내가 백인이라서 하는 말이라고 생각하지 마라. 반식민주의 투사요, 이론가로서 1973년에 살해당한 아밀카르 카브랄Amilcar Cabral*의 말을 들어보라.

* 1963년에서 1973년 살해당할 때까지 포르투갈 정부에 맞서 게릴라 투쟁을 이끌었던 마르크스주의 혁명가. 범아프리카주의자Pan-Africanist로서 아프리카 전체의 사상가들과 운동가들에게 큰 영향을 준다.

> 아프리카인에 대한 인종주의적 감정과 그들에 대한 외국의 착취를 영구화하려는 의도에서 아프리카 여러 민족의 문화적 가치를 평가절하하는 것은 말할 것도 없이 큰 해악을 낳는다. (…) 하지만 아프리카 문화에 현재 어떤 퇴행적 요소가 나타나고 있으며 앞으로 나타날 잠재성이 있는지를 따져보지도 않은 채 그 가치를 맹목적으로 받아들이는 것은, 아프리카 문화에 대한 인종주의적 평가절하와 똑같이 아프리카에 해로운 것이다.[40]

독일 문화 당국이 오늘날 부족주의 유대인의 목소리를 더 높이 떠받드는 것과 마찬가지로 백인 세계의 출판사들, 재단들, 대학들은 지금 전 지구의 저개발 지역에서 나오는 부족주의 목소리를 더욱 높이 떠받들 때가 많다. 계속해서 남아 있는 죄책감 때문이다. 두 경우 모두 이러한 죄책감은 이해할 수 있고 존경스러울 정도이다. 하지만 부족주의 사상가만을 진정한 사상가들이라고 보게 된다면, 이것으로 끝내서는 안 된다.

세키-오투와 같은 사상가들은 단호하게 부족주의에 반대하는 입장을 취한다.

> '인종'은 우리 인지의 지평을 가로막고, 인간 **존재**와 사회적 존재에 대한 다른 근본적인 질문에 쏟아야 할 관심을 호도한다. 따라서 우리는 인종이 아닌 다른 질문으로 넘어가야 한다. 인종주의 문화의 지배가 하나의

세계 체제로서 이루어진 이 세상을 지금이라도 끝장내기 위해서는 반드시 풀어야 질문들이 아직 많이 남아 있다.[41]

흑인 비관주의자Afropessimist*인 프랭크 윌더슨Frank Wilderson과 같은 부족주의 저술가들은 인종 문제**야말로** 인간 존재의 근본을 이루는 질문이라고 강력하게 주장한다. 이들은 세키-오투의 말을 듣고도 아랑곳하지 않을 것이다. 하지만 그렇다고 해서 윌더슨의 주장에 더 진정성이 실리게 되는 것은 아니다. 고통의 비명이 들린다면 마땅히 경청하고 응답해야 하지만, 신중한 논증보다 더 큰 권위로 여기는 특권을 부여할 수는 없기 때문이다.

철학자 올루페미 타이워는 오늘날 아프리카에도 계몽주의 프로젝트가 적실성을 갖는다고 주장하는 이로서, 세상만사를 다 탈식민화라는 관점으로 보려고 드는 현재의 경향에 강력한 반론을 제시한다. 그는 식민화를 근대 유럽의 가치에서 나온 결과물이라고 보지 않으며, 오히려 그러한 가치가 무시되었기에 식민화가 문제가 되는 것이라고 주장한다. 유럽인들은 식민화된 지역의 여러 민족에 대해서는 자유, 자기결정, 피치자의 동의에 의한 정부, 심지어 인간이라는 개념 자체에 이르기까지 자신들

* 근대 세계의 현실과 담론이 모두 대서양 양안에 걸쳐 흑인을 아예 인간 존재로부터 배제하는 것에 인정하지 않는다는 원리에 기초하여 구축되었다고 보는 관점. 따라서 현재의 세계에서 흑인은 아무런 주체성도 갖고 있지 못하는 사실상의 '죽음' 상태에 있는 것에서 출발해야 한다는 생각으로 연결된다.

스스로가 가진 사상을 모조리 무시해버렸다는 것이다. 아프리카의 역사를 식민화의 역사를 중심으로 서술하면, 그 역사는 아프리카 침입자들의 서사가 되어버린다고 그는 주장한다. 이는 식민화에 대한 여러 다양하고 복잡한 대응 속에서도 존재했던 아프리카인들의 주체성을 부정하는 결과로 이어진다. 그는 무어인들이 스페인과 포르투갈을 식민지로 삼았던 7세기에 걸친 기간이 유럽인들이 아프리카를 식민화했던 기간보다 훨씬 길지만, 유럽인들은 전자를 이베리아반도의 역사에서 한 에피소드로 간주할 뿐이라는 점을 지적한다. 그는 아프리카인들 또한 식민화를 역사의 중심에 둘 것이 아니라 역사의 한 장 정도로 간주할 것을 촉구한다. "그렇게 하지 않는다면 백인 우월주의자들이 옳다고 인정하는 셈이 되며, 우리는 영원히 아이들로 남아 한때의 식민자들이었을 뿐인 자들의 변덕에 휘둘리는 신세가 될 것이다."[42]

유색인종에 속하면서도 보편주의를 주장하는 현대 사상가들은 대부분 무시되는 반면, 고전의 자리에 오른 반인종주의 및 반식민주의 사상에 담긴 보편주의적 요소들은 폄하당하고 있다. 탈식민주의 고전에서도 정상의 위치에 있는 프란츠 파농은 유럽의 야만성을 가차 없이 비판했던 이다. 하지만 그의 글에 담긴 다음과 같은 언명은 거의 인용되는 법이 없다.

착취는 제아무리 다른 형태로 나타난다고 해도 모두

> 똑같다. 왜냐하면 그 모든 것은 동일한 대상을 적으로 삼아 적용되는 것이기 때문이다. 그 대상은 바로 인간 존재이다.[43]

세키-오투의 주장에 따르면, 파농이 보편주의를 전투적으로 옹호했던 이유는 그가 서구가 자신들 것이라고 우기는 개인주의 사상을 지지했던 이유와 동일하다고 한다. 인종주의 시스템이라는 것은 인간의 보편성을 부인하는 것과 동시에 개인의 인격적 개성도 부인하는 것이므로, 인종주의 시스템을 해체할 것을 자신의 신조로 삼은 파농으로서는 너무나 당연한 결론이라는 것이다.[44]

카보베르데Cape Verde와 기니Guinea의 독립 투쟁을 이끌었던 아밀카르 카브랄은 동포들에게 "우리의 정신을 다시 아프리카화"할 것을 장려했던 이로 알려져 있다. 하지만 그는 동시에 토착 문화의 신격화는 단호히 거부했다. 그가 지적한 점은 진부할 정도로 당연한 이야기지만, 많은 문화 이론가들이 간과하는 것이기도 하다.

> 모든 문화에는 본질적 요소와 부차적 요소, 강점과 약점, 미덕과 결함, 진보적 요소와 정체 혹은 퇴보의 요소가 있다.[45]

카브랄은 유럽적이라고 의심되는 모든 문화적 개념을 내다 버릴 것이 아니라, 다른 문화로부터 "보편적 성격을 가진 모든 것"을 채택하여 "인류의 무한한 가능성을 향해 계속 성장할 수 있도록" 하자고 주장했다.[46] 이는 파농의 저작《대지의 저주받은 사람들》의 마지막 문장과도 결을 함께하는 생각이다.

> 동지들이여, 유럽을 위해, 우리 스스로를 위해, 인류를 위해, 새로운 페이지를 열어야만 한다. 우리는 새로운 개념을 일구어내서 새로운 인류의 지평으로 발을 내디뎌야만 한다.

제국주의가 오염시켜 놓은 기만적인 버전의 인간 개념을 제거하기 위해서는 인간에 대한 새로운 개념과 이와 연관된 보편주의 개념을 마련해야만 한다는 것이 파농의 주장이었다. 그러나 제국주의자들에 의해 보편주의가 오용되었다고 해서 그 자체를 거부하게 되면, "제국주의적 행위에 대한 최종 평결"도 유럽에 넘겨주게 된다는 것이다.[47]

오늘날 문화적 전유cultural appropriation라고 불리는 것이 가능한 근거는 보편주의가 진리라는 사실에 있다. 앞서 내가 인간의 기본이라고 불렀던 두 가지 성질, 즉 고통에 대한 반응과 자유에 대한 욕망을 생각해보자. 우리는 이 두 가지 감정이 자신뿐만 아니라 다른 사람의 내면에서도 용솟음치는 것을 본능적으로 인식한다. 실제로 관찰자들이 오랫동안 주목해온 바, 많은 포유류 동물은 심지어 다른 종의 내면에서도 이러한 감정을 인식한다. 우리는 다른 이들의 감정에 대한 인식의 불씨를 꺼버리는 법을 배우기도 하지만, 반대로 그렇게 꺼버린 불씨를 다시 살리는 것도 가능하다. 고통이나 자유에 대한 열망이 표출되는 형태는 다양하지만, 그중에서도 가장 직접적으로 표현되는 형식은 바로 예술이다. 부족마다 문화가 다르므로 모든 문화는 특정 부족의 소유물이라는 주장이 횡행하고 있거니와, 이러한 주장이 완전히 잘못된 이유 중 하나가 바로 이것이다. 그런 식으로 문화적 전유를 금지하는 주장은 문화적 순수성 따위를 전제로 하고 있지만, 이는 어떤 사물에도 존재하지 않는 것이다. 심지어 고대에서도 예술은 활발하게 거래되는 대상이었고 또 여러 영향이 하나로 뒤섞이는 영역이었기에 어떤 물체가 어느 부족의 소유인지 알 수 없는 경우가 많았다. 문화에다가 소유권이라는 개념을 적용하는 것 자체도 문제다. 아피아는 《구속력 있는 거짓말들The Lies That Bind》에서 그건 옳지 않다고 했다. 우리는 여기에서 한 걸음 더 나아가 이렇게 말할 수 있다. 문화 생산물을 부족의 상품으로 보는 것은 문화가 가진 해방적 힘을 부정하는 행위라고.

남북전쟁 이전의 미국 남부 노예 소유주들은 모세와 출애굽 이야기가 나오지 않도록 성경을 다시 쓰기까지 했다. 그들은 이 이야기가 흑인 노예들의 가슴에 불을 지를 수 있음을 알고 있었다. 노예가 된 아프리카계 미국인은 성경을 마음대로 읽을 수 없는 자신들의 상태를 〈가라, 모세Go Down, Moses〉라는 위대한 노래를 만들어서 나타내기도 했다. 이는 문화의 전유였일까, 아니면 문학 연구가 마이클 로스버그Michael Rothberg가 다방향성 기억multidirectionary memory*이라고 부른 것일까? 폴 로브슨의 세계관은 탈출한 미국 노예의 아들로 태어난 자신의 경험에 근거하고 있었다. 그러나 그를 정치 활동에 뛰어들게 한 것은 런던의 길거리에서 노래하며 행진하던 웨일즈 파업 탄광 노동자들과의 만남이었다. 여러 다른 부족의 성원을 맺어주는 것으로는 문화적 생산물의 감동만 한 것이 없다. 그렇게 많은 혜안을 주고 그렇게 많은 감정을 용솟음치게 하는 것이 또 무어가 있는가. 우리 대부분은 다른 부족의 성원들 또한 우리와 똑같이 고통을 느끼고 자유를 추구한다는 것을 알고 있지만, 또 이를 망각하는 능력도 갖고 있다. 100가지 명제를 들어도 꼼짝하지 않는 게 사람이지만, 예술은 빤한 한 조각의 지식을 가지고도 우리 모두를 움직일 힘 있는 진리로 바꿀 수 있다.

물론 문화적 전유를 문화적 착취와 혼동해서는 안 된다. 예술가에게 지급할 보수를 그들이 내놓은 창작물 이하의 가치로 낮추려는 시도는 다른 모든 형태의 폭리 행위와 마찬가지로 저항해야 한다. 그러나 문화를 부족의 소유로

* 기억은 어느 특정 집단의 소유물도 아니며 하나의 방식으로 전유되지도 않는다고 보는 기억 이론. 기억은 그것이 전파되고 저장되는 다양한 맥락과 집단에 따라 무수히 많은 방향으로 나아갈 수 있다는 것이다. 예를 들어 홀로코스트의 기억은 비단 (유럽의) 유대인뿐만 아니라 수없이 많은 다른 피억압 집단이 자기들 맥락에서 다른 방식으로 기억하고 이야기를 만들어 나간다는 것이다.

이해해야 한다고 고집하는 워크의 주장은 독일 음악은 오로지 아리아족만이 연주해야 한다는 나치의 주장 혹은 이른바 서양 문화라는 것을 다른 문명에 의한 파괴 위협에 맞서 지켜내야 한다는 사무엘 헌팅턴Samuel Huntington의 주장과 그다지 다르지 않다.[48] 문화적 전유를 검열하고 막는 것은 문화가 가진 힘을 파괴하는 것이다.

내 딸 중 한 명이 세 살 생일을 맞았던 때에 나는 선물로 마야 안젤루Maya Angelou의 《나는 삶이 무섭지 않아Life Doesn't Frighten Me》를 사주었고, 그 책에는 바스키아Basquiat가 그린 그림도 함께 실려 있었다. 나는 이 책으로 내 딸에게 무언가 가르치려는 생각은 전혀 하지 않았다. 그런데 수십 년이 지난 후, BLM 시위가 벌어졌을 때 다른 많은 가정에서처럼 우리 집에서도 활발한 토론이 벌어졌고 어떻게 활동할지에 대해서도 자연스럽게 이야기를 주고받았다. 이 자리에서 그는 세 살 때 받은 책에서 큰 가르침을 받았다고 내게 말했다. 당시 나는 그 책을 주면서 무슨 반인종주의니 다양성의 가치니 하는 설교를 늘어놓는 일은 전혀 하지 않았거니와, 오히려 바로 그 때문에 그런 일이 벌어졌던 셈이다. 내가 전혀 의도하지 않았지만, 그가 책에서 배운 것은 다음과 같다. **다른 부족의 성원은 낯선 "타자"가 아니며, 나와 똑같이 생각하고 느끼는 개인이라는 것**. 위험이 닥쳐도 두려워하지 말고 맞서라는 안젤루의 메시지는 내 딸이 가장 좋아하는 이야기가 되었다. 세상에는 말로 하는 것보다 보여주는 게 더 나은 것들이 있는 법이다.

위대한 성인 문학은 언제나 특수성 속에 보편성을 담아낸다. 그렇지 않다면 러시아 귀족의 자잘하고 복잡한 이야기를 연대기처럼 적어낸 톨스토이의 소설을 어떻게 그렇게 많은 사람들이 읽고 좋아할 수 있겠는가? 전쟁으로 초토화된 나이지리아의 시골 소년을 그려낸 아디치에*의 소설은? 케랄라Kerala 지역의 카스트 제도 때문에 비극이 되어버린 로이Roy의 사랑 이야기는?† TV 드라마 또한 그런 효과를 낼 수 있다. 가상의 덴마크 정치인의 싸움 이야기가 수백만 명의 사람들을 TV 앞에 붙들어 놓는 일이 어떻게 가능하겠는가?‡

문화와 정치의 구분은 앞서 내가 들었던 살과 피 그리고 골격이라는 비유를 이해하는 데 도움이 된다. 여러 문화적 차이는 문화를 만들어내는 집단의 성원도 또 그 문화를 전유하는 이들도 모두 소중히 여길 수 있다. 우리가 흥미를 느끼는 것은 사실 바로 그러한 차이 때문이다. 에스페란토의 실험이 실패로 끝난 것은 우연이 아니다. 비록 만국 공통의 언어를 만들고자 분투했던 이들의 의도는 높이 존경할 만한 것이지만, 에스페란토에는 우리를 모국어와 결속시켜주는 리듬과 울림이 전혀 없다. 언어에 재능을 가진 이들이라고

* 원문에는 Achibie로 되어 있지만 이는 Adichie의 오기일 것이다. 치마만다 응고지 아디치에의 소설 《절반의 태양》을 말하는 것으로 보인다.

† 아룬다티 로이의 소설 《작은 것들의 신》을 말하는 것으로 보인다.

‡ 2010년에 처음 방영된 덴마크의 TV 드라마 〈파운Borgen〉은 여성 정치가 브리기트가 최초로 수상이 되어 싸워 나가는 이야기를 다루며, 유럽 전역에서 큰 인기를 얻었다.

해도 토박이가 모국어를 말할 때처럼 편하게 이야기하는 수준으로 올라가는 일은 흔하지 않다.

그러나 다른 언어나 문화로 들어가보려 노력했던 이들은 값을 따질 수 없을 만큼 소중한 무언가를 얻게 된다. 이 세계를 또 다른 관점에서 조명해보고, 이제껏 가지고 있던 관점이 필연적으로 편파적이라는 지혜를 얻고, 우리 모두 공통의 인간이라는 것을 실로 뼈저리게 느끼게 된다. 이렇듯 문화는 특수성을 가진 영역이지만, 정치는 그 핵심에 보편주의를 반드시 가지고 있어야 한다. 문화적 차이는 그것을 물화物化시키는 법 없이도 소중하게 다루는 게 가능하다. 문화적 차이가 존재하지 않는 세계란 아마 여러 해골을 모아 놓은 회의장만큼이나 무겁고 딱딱할 것이다. 하지만 우리가 정치적으로 생각하고 행동할 때는 문화적 범주를 중심 무대에 두어서는 안 된다.

아주 좋은 경우라면 문화적 범주와 정치적 범주가 서로를 강화할 수 있다. 문화적 다원주의는 정치적 연대를 강화한다. 다른 문화에 대해 더 많이 알게 될수록 더 많은 공감과 동정이 솟아날 가능성이 높기 때문이다. 나의 문화가 아닌 다른 문화를 아주 조금만 따라가보아도 당신이 그들과 공통으로 가진 인간성이 드러나게 될 것이며, 보편주의에 대한 당신의 신념도 더 강해질 것이다. 가장 뛰어난 형태의 예술은 에메 세제르Aime Cesaire*가 "모든 특수성을 갖춤을

* 아프리카의 사상가이자 정치가이자 시인. 프랑스어권 아프리카에서 "흑인성Negritude" 운동이라는 말을 만들고 시작한 이이다.

통해 더욱 풍요로워지는 보편성"이라고 불렀던 것으로 우리를 이끌게 될 것이다.[49] 차이를 인정하면서 또 그것을 통해 배우게 되는 보편성이다.

3장

정의와 권력

LEFT
≠
WOKE

어느 부자 친구의 집에 남자들 여럿이 모여서 한가하게 늘어져 있다. 남는 건 시간뿐이다. 근처에서 축제가 열릴 예정인데, 밤이 되어서야 시작한다. 외국에서 갓 들어온 최신 유행에 조명도 사운드도 죽인다고 한다. 동네에서 좀 놀아본 이 친구들은 뭐 새로운 것 없나 하던 차라 이 소문에 혹하여 몰려들었다. 이들의 느긋한 대화는 악의 없이 물렁하게 시작되었다. 죽음, 섹스, 돈에 대한 이야기는 특별히 싸울 일이 없으니까. 하지만 도덕으로 주제가 옮아가면 일순 불꽃이 튀어 오른다.

논쟁은 집주인인 부자 친구가 입을 떼면서 시작되었다. 너희들 돈 많으면 정말로 좋은 게 뭔지 알아? 지금 편하게 널브러져 있는 이 사치스러운 집도 좋지만, 이게 다가 아니야. 진짜 좋은 건 따로 있어. 부잣집에 태어나 큰 재산을 물려받게 되면 도덕적으로 망가질 유혹이 확 줄어든다는 거야. 돈이 많은데 누구를 뜯어먹거나 사기를 칠 필요가 뭐 있어. 또 어쩌다 빚지는 일이 생겨도 바로 갚을 수 있고. 그러니까 언제나 맘 편하게 살 수가 있다 이거야.

그런데 이 부자 친구의 말은 손님 중 한 사람에게 먹잇감을 제공했다. 그는 다른 이들보다 영리했으며, 겸손한 척하면서 자기의 똑똑함을 과시하기를 좋아했다. 특히 그 친구가 몸살 나게 즐기는 놀이는 다른 이들의 주장을 살살 물어뜯다가 결국에는 아예 박살을 내버리는 것이었다. **그래, 돈이 많으니까 망가질 일도 없다는 네 말 알겠는데, 타락하지만 않으면 되냐? 그럼 도대체 정의라는 건 뭐냐? 그냥 진실을 있는 대로 말할 수 있고, 남에게 진 빚을 바로바로 갚을 수 있으면 다야? 그게 정의라는 거냐? 다른 사람들에 대한 책임은 뭔데? 정신이 온전치 못한 친구가 있을 땐 어떻게 할 건데? 그냥 가만있어도 되냐?**

그러자 다른 친구들이 정의 혹은 미덕이라는 것을 더 잘 정의해보고자 끼어들었지만, 말들은 오락가락했다. 어떤 친구는 정의란 친구들을 돕고 적에게 해를 입히는 것이라고 했다. 이게 세상 돌아가는 이치 아냐? 미국의 외교정책만 해도 그런 원칙으로 돌아가잖아? 하지만 우리의 이 현자 친구는 다시 끼어들어서 그 논리도 다 무너뜨린다. 그리하여 그 똑똑한 친구는 도덕적 개념을 정의하는 것 자체가 실수라는 쪽으로 결론을 몰고 가려는 것 같았는데, 그가 그 함의를 하나하나 열거하려 하자 그중 가장 나이 어린 한 친구가 폭발해버렸다. 다른 친구들이 다 논리 싸움에 지쳐 나가떨어진 판에 이 젊은 친구가 멧돼지마냥 밀고 들어온 것이다.

웃기는 소리들 그만해요. 그가 포효한다. 무슨 꿈같은 소리예요? 정의라는 것 자체가 다 헛소리인데 정의의 본질이 뭐냐고 논쟁을 하다니, 이게 무슨 쓸데없는 짓이에요? 정의라는 거, 그냥 센 놈이 자기이익을 관철시킬 때

거기에다가 둘러대는 껍데기 아니에요? 지금 몰라서들 하는 소리예요?

똑똑한 친구는 이 주장을 무너뜨리려고 안간힘을 쓴다. 하지만 그 친구는 남들의 주장을 공격할 때는 놀라운 힘을 발휘했지만, 막상 자신의 주장을 옹호하는 데에는 별 힘을 쓰지 못했다. 이것저것 주장을 늘어놓지만 종잡을 수가 없었다. 젊은 친구는 그런 말들에 갈수록 짜증이 치밀어 올랐고, 그러자 웅변의 힘을 행사하기 시작한다. 형, 지금 무슨 애들 같은 소리예요? 양치기가 양을 돌보는 게 양을 위해서라니, 그건 애들이나 믿을 이야기죠. 양치기의 목적이 순전히 자기이익이라는 걸 누가 몰라요? 양이 살이 찔수록 도축장에서 돈을 더 받잖아요. 이거 아무렇게나 든 예가 아니에요. 지배자는 백성들을 그냥 양으로 봐요. 강대국이 약소국을 대하는 것도 그렇고, 심지어 개인끼리의 계약에서 갑과 을의 관계를 봐도 그래요. 정의로운 사람은 언제나 권력 있는 사람의 이익에 밀리고 피만 보죠. 다 아는 얘기 아니에요? 정의롭지 못한 행동이 있으면 사람들이 다 비난하는 것 같지만, 그건 자기도 그런 일을 당해서 피해자가 될까 봐 무서워서 그런 거예요. 스스로 그런 행동을 저지르게 될까 봐 두려워서 그러는 게 아니라. 우리의 잘난 친구도 드디어 일생일대의 위기에 몰린다. 물론 다시 정신을 차리고 이 어린 친구를 몰아붙여 결국 얼굴을 붉히며 입을 다물게 했지만, 정의가 무엇인지는 자기도 모르겠다고 인정할 수밖에 없다.

이런 대화를 떠올리기란 어렵지 않다. 독자 대부분은 겪어보기도 했을 것이다. 여기에 나오는 주장들도 친숙한 것이리라. **정의가 어쩌네 하는 이야기들은 다 연극일 뿐이야. 실제 세상을 움직이는 것은 권력이야.** 이 주장을 뒷받침하는 예들은 얼마든지 있다. 자기는 전혀 실천하지도 않는 것들을 그저 사람들 잠재우려고 떠들어대는 정치가들이 한두 명인가. 그렇지 않은 정치가를 찾기가 어려운 판이니까.

정의라는 수사학이 권력을 움켜쥐는 짓을 정당화하는 데 기여했다는 주장은 정의에 대한 요구로 **이어질 수 있다.** 지금 벌어지는 행위에 대해서는 그것을 은폐하는 수사학을 벗겨버릴 수 있다. 이미 늦은 상황이라면, 범죄를 저지른 자들에게 책임을 묻고 또 그들이 도덕적 언어를 오용하는 바람에 그 권위가 훼손되었다는 것에도 책임을 물을 수 있다. 이라크 전쟁이 좋은 예가 될 것이다. 이 끔찍한 전쟁에서 지금 해명되고 책임을 물어야 할 일은 많고 많지만, 전쟁의 목표를 은폐하려고 "도덕적 명징성" 같은 어휘를 융단폭격으로 쏟아낸 것이 그중 하나다. 전쟁의 진짜 목표는 석유, 지역 패권, 게다가 당시 미국 역사상 최악의 대통령으로 꼽혔던 위기를 모면하고자 하는 것이었다. 21세기의 초입이라는 시점에서 '민주주의'니 '자유'니 하는 말들이 실로 어이가 없을 정도로 남용되고 오용되는 바람에 아예 진실성 자체를 의심받게 되었다. 앞서 내가 예로 들었던 친구들의 토론에서 주목해야 할 점이 있다. 이들의 이야기는 정의에 대한 요구가 **아니라**, 오히려 그런 요구 자체가 시대에 뒤떨어진 진부한 주장이라는 것이다. 빈민가나 노예 노역장에서는 권력과 정의가 어떤 관계에 있느냐가 절실한 질문이 되지만, 이들 대화가 그곳에서 벌어지지 않았다는 것도 우연이 아니다. 대화 장소는 사치스러운 부잣집이며, 내용만 들어도 고급 와인 냄새가 진동한다. 더욱 의미심장한 일은, 분노한 젊은 친구가 권력 관계의 변혁을 요구하는 것도 아니라는 점이다. 그는 그저 자기가 하는 일에 대해 제대로 대가를 받아야 한다는 자기이익을 요구할 뿐이다. 트라시마코스는 최소한 일관성만큼은 갖춘 친구라고 하겠다.

리처드 로티Richard Rorty는 그래서 이렇게 결론을 내린다.

> (이것)이야말로 과두제 체제가 꿈꾸며 반길 만한 이상적인 좌파의 모습이다. 즉 눈앞의 현재를 폭로하는 데에만 급급해 더 나은 미래를 위해 어떤 법이 필요한지를 이야기할 시간이 없는 좌파 말이다.[1]

로티가 비판하는 것은 그가 푸코식 대학 좌파라고 부르는 이들이다. 나는 서양 철학 최초의 체계적 저작인 플라톤의 《국가》 앞부분을 윤색한 이야기로 3장을 열었다. 그 뒤의 이야기는 소크라테스의 목소리를 빌려서 트라시마코스라는 젊은이가 던진 문제에 답하는 내용이다. 트라시마코스는 수천 년 전 사람이지만, 오늘날 포스트모던한 젊은이로 환생한 인물이다. 이렇듯 무언가의 가면을 벗겨버리는 행위는 아주 지적이고 심지어 끝내주게 멋져 보이기까지 한다. 반면 원리 원칙에 호소하는 주장은 현실을 모르는 순진무구한 것으로 보인다. 그리고 사람들은 따분한 조사 보고서가 아니라 멋이 흘러넘치는 선언에 더욱 매력을 느끼는 법이다. 이러한 소피스트는 모든 세대에 걸쳐 출현하며, 그렇게 환생하는 인물들은 모두 자신이 대담하고도 독창적인 진리를 드러내고 있다고 확신한다. 무릇 인간사, 특히 정치란 적나라한 권력 투쟁을 은폐하기 위한 기만적 전략에 불과하다는 것이다. 환생할 때마다 하나같이 실망, 분개, 자기확신이 뒤섞인 분위기를 풍기는 이들은 세상이 스스로 내걸고 있는 명제에 부합하여 돌아가는 게 아니라는 것을 발견했으니, 자신은 그 어떤 주장에도 빠지지 않겠다는 식이다. 트라시마코스 또한 완고한 목소리를 내고 있지만, 그가 취하는 입장 자체는 아주 안락하고 유연한 것이며 그저 이따금 비판하는 것으로 충분하다. 정의를 이루기 위한 노력이라는 게 다 헛수고인 정도를 넘어서 애초에 말 자체가 성립을 않는 거야, 뭐 너무 당연한 이야기 아닌지?

이런 식으로 김을 빼버리는 종류의 주장은 이미 수천 년 전《국가》에도 등장하듯, 전혀 새로운 것이 아니다. 철학자 버나드 윌리엄스Bernard Williams는 이를 태곳적부터 내려온 것이라고 불렀다.

'높은 것'과 '낮은 것'을 구별하는 것이 사람들 사이에

> 존중받는 관행이라는 것을 놓고, 이러한 주장은 이성과 신념, 주장과 무력, 진리와 조작을 그 틀에 넣어서 '높은 것'은 부정하고 '낮은 것'을 긍정하고 있다. 주장과 진리라는 것도 다른 모든 것과 마찬가지로 (사실은) 무력, 신념, 조작 등일 뿐이라는 것이다. 이런 식의 비유도 나름 쓸모는 있다. (…) 하지만 금세 엄청나게 따분하고 지루한 것이 된다는 사실은 물론, 그러한 이상화가 벌어지는 과정을 이해하는 데 전혀 도움이 되지 못한다는 단점도 가지고 있다.[2]

윌리엄스의 말은 계속되는데, 이는 또 누군가에게 귀를 기울이는 일과 그 사람에게 매를 얻어맞는 일이 어떻게 다른지는 더욱 설명하지 못하게 된다고.

푸코 또한 트라시마코스처럼 권력의 우선성을 내세우지만, 그가 설명하는 권력의 메커니즘은 아주 다르다. 트라시마코스는 고대 그리스의 소피스트였으며 그가 살던 당시에는 권력이 있는 자와 없는 자들이 너무나 명확하게 구별되었고, 푸코에 따르면 이런 시대는 18세기까지 지속되었다. 그래서 (비록 실제에서는 아니라고 해도) 원칙적으로는 해방이라고 부를 만한 일이 여전히 벌어질 수 있는 시대였다고 한다. 군주의 머리통을 끊어내기만 하면 백성들은 잠시나마 종속 상태에서 벗어날 수도 있었다는 것이다. 그런데 근대에 들어와서는 권력이 은폐되고 온갖 곳으로 퍼져버려서 우리가 거의 감지조차 할 수 없는 여러 구조의 네트워크로 표출된다는 것이다. 따라서 권력이 어디에 있는지 찾아내서 도전하는 것은 쓸데없는 일이 되어버렸다. 특히 우리 스스로가 우리를 속박하는 바로 그 네트워크의 일부로 엮여 있다는 것이 푸코의 이야기다.

푸코를 가장 날카롭게 비판하는 이들도 이 그림이 현대 사회에 대해 무언가 중요한 점을 지적하고 있음을 인정한다. 우리가 특별히 누군가가 설계하지도 통제하지도 않는 여러 제도의 거미줄에 걸려 지배당하고 있다는 느낌은 분명하기에, 이는 푸코의 거친 주장을 기꺼이 받아들이는 기초가 된다. 마이클 왈저Michael Walzer는 이렇게 말한 바 있다.

> 감옥에서의 기율이라는 것이 보다 평범한 장소에서 이루어지고 있는 바의 연속이자 더 강화된 모습을 나타내고 있으며, 그게 아니라면 감옥의 기율도 아예 가능할 수가 없다는 게 푸코의 주장이고 나도 그가 부분적으로 옳다고 생각한다. 우리 모두 시간표에 묶여 살며, 알람 시계에 맞추어 일어나고, 엄격한 일과에 따라 일을 하며, 당국의 시선 속에서 살아가고, 주기적으로 검사와 감독을 받도록 되어 있다. 이러한 새로운 형태의 사회적 통제로부터 자유로운 이는 아무도 없다. 하지만 이런 새로운 형태의 종속이라는 게 감옥에 들어가는 것과 **똑같은 것**은 아니라는 점을 기억해야 한다. 푸코는 이 차이를 아주 체계적으로 폄하하는 경향이 있다.[3]

일부 권력 형태가 어떻게 작동하는지에 대해 푸코가 논의하는 바는 시선을 끌기도 한다. 그의 책을 읽는 독자는 필연적으로 그러한 분석이 단순한 흥미에 그치는 것이 아니라, 다른 모든 권력 비판과 마찬가지로 해방적인 모습을 보여줄 것이라는 희망을 품게 된다. 하지만 분석과 좀 더 일반적으로 말해서 지식이 무엇을 할 수 있는지에 대한 푸코의 생각을 알게 되면, 그런 희망은 완전히 무너진다.

> 모든 지식은 불의不義에 기반한다는 점(즉 인식 활동에 있어서조차 진리 혹은 진리의 기초에 대한 권리란 존재하지 않는다는 점), 그리고 지식을 원하는 본능은 악의적인 것이라는 점(즉 인류의 행복과는 반대되는 살인적인 것이라는 점).[4]

그러니 많은 이들이 이 푸코라는 인물은 한마디로 허무주의자라는 결론에 도달했던 것도 당연하다. 하지만 2019년의 구글 스칼라Google Scholar 연구에 따르면, 인문학이나 사회과학 분야를 통틀어 푸코만큼 자주 인용되는 연구자는 아무도 없다.[5] 그리고 "푸코의 분석틀만큼 식민지 연구 분야를 완벽하게 속속들이 파고들어 있는 분석틀도 없다."[6] 이는 사실이지만, 푸코는 탈식민화라는 문제를 한 번도 다룬 적이 없다. 그가 성인으로 자라나는 시기에 프랑스가 알제리 전쟁으로 온통 난리였음에도 말이다. 하지만 에드워드 사이드Edward Said와 수많은 이들이 푸코를 "급진주의와 지성적 반란의 사도"로 간주하기 시작했다.[7] 그가 하는 모든 행동이 **반란자**라는 냄새를 팍팍 풍겼다. 그는 범법자나 광인과 같이 사회의 주변부에 있는 이들을 영광스럽게 다루는 책을 써냈다. 또한 프랑스 감옥의 기결수이든 칠레 군사 독재의 희생자이든 억압받는 이들을 지지하는 정치적 입장을 자주 표명했다. 그리고 동성 결혼의 문제가 제기되기 수십 년 전에, 이미 이성애 규범을 위협하는 방식으로 동성애자임을 과시했다. 그러니 푸코가 좌파 사상의 반석이 되는 것이 온당하지 않은가? 또는 적어도 이전 세대의 사르트르라는 인물이 의미했던 바처럼 철학자가 아닌 사람들이어도 누구든 읽어야 하는 철학자로 보는 것이 옳지 않은가? 오늘날 대학에서 학생들을 가르치는 이들은 푸코의 인기가 전성기를 구가하던 1980년대와 1990년대에 학창 시절을 보냈으니, 이들은 자신이 배운 텍스트를 아주 흥미진진한 새로운 고전으로 삼아 전수하고 있다.

푸코의 책들은 감옥, 정신병동, 학교, 그 밖에도 사회적 권력의 확장에 있어 필수적인 다른 제도와 시설의 발전을 실로 흥미롭게 묘사하고 있다. 많은 역사가들이 한때 거의 연구되지 않고 주변으로 밀려나 있던 탐구 영역을 열어준 데 대해 푸코에게 감사를 표하기도 한다. 하지만 푸코가 어떤 구체적인 주제를 다룬다고 해도 그 책을 읽는 학생들은 언제나 아주 일반적인 철학적 교훈을 흡수하게 된다. 그것은 바로 권력이라는 문제다. 푸코의 책에서 권력이 특정 제도에 속한 특정 인물의 행동과 결부되는 방식은 아주 모호할 뿐이지만, 그럼에도 권력이야말로 모든 것의 추동력이라는 것이다. "권력은 어디에나 있다." 그의 말이다. "권력은 현실을 생산해내며, 사물의 여러 영역을 생산해내며, 진리에 대한 여러 의식儀式을 생산해낸다." 후기의 저작으로 가면 권력은 아예 근대적 삶의 모든 특징에 깃든 것으로 나타난다. 권력은 우리의 언어, 사유, 욕망의 구조 자체 안에 짜여져 있다는 것이다. 심지어 권력은 저항을 펼쳐내기까지 하며, 이는 또다시 권력을 강화시킨다. 시종일관 모든 것이 권력이라는 것이다.

만약 권력이 그토록 모든 곳에 속속들이 배어 있는 것이라면, 그 개념으로 이 세상을 분별하여 이해하는 데 무슨 도움이 되는지조차 의문스러워진다. 만약 모든 것이 다 권력이라면, 이 권력이라는 개념은 만사만물을 다 포괄하는 게 아닐까? 그렇다면 푸코의 권력 개념이란 너무나 폭넓은 것이라서 악의 없는 개념이라고 생각할 이도 있을 것이다. 하지만 그런 희망은 그의 설명을 들으면 사그라들게 된다.

> 나는 우리 사유의 준거점을 언어와 기호의 거대한 모델이 아니라 전쟁 및 전투의 모델로 삼아야 한다고 믿는다. 우리를 낳고 또 지금의 모습으로 결정지은 역사는 언어의 형태가 아닌 전쟁의 형태를 띠고 있다. 즉 의미의 관계가 아닌 권력의 관계인 것이다. (…) 갈등으로 가득한

현실이란 언제나 끝이 결정되지 않은 위험천만한 것이건만, '변증법'이란 헤겔식 논리의 뼈대 위에서 그러한 실상을 회피하게 만드는 방식일 뿐이며, '기호학'이란 그러한 현실의 **폭력**, **유혈**, **살상**의 성격을 고요한 플라톤식 언어 및 대화로 환원하여 회피하는 방식일 뿐이다.[8] (강조는 인용자)

푸코가 말하는 권력 개념은 전혀 부드럽지 않다.

권력은 한마디로 전쟁과 같은 지배 형태가 아닌가? 따라서 권력에 관한 모든 문제는 전쟁 관계를 기준으로 생각해야 하지 않는가? 권력이란 그저 특수한 시점에 평화와 국가라는 형태를 취할 뿐, 사실은 일반화된 전쟁의 하나로 보아야 하지 않는가? 그렇다면 평화란 일종의 전쟁이며, 국가란 전쟁을 수행하는 수단인 것이다.[9]

논리학 개론 수업만 들었어도 이런 지적 혼동은 피할 수 있었을 것이다. 도덕적 주장의 일부가 사실 권력 다툼을 은폐하는 것에 불과하다고 해서, 공공선을 위해 행동하자는 모든 주장이 거짓이라고 결론을 내릴 수는 없으니까. 하지만 누대에 걸친 트라시마코스의 후예들이 모두 그러했듯, 푸코 또한 자기 논리에 구멍이 나도 별로 개의치 않는다. 푸코의 이 인용문에서 보듯, 이들은 모두 평서문을 피하는 경향이 있다. 의구심의 형이상학을 펼치려면 의문문을 쓰는 편이 훨씬 나으니까. 그리고 이들의 글은 몽롱하기 짝이 없다. 이들은 보통 니체 애호가들이지만, 니체가 자신이 경멸하는 자들을 까뭉개는 표현 중에서도 상급에 속하는 다음의 조롱을 들어 마땅하다. "그들은 연못에 흙탕을 쳐서 심연深淵처럼 보이게 만든다."

푸코의 설명에 따르면, 도대체 권력이 아닌 것이 있는가? 분명히 아닌 게 하나 있다. 권력은 정의가 아니다. 좀 더 정확히 말하자면, 정의라는 개념 자체가 특정한 형태의 정치적·경제적 권력에 맞서기 위한 무기로 발명되었다는 게 푸코의 완고한 주장이다. "만약 어떤 싸움에서 정의가 주된 쟁점으로 떠오른다고 해도, 이는 그저 권력의 도구로서 유용하기 때문이다. 이 사회에서든 저 사회에서든, 언젠가 사람들이 각각의 자격에 따라 보상을 받고 잘못에 따라 처벌을 받게 될 것이라는 희망으로 정의가 쟁점이 되는 일은 결코 없을 것이다."[10] 뒷부분의 가능성을 부인하는 것은 곧 정의의 본질을 부인하는 것이다. 어느 문화에서건, 또 인간 세상이든 신들의 세상이든 이는 정의의 변치 않는 본질이기 때문이다. 정의는 언제나 사람들에게 자격에 따라 보상을 받고 잘못에 따라 처벌을 받기를 꾀한다. 어떤 상황이 정의롭지 못하다는 항의는 곧 미덕을 갖춘 이가 그에 상응하는 만큼의 행복을 얻지 못한 상황에 대한 항의이다. 언젠가 푸코에게 감옥 개혁 운동에 참여하느냐는 질문이 던져지자, 푸코 자신은 감옥의 상태와 같은 뻔한 문제에는 관심이 없으며, 그저 "무죄인 자와 유죄인 자를 가르는 사회적·도덕적 구별에 질문을 던지고자" 했을 뿐이라고 답했다. 이런 따위의 구별은 죄수 본인들도 던지지 않을 질문이다. 오히려 그들은 죄 없는 자와 죄지은 자를 명확히 구별해야 한다고 주장할 것이다.[11] 유죄와 무죄 사이의 도덕적 구별을 부인하는 것은, 곧 종류를 막론하고 모든 도덕적 구별의 가능성 자체를 부인하는 것이다.

위의 인용문은 1971년 네덜란드 TV에서 방영되었던 푸코와 노엄 촘스키의 논쟁에서 가져온 것이다. 당시 베트남 전쟁 문제가 극에 달해 있었으며, 유럽의 TV 토론에서는 마르크스주의식 혁명 사상 또한 진지한 이야깃거리로 등장하고 있었다. 촘스키는 혁명적 프롤레타리아트에 대해 오직 그들이 정의로운 사회를 증진하는 존재일 때만 지지하겠다고 단언했고, 만약 혁명이 테러리즘으로 변질된다면 자신은 단절하겠다고 밝혔다. 여기에 대한 푸코의 대답은 이러했다. "프롤레타리아트가 지배계급과 전쟁을 벌이는 이유는 역사상 처음으로 자신들이 권력을 취하기를 원하기 때문입니다. 전쟁을 벌이는 목적은 정의가 아니라 승리입니다." 프롤레타리아트가 권력을 쥔다면, 자신들이 승리를 거두어 짓밟은 다른 계급을 향해 폭력적이고 독재적이며 유혈이 낭자한 권력을 얼마든지 행사할 수 있다는 것이다. 이런 말이 갖는 함의와 귀결이 얼마나 무서운 것인지에 대해서도 그는 전혀 위축되지 않았다. 이어서 이렇게 말한다. "이에 대해 어떤 반론이 가능할지 저는 모르겠습니다." 촘스키는 훗날 자신은 푸코처럼 도덕을 완전히 떠나버린 인물을 한 번도 만나본

적이 없다고 언급했다.

푸코는 자신의 관점이 인간 세상의 만사만물에 적용할 수 있는 힘을 가졌다고 말하면서도, 이를 가리기 위해 거짓 겸손을 떤다. 사르트르와 같은 "일반 지식인"의 시대는 끝났으니, 이제는 자신과 같은 "특정 문제의 지식인"이 발견해낸 이야기가 필요하다는 주장이었다. 그런데 그는 자신의 여러 정치적 판단에 대해 이유와 논리를 제시하는 것도 완고하게 거부했다. 이유와 논리란 그저 자기합리화의 자작극에 불과하다는 주장이었다.

권력이란 그저 맹목적 추동력일 뿐이라는 주장은 이성에 대한 경멸과 손을 잡고 함께 이루어진다. 이성의 격하와 권력의 격상 중 어느 쪽이 먼저인지는 알 수 없다. 이 둘은 동전의 양면을 이루는 것들이니까. 푸코, 하이데거, 아도르노와 같이 서로 다른 20세기 사상가들이 공통으로 내거는 주장이 있다. 그들이 부르는 이름으로 "계몽적 이성"이라는 것은 사기의 자작극일 뿐만 아니라, 그보다 훨씬 나쁜 것이기도 하다고 했다. 이는 자연 그리고 (그들이 자연적이라고 생각했던) 원주민들까지 복속시키는 데 혈안이 된 지배욕, 계산욕, 탐욕의 괴물이라는 것이었다. 이러한 그림에서는 이성이란 그저 권력의 표출이자 도구에 불과하다. 윌리엄스는 누군가에게 설득당하는 것과 그들에게 두들겨 맞는 것을 구별해야 한다고 했지만, 이들은 이런 구별을 가식으로 본다. 이성은 좀 더 정중할지는 몰라도 누군가의 머리통을 갈기는 좀 더 교묘한 방식일 뿐이라는 것이다. 이런 구별이 무의미하다고 생각하는 이들에게 아메리라면 한 번 실컷 두들겨 맞아야 정신을 차릴 것이라고 할 테다. 계몽주의 사상이 내놓은 이성 개념에 대한 이런 식의 가정은 계몽주의 사상이 유럽중심주의라는 가정과 마찬가지로 그릇된 것이다. 나는 내 책《도덕적 명징성Moral Clarity》에서 계몽주의의 이성 관념과 아도르노와 호르크하이머의 비판을 자세히 논의하였으니, 여기에서는 가장 흔히 나오는 공격에 대해서만 응답하겠다.[12]

이성이 자연에 적대적이라는 생각은 이성과 자연이라는 이분법적 대립 구도에 기초하고 있는 바, 계몽주의 사상가 중 어느 누구도 그런 구도를 받아들이지 않았을 것이다. 이성과 자연이 갈등하는 듯 보이는 이유는, 모든 형태의 진보에서 그 시작은 자연적인 것이 무엇이며 자연적이지 않은 게 무엇인지 묻는 이성의 능력에 있기 때문이다. 계몽주의 사상가들이 여러 비유럽 문화를 연구했던 주요 목적은 유럽의 무수한 제도에 의문을 던지기 위함이었다. 당시 교회와 국가는 유럽의 여러 제도가 자연적이고 불변하는 것이라고 완고하게 주장하고 있었다. 노예제, 빈곤, 여성의 종속, 봉건적 위계질서, 질병 대부분이 모두 18세기에는 자연적인 것으로 여겨졌음을 떠올려라. 19세기에 들어오고 한참 지나서도 영국의 성직자들은 아일랜드 대기근이 신께서 내린 시련이므로 그것을 구제하려는 노력은 신에게 도전하는 짓이라고 주장했다. 계몽주의 사상가들은 자연이든 정념이든 반대하는 법이

거의 없었고, 오히려 이 두 가지를 다른 어떤 주제보다도 총체적으로 탐구했다. 하지만 이들 또한 억압을 정당화하는 데 이른바 자연적 질서라는 주장이 걸핏하면 동원된다는 사실을 잘 알고 있었기에, 이성을 동원해 엄격하고 정밀하게 검증해야 한다는 태도를 굳게 견지했다. 이렇듯 이성을 도구로 삼아 근본적 질문을 던지는 것은, 경제적·인종적·성적 불평등이 세상이 작동하는 방식의 일부일 뿐이라고 주장하는 이들에게 결코 불가피한 필연이 아니라고 주장하는 행위가 된다.

이성은 자연에 적대적인 것이 아니며, 그 적은 따로 있다. 바로 소수의 엘리트에게만 사유를 허용함으로써 자신의 권력을 수호하려 드는 기성 권력이다. 이성은 지식의 문제가 아니라 용기의 문제이다. 이러한 정의야말로 인간 평등을 완강하게 주장하는 방법이다. 세상 모든 대학 교수가 잘못을 범할 수 있는 것처럼, 세상 모든 농민도 스스로 생각할 수 있다. 이성과 자유가 연결되는 방식은 하나만이 아니다. 지식이란 사람들을 미신과 편견에서 해방시키고자 생겨난 것이며, 도구적 이성은 사람들을 빈곤과 공포에서 해방시키고자 생겨난 것이다. 계몽주의 철학자들은 이성이 여러 한계를 가졌음을 너무나 잘 알고 있었다. 그들은 그저 교회와 국가가 이성의 활용을 독점하는 것을 용납할 수 없었던 것뿐이다. 오늘날에는 계몽주의 사상이 일상생활에 철저하고도 익숙하게 배어들어 있기에, 우리는 이제 이런 생각이 얼마나 급진적인지도 또 지금 얼마나 절실히 필요한지도 인식하지 못하고 있다. 극심한 검열과 문맹이 만연했던 시대, 누구든 지위고하를 막론하고 자기 스스로 생각할 권리가 있다는 주장은 사회를 폭파시킬 만큼 위험한 것이었으며, 교회 당국은 막강한 권력을 동원하여 이를 힘으로 억눌렀다. 오늘날의 권력 당국은 다른 모습을 띤다. 경제 전문가라는 이들이 나와 신자유주의에 **대안이란 없다**고 선언하면서 진화론까지 동원하여 자신의 이데올로기가 자연적인 것이라고 우겨대는 상황이다. 계몽주의 사상가들은 이성에 한계가 없다고 주장한 적이 없다. 그들은 우리 생각의 가능성에 권력 당국이 제한을 가하는 것을 거부했을 뿐이다.

질병의 예방 및 치료, 농업의 개선, 무의미한 고된 노동에서 많은 이들을 구하기 위한 기술 등을 포함하여 어떤 목적을 위한 최상의 수단을 찾아내는 데에는 도구적 합리성이 필요하며, 여기에는 또다시 이성과 논리가 필요하다(전설 속 마법사의 제자처럼 이런 기술 또한 고삐가 풀려 마구 날뛸 수도 있지만, 그런 기술을 폐지한다고 해서 해결할 수 있는 것은 아니다). 그러나 도구적 합리성은 이성의 전체 영역에서 볼 때 시작점에 불과하다. 이성의 가장 중요한 기능은, 인간이 품는 여러 이상을 꿋꿋이 힘 있게 지탱하는 것이다. 이성에 기초하여 현실을 변화시킬 수 있음을 보여주지 못한다면, 변화를 요구하는 모든 목소리는 한낱 몽상으로 무시당하게 될 것이다. 그와 동시에 가증스럽고 건방진 논리가 곁들여질 때가 많다. 당신의 이상은 참 칭찬할 만한 것이죠. 하지만 현실을 너무 모르시네요. 좀 겪어보고 이야기하세요. 이런 따위의 논리는 이미 1793년에도 사방에 나뒹구는 뻔한 소리였다. 그해 칸트는 에세이 〈오래된 뻔한 소리: 이론으로는 옳지만 비현실적인 것에 대하여On the Old Cliche: That May be Right in Theory but it Won't Work in Practice〉를 내놓는다. 여기에서 칸트는 자기들을 현실주의자라고 자칭하는 자들의 주장을 뒤집어버린다. **이성이 내놓는 여러 이상은 현실 경험에서 나온 주장과 당연히 갈등한다. 그게 바로 이상이 하는 일이다.** 이상의 가치는 현실과 얼마나 맞아떨어지는가로 측정되지 않는다. 거꾸로 현실은 이상에 얼마나 부합하는가로 판단된다. 이성의 임무는 경험에서 나온 주장들이 다가 아니라고 말하는 것이며, 우리의 경험이 마땅히 순종해야 할 이상을 제공함으로써 오히려 경험의 지평을 넓히도록 우리를 추동하는 것이다. 우리 중 많은 이들이 그렇게 한다면, 그러한 일도 벌어지게 될 것이다.

오해를 벗겨낸다면, 이성이란 하나의 요구이다. **벌어진 모든 일에 대해, 왜 그렇게 될 수밖에 없으며 다르게 될 수는 없는지 이유를 찾아라.** 우리가 우리에게 주어진 경험을 넘어서서 이렇게 생각할 수 있는 것은 이성 덕분이다. **이렇게 되지 않을 수도 있지 않은가? 왜 이렇게 되었는가?** 현실태는 우리에게 그냥 주어지는 것이지만, 가능태를 생각하는 데에는 이성이 필요하다. 이러한 능력이 없다면 우리는 무언가가 왜 잘못되었는지 묻거나, 더 나아질 수도 있다고 상상할 수가 없다. 철학자들은 이를 충족이유의 원리principle of sufficient reason라고 부른다. 이는 우리 사유의 근간에 있는 것이므로, 이것 없이 살아가며 행동한다는 것은 상상조차 하기 힘들다. 비록 우리는 당연한 것으로 받아들이기 쉽지만, 그 여러 이유를 찾아내라는 요구야말로 과학 연구와 사회 정의의 기초다. 이성으로 여길 수 있는 이야기는 종류가 다양하지만, 결코 그렇게 볼 수 없는 종류의 이야기들도 있다. **우리 아버지가 그랬어. 어디서 들었어. 원래 세상이 그런 거야.** 아이가 묻는다. **왜 지금 비가 오는 거예요?** 이 아이는 충족이유의 원리를 충실히 따르고 있으며, 만족할 만한 대답이 나올 때까지(아니면 질문 좀 그만하라고 할 때까지) 어른에게 꼬치꼬치 캐묻는다. 그런데 또 그 아이는 홈리스인 사람을 처음 보았을 때도 이렇게 묻는다. (그 아이 자신이 빈민이어서 집 없는 상태를 자연적인 것으로 여기지 않는 한) **저 아저씨는 왜 길거리에서 잠을 자요? 왜 저 아주머니는 집이 없어요?** 이 질문에 진지하게 답하고자 하는 어른이라면, 설명은 그만두고 행동으로 나서야 한다.

이성은 분명코 현실을 변화시키는 힘이 있다. 그런데 이성을 **단지** 권력의 한 형태로 본다면 폭력과 신념, 그리고 신념과 의식 조작의 차이를 무시하는 일이 된다. 이렇게 되면, **너는 이것을 해야 해. 왜냐하면 내가 너보다 덩치가 더 크니까**라는 말과 **너는 이것을 해야 해. 왜냐하면 이것이 (a)옳기 때문에 (b)공동체에 좋기 때문에 (c)너에게 가장 이롭기 때문에 (d)네 스스로 선택한 정당화 논리 때문에**라는 말의 차이도 무시하게 된다. 그런데 이것이야말로 우리가 아이들에게 가르치는 첫 번째 구분 중 하나이다. 물론 우리는 어른으로 자라나면서 대부분의 인간 행동에는 하나 이상의 이유가 있다는 것도 알게 되지만, 이렇듯 인간의 행동에 중층결정이 작동하는 경우가 있다고 해서 이성과 물리적 폭력의 차이까지 무시하게 되지는 않는다. 이를 무시하는 사람은 아메리가 진부함 거부증의 치료banality cure라고 부른 것을 받아야만 하는데, 우리 삶의 틀을 이루는 진부한 진리를 인정하는 것에 대한 공포증을 극복하는 치료법이다. 이성과 폭력의 구분은 민주주의와 파시즘의 구분을 뒷받침하며, 파시즘으로의 전락에 저항하는 희망은 그 차이를 기억하는 데 달려 있다.

진보주의자들이 미셸 푸코를 열렬히 받아들인 것도 이상한 일이지만, 그보다 더 이상한 일은 카를 슈미트에 매료되었다는 것이다. 이 둘은 완전히 스타일이 다르니까. 하지만 그 주장의 내용을 보자면 분명히 동일한 점이 있으므로, 스타일을 내용과 혼동하지 않는다면 둘을 나란히 놓는 일이 전혀 이상할 것이 없다. 마크 릴라Mark Lilla가 말한 바 있다.

> 권력과 지배에 관한 미셸 푸코의 사상을 매개로 하여 헤르베르트 마르쿠제Herbert Marcuse에서 카를 슈미트로 넘어가는 것은, 1970년대 초부터 독일, 프랑스, 이탈리아의 좌파 진영에서 작지만 중요한 위치를 점하고 있었던 이들에게 놀랄 만큼 쉬운 일임이 드러났다.[13]

내용은 서로 통하지만, 스타일은 서로 다르다. 푸코는 말과 행동이 현란하여 분란을 끌어내는 인물이라면, 슈미트는 보수적인 법률가의 얼굴을 하고 말과 행동도 그에 맞춘다. 그가 자신이 사는 세상과 불화를 일으키며 침범을 일삼는 부분은, 스스로 충성스럽게 복무했던 나치 체제에 대해 어떤 형태로든 유감 표명을 거부하는 것에 있다. 문체로 보자면 푸코는 논지가 두서없이 갈팡질팡하는 식이지만, 슈미트는 짧은 문장을 신탁처럼 내지르는 식을 선호한다. 하지만 이들 사이 공통점이 있다. 보편적 인류 개념을 거부하고 또 권력과 정의를 구별하기도 거부했으며, 여기에 진보라는 개념 자체에 깊은 의구심을 품는 태도가 더해진다. 오늘날 진보 사상가들이 두 사람 모두에 끌리는 이유는 이들이 공통으로 자유주의에 대해 적대감을 가지고 있으며 또 자유주의의 여러 위선을 폭로하는 데 열성적이라는 점에 있다. 푸코의 경우 일종의 예술 형태로서의 발칙한 전복이라는 것 이외에 무어가 있는지는 분명치 않다. 반면 슈미트가 자유주의적 제도의 가면을 벗겨내는 목표는 분명하다. 전쟁 전에도 전쟁 후에도, 제3제국의 영광을 더욱 빛내는 것이다.

워크 안에 슈미트의 정신이 그대로 살아 있다는 주장에 당황하여 나를 비판하려는 이들이 있겠지만, 그들이 망각한 지성사의 작지만 중요한 한 대목이 있다. 1984년에서 2020년에 이르는 기간 동안 미국의 좌파 저널 〈텔로스Telos〉는 카를 슈미트를 노골적으로 다루는 논문을 무려 107편이나 게재하였으며, 1970년부터 2023년 사이에 슈미트의 이름을 언급한 논문의 숫자는 무려 534편에 달한다. 창간인에 따르면, 이 저널은 "냉전으로 인해 악화된 협소한 학생 문화의 해독제로서" 1968년에 창간되었다고 한다.[14] 〈텔로스〉의 목표는 정보가 부족한 미국 좌파를 교육하는 것이었다. 당시 독일이나 프랑스의 이론가 중 영어로 번역된 이는 거의 없었고, 심지어 마르크스 초기 저작들도 찾기가 힘들었다. 〈텔로스〉는 그 목적을 달성하기 위해,

> "미국의 학생 및 교수들에게 제2차 세계대전의 정치적·경제적 폐허와 씨름하면서 무엇이 잘못되었는지를 이론적으로 설명하려 모색해온 유럽 대륙의 학자들을 소개하고자 한다. 지식인들은 마르크스나 엥겔스의 저작만으로는 스탈린이나 나치즘도 또 이에 맞선 폭넓은 사회적 대응도 설명할 수가 없었기 때문이다."[15]

〈텔로스〉는 미국과 유럽의 많은 좌파 사상가들 사이에 연결 고리를 제공하면서 수십 년간 영향력을 행사했다. 오늘날 직접적인 영향력은 줄어들었지만, 이 저널을 읽고 또 투고하는 이들은 슈미트의 자유주의 비판을 아주 진지하게 받아들인 바 있으며 그들 대부분은 대학교수였기 때문에 그 학생들도 슈미트를 진지하게 받아들이게 되었다. 정치학자 앨런 울프Alan Wolfe가 주장했듯이, "오늘날의 좌파 진영에

있어서 슈미트의 사상은 너무나 큰 자리를 차지하기에 그를 언급하지 않는다고 해도 슈미트의 영향 아래에 있는 경우가 얼마든지 있다."[16] 밝혀두자면, 내가 처음으로 슈미트의 저작《정치적인 것의 개념》과 접한 것 또한 예루살렘에 있는 샬롬 하르트만 연구소Shalom Hartman Institute의 세미나에서였다.

카를 슈미트는 1962년 제2차 바티칸 공회의의 개혁을 거부한 반동적 가톨릭 신자였다. 그가 공회의의 결정을 반대한 것은 라틴어 미사를 고집했기 때문도 있지만, 교황 요한 23세가 가톨릭 교회가 "무슬림과 유대인에 대해 영구적인 원한 관계"에 있다는 역사적 주장을 철회했기 때문이었다.[17] 그는 **정치 신학**이라는 모호한 개념을 창조한 이로서, 가톨릭 교회야말로 정치 제도의 원형이라고 보는 사람이었다. 도덕이 선과 악이라는 개념으로 규정되고 미학이 아름다움과 추함이라는 개념으로 규정되는 것처럼, 정치라는 영역을 규정하는 본질은 바로 친구와 적이라는 대조에 있다고 그는 생각했다. 아도르노는 그의 저작《미니마 모랄리아Minima Moralia》에서 슈미트의 친구/적 도식은 "타자"를 대상화하는 것으로서 나치 이데올로기와 완벽하게 들어맞는다고 주장했다. 하지만 좀 더 의미심장한 것은 이런 식의 정치 규정이 퇴행적이라는 점에 있다. 아도르노가 말했듯이, 슈미트는 정치적인 것을 오로지 아이들이나 사용할 법한 범주로 왜소화시켰다.[18]

슈미트도 후기 저작에서 간혹 유보조건을 달기도

한다. 친구/적의 구별은 개인에 대한 것이 아니고 그저 형식의 범주로서, 증오심을 가지고 적용할 일은 아니라는 것이다(그는 냉전이 시작되자 이것이 "'타자'를 범죄자, 살인자, 파괴자, 깡패로 다루는 태도"를 들여왔다고 비난했다. 나치 체제에 대해서는 아무 말을 하지 않던 사람이 제2차 세계대전이 끝나고 불과 4년이 지나 이런 말을 했다는 것은 참으로 놀라울 따름이다).[19] 하지만 자기가 내놓은 적의 개념을 이런 식으로 완화하려 드는 것은 푸코가 좀 더 온화한 권력 개념을 내놓으려 했던 것과 마찬가지로 자멸로 끝나고 만다. 두 사람 모두 자신의 개념을 폭력적인 방식으로 다른 것들과 결부시키는 작업을 환영하는 구절을 너무 많이 남겨 놓았기 때문이다. 오늘날 슈미트의 저작을 읽는 이들은 보통《정치 신학》이나《정치적인 것의 개념》등 초기 저작에 집중하는데, 이 저작들은 워낙 모호한 데다가 거창하고 고압적인 방식으로 쓰여 있어서 아주 많은 의미를 함축하는 것으로 보인다. 그러니 슈미트가 말하는 '적'이라는 게 설마 나치가 말하는 '적'과 같은 것일 리는 없지 않겠는가? 하지만《정치적인 것의 개념》에서도 슈미트는 이렇게 말한다.

> 전쟁과 정치는 가장 극단적이고 격렬한 적대 행위의 형태다. (…) 친구, 적, 투쟁 등의 개념이 진정한 의미를 갖는 것은 특히 정치적으로 완전히 절멸시킬 수 있는 실제 가능성을 담고 있고 또 그와 연결될 때다.[20]

그는 자신의 정치적 적대라는 개념이 반드시 살상으로 이어질 필요는 없다고 하면서도, 가인이 아벨을 살해한 것을 "인류 역사의 시작"이라고 부른다.[21]

"내가 유대인에 맞서 저항의 싸움을 벌인다면, 나는 주님의 일을 이루기 위해 싸우는 것이다." 슈미트는 1936년 자신의 에세이 〈유대인 정신에 맞서 투쟁하는 독일 법학Die deutsche Rechtswissenschaft im Kampf gegen den jüdischen Geist〉에서, 이러한 히틀러의 말을 인용하면서 찬사를 보냈다. 사실 따져보면 유대인이야말로 슈미트 자신이 10년 진에 공식화한 정치적 적의 정의에 들어맞는다는 것이다.

> 유대인은 타자이며, 이방인이다. 그리고 각별하게 강렬한 의미에서 실존적으로 타자이며 이방인인 어떤 것임을 본질로 삼는 존재라고 해두는 것으로 충분하다.[22]

만약 이렇듯 유대인을 적으로 묘사하는 글이 제3제국 시절에 쓴 작업물에만 나왔다면 (별로 설득력은 없지만) 그가 정치적 압력에 밀려서 어쩔 수 없었던 것으로 주장할 수 있을지도 모르겠다. 슈미트를 옹호하는 논자 중 일부는 그렇게 주장하기도 했다.[23] 만약 그렇다면 슈미트는 세계사에 길이 남을 비겁자가 되겠지만, 그래도 그의 유명한 친구/적 구분의 개념은 나치가 생각한 것과는 분명히 다르며 그렇게 천박한 것이 아니라 좀 더 추상적인 것이라는 주장의 근거가 될 수는 있다. 하지만 이렇게 주장하는 슈미트주의자에게는 안된 일이지만, 슈미트가 전쟁 이전**뿐만 아니라** 전쟁 이후에 쓴 일기장은 아주 악질적인 반유대주의를 천박하고도 극성스러운 형태로 과시하고 있다. 여기에는 종교적 반유대주의와 생물학적 반유대주의가 중요한 역할을 하고 있는데, 반근대주의가 훨씬 더 중요한 문제다. 하이데거의 악명 높은《검은 노트Black Notebooks》에서와 마찬가지로, 슈미트의 일기장 또한 유대인을 그가 근대 세계에 대해 혐오하는 모든 것의 상징으로 다루고 있다.[24] 따라서 전후 그의 일기장에 나오는 바, "유대인은 어떻게 해도 무조건 유대인이다. (…) 귀화한 유대인이야말로 바로 진정한 적이다."[25]

독일인 중에는 나치가 넘쳐났고, 그 종류도 다양했다. 어떤 이들은 이데올로기의 강한 신념을 가지고 있었지만, 대부분은 그저 출세를 위해 나치 체제와 잘 지내고자 한 이들이었다. 하지만 1945년 이후 어느 쪽이든 진정으로 뉘우치는 이들은 거의 없었다. 독일은 전쟁에서 패배했고, 약 700만 명의 시민들이 목숨을 잃었으며, 그 영토는 3분의 1이 없어졌고, 그래서 이들은 그저 자신들의 고통에만 초점을 두었다. 독일 도시들은 폐허가 되었고 외국 군대에 점령당했다. 그들 중 일부는 슈미트처럼 직업에서 쫓겨났고 짧게나마 감옥에 가기도 했다. 이들은 그래서 우겨댔다. 독일군이 수백만 명의 민간인을 죽였다고 하지만, 이는 전쟁이라는 비극에 따라오는 것일 뿐이다. 인간이라는 게 원래 태어날 때부터 죄를 짓도록 되어 있는 존재 아니냐.

드레스덴의 융단 폭격이나 히로시마에 떨어진 핵폭탄이 홀로코스트와 다를 게 뭐냐?

이와 같은 악의적인 태도가 아주 광범위하게 퍼져 있었지만, 대놓고 옹호하는 이는 거의 없었다. 그리고 수십 년이 걸리기는 했지만, 이런 생각을 품었던 이들도 결국 대다수는 "음, 관점과 시야가 너무 좁았어"라고 깨닫게 되었다. 카를 슈미트는 결코 그렇지 않았다. 그는 탈나치화를 "공포 정치"라고 불렀으며, 나치의 온갖 범죄를 용서할 뿐만 아니라 망각으로 묻어버리는 종류의 사면을 요구했다. 그는 〈가치의 폭정The Tyranny of Values〉이라는 제목의 에세이에서 여러 가치라는 것들이 알고 보면 순전히 사람들이 만들어낸 구성물일 뿐이라고 주장하면서, 이야말로 "형이상학적인 것들의 빈 자리를 메우기 위해 실증주의가 만들어낸 모조품"[26]이라고 무시했던 하이데거의 말을 인용했다. 그는 트라시마코스의 주장을 그대로 되풀이하면서, 여러 가치란 본질적으로 정치적 폭력의 원동력일 뿐이라고 주장했다. 역사가 사무엘 자이틀린Samuel Zeitlin이 보여준 바 있듯이, 이 글을 쓴 슈미트의 목적은 법실증주의legal positivism의 옹호가 아니라 나치즘의 선전가였던 바이트 하를란Veit Harlan*을 변호하는 것이었다. 만약 이런저런

* 나치 시대의 영화감독으로, 반유대주의 선전 영화를 만들어 괴벨스의 극찬을 받은 것으로 유명하다. 전범 재판에서 자신은 나치 체제의 강압으로 어쩔 수 없었다고 호소했지만, 실제로는 체제가 요구한 것 이상으로 극단적인 반유대주의의 내용을 담은 것으로 알려져 있다.

가치라는 게 그저 공허한 법실증주의의 범주에 불과하다면, 나치주의자에 대한 비난은 대체 무슨 근거를 갖는다는 것인가? "인류에 대한 범죄를 독일인이 저지른다. 인류에 대한 범죄가 독일인에게 저질러진다. 차이점은 이것뿐이다."

셀린*의 문학을 그의 파시즘 지지와 떼어놓고 생각해야 한다는 주장이 쭉 있었다. 하이데거의 나치즘 또한 그의 형이상학에 대한 평가에 연결 짓지 말아야 한다는 주장이 있었다.[27] 나는 동의하지는 않지만, 이 주장들은 그래도 최소한의 일관성은 가지고 있다. 그런데 전쟁이 끝나고 40년이 지나도록 나치즘의 신념을 변호했던 슈미트의 《정치 신학》을 놓고 거기에 개진된 여러 사상을 진지하게 받아들여야 한다는 주장은 훨씬 납득하기 어렵다. 특히 그 사상들이라는 게 나치 이데올로기와 일치할 뿐만 아니라 부분적으로 초석의 역할을 했을 것을 생각하면 더욱 그렇다.

"슈미트의 사유로 슈미트에 맞설 것"을 주장했던 현대 철학자 중 한 사람이 샹탈 무페Chantal Mouffe이다. 그는 슈미트의 '적enemy' 개념을 파괴해야 할 대상으로 보는 것이 아니라, 그저 '적수adversary'로 읽을 수 있다고 말한다. 이는 용어에 대해 슈미트 스스로가 내놓고 있는 이해방식을 크게 바꾼 것이지만, 그것 말고도 다른 문제가 있다. 무페는

* 페르디낭 셀린Ferdinand Celine은 양차 대전 사이에 활동했던 프랑스의 소설가로서 1932년에 발표한 《밤 끝으로의 여행Voyage au bout de la nuit》으로 큰 성공을 거둔다. 이후 반유대주의 선전가로서 나치 치하의 비시 정권 등에 적극 협력하여 나치 부역자로 낙인이 찍힌다.

오늘날 민주적 합의라는 말로 통용되는 것들이 알고 보면 정치적 무관심을 은폐하는 껍데기일 뿐이며, 제대로 기능하는 사회라면 대결과 논쟁이 필요하다고 주장한다. 이는 분명히 옳은 말이지만, 그는 또 다음과 같은 주장도 내놓는다. "다원주의라는 아이디어를 급진화하여 민주적 혁명을 심화시키는 도구로 만들기 위해서는, 우리 모두 합리주의, 개인주의, 보편주의와 단절해야만 한다."[28] 이런 것들이 사라진다면, 당연히 그와 마찬가지로 "홉스가 말하는 자연 상태는 통제될 수 있을 뿐 결코 뿌리 뽑을 수는 없다는 결론에 도달하게 된다."[29] 하지만 만인에 대한 만인의 투쟁이라는 자연 상태를 통제 아래에 두는 것이 정말로 우리가 열망하는 최고의 목표인가?

슈미트는 자신이 끝까지 고수했던 원죄라는 기독교 교리로 돌아가면서 이렇게 말한다. "모든 진정한 정치 이론은 인류가 악한 존재임을 전제로 한다." 따라서 갈등이야말로 삶의 법칙이라고 그는 주장한다. 슈미트와 그의 추종자들은 이러한 관점을 현실주의라고 부르면서 다른 모든 관점은 현실을 모르는 것이라고 경멸한다. 하지만 이런 식의 주장에는 현실의 본질에 대한 대단히 강력한 형이상학 주장이 한 묶음 들어 있다는 사실이 거의 언제나 간과된다.[30] 슈미트식 관점에서 보면 현실의 사물들은 우리의 여러 감각을 일정하게 결합하여 수량화하고 인식할 수 있다. 여기에는 정의, 공정성, 평등과 같은 관념이 들어설 여지는 없지만 영토, 바다, 석유, 곡물, 로켓, 탱크가

들어설 자리는 충분하다. 이를 피할 길은 없다. 이것이 바로 전쟁을 위한 정치 이론이다. 그는 정치 영역을 경제 영역과 대조하면서 후자는 협상과 타협이 지배하는 진부한 영역이며, 앵글로색슨인이나 하는 짓이라고 무시한다. 반면 삶에 진정한 의미를 부여하는 것은 친구와 적을 구별하는 일이다. 컨디션이 좋지 않을 때의 니체처럼 슈미트 또한 "타자"의 손에 의해 폭력적인 죽음을 당할 위협이야말로 영웅적 미덕의 원천이며, 장사꾼의 천박한 정신세계나 만들어내는 시시한 돈벌이 같은 짓을 경멸하는 진정한 사나이라면 마땅히 이를 알아야 한다고 말한다.

이렇게 해로운 세계관이 왜 호소력을 갖는 것일까? (게다가 슈미트는 니체만큼 글을 잘 쓰지도 못한다.) 자신이 자유주의의 왼쪽에 있다고 여기는 독자들이 슈미트에게 끌리는 유일한 이유는, 자유주의의 실패와 위선에 대한 그의 신랄한 비판 때문이다. 그는 자유민주주의의 의회라는 것을 오로지 말만 늘어놓을 뿐 아무것도 하지 않는 제도라고 묘사한다. 반면 진짜 결정은 다른 곳에서 이루어진다는 것이다. 이는 바이마르 공화국의 제국의회Reichstag뿐만 아니라 21세기 미국 의회에도 들어맞는 묘사다. 그의 식민주의 비판은 더욱 공감이 간다. 근대사의 열쇠는 유럽이 지구 전체에 걸쳐 영토를 강탈한 이야기라고 슈미트는 말한다. 특히 그가 불을 토하는 대상은 영국 제국주의로서 인류니 문명이니 하면서 경건한 척하지만, 이는 그들의 기념비적인 해적질을 은폐하기 위한 수사학이었을 뿐이라는 것이다. 미국도 전혀 나을 게 없다. 슈미트는 먼로 독트린Monroe Doctrine이 유럽의 남아메리카 식민화를 반대한다는 것으로 보아, 이는 곧 자기들 뒷마당인 남아메리카 대륙에서 벌어지는 일은 오직 미국만이 결정하겠다는 선언이었다고 공격한다. 이러한 비판은 충분히 정당하지만, 슈미트 본인은 국제법에 관한 글을 쓸 때는 먼로 독트린을 그대로 가져다가 '대독일 제국'의 팽창을 정당화하는 선례로 사용한다. 글이 출간된 해를 주목하라. 이 책이 이러한 관점을 옹호하며 내세우고 있었던 1942년 당시 독일은 영국 및 미국과 전쟁 중이었다. 영국과 미국이 스스로 정의 혹은 민주주의를 위한 투사라고 내세우는 주장을 무너뜨릴 수만 있다면, 그 어떤 주장도 환영받던 때였다. 히틀러 본인도 1939년 제국의회에서 똑같은 주장을 폈던 바 있다.[31]

히틀러의 《나의 투쟁》을 읽었다면 이런 종류의 이야기가 처음이 아닐 것이다. 히틀러는 독일의 **생존 공간**Lebensraum을 블라디보스토크까지 확장하고자 하는 자신의 바람을 정당화하기 위해, 미국으로 간 유럽인들이 원주민 부족에 대해 인종청소를 자행하고 그들의 토지를 강탈한 예를 활용하고 있다. 뉘른베르크법이 나치 독일에서 통과되었을 때 미국에서 반대 시위가 벌어지자, 독일의 나치 분자들 또한 똑같은 게임을 벌여 미국 흑인들이 백인들의 린치에 희생당하는 그림을 길거리에 붙인 바 있다. 남들에게 설교를 늘어놓기 전에 너희들 자신의 인종 문제부터 해결하라는 것이었다. 히틀러도 또 미국 인종주의 법률을 이용한 나치 법학자 슈미트도 잘못이 없다. 영국과 미국은 종종 그들의 자유민주주의적 수사학과 완전히 모순되는 폭력적인 인종주의 및 식민주의의 행동을 저질러왔다. 그러나 나치가 이러한 사례를 활용한 것은 인간 해방에 기여하는 것이 아니었을 뿐만 아니라, 단순한 폭로 활동도 아니었다. 이는 오늘날 블라디미르 푸틴이 하는 짓과 대단히 비슷하다. 그들의 유일한 관심사는 이렇게 캐묻는 것뿐이다. 만약 고귀한 자유의 나라들도 절도와 학살에 몰두했다면, 우리도 그렇게 하지 말란 법이 없지 않은가? 그러면 물어보자. **잘못된 짓에 잘못된 짓을 더하면 정의가 나오는가?** 슈미트는 이 단순한 질문을 회피해버린다. 어차피 세계 역사라는 게 폭력으로 푹 젖어 있는 것인 만큼, **올바른 것**과 **잘못된 것**이라는 개념 자체가 소멸하는 게 당연하다는 논리다. 두 가지 모두 이 세상에 존재하는 유일한 힘, 즉 권력을 은폐하기 위해 사용되는 수사학에 불과하다는 것이다. 여기에 참으로 의미심장한 일이 있다. 슈미트가 자유민주주의 국가들의 명분을 해체했던 것은 제3제국의 적들을 공격하기 위함이었지만, 막상 나치는 슈미트의 정치 이론을 찬양하는 법이 거의 없었다는 것이다. 전 국민 징집 제도가 있었다고 해도 1,900만 명의 남성들에게 아무런 도덕적 내용도 없이 그저 영원한 권력 투쟁에 불과한 것에다가 목숨을 내놓으라는 말을 차마 신념이랍시고 내걸 수는 없는 일이었다. 슈미트는 제3제국의 지도적 법학

이론가였을 뿐 지도적인 선전가는 아니었다. 오히려 훨씬 많은 독일인을 전장으로 계속 끌어낼 수 있었던 구호는 "저 야수 같은 볼셰비키로부터 조국을 수호하라"는 호소였다.

이제 정치적으로 어떤 결과를 얻고자 하는 이라면 누구든 규범적 주장뿐만 아니라 구체적인 권력 관계를 이해할 필요가 있다. 두 가지 차원 사이에서 어떻게 균형을 취할 것인지에 대해서는 많은 논의가 있으므로 이 짧은 책에서 더 논하지는 않을 것이다. 하지만 만약 당신이 결국에는 트라시마코스가 옳았다고 의심하는 한, 정의에 대한 신념을 유지할 수는 없게 된다. 왜냐하면 '인권'이라는 개념은 논쟁의 여지가 있지만, 그 개념이 무엇이건 간에 벌거숭이로 날뛰는 권력에 제한을 가하는 것임은 분명하다. 인권의 개념은, 권력이란 단순히 동네에서 제일 센 놈의 특권일 뿐인 것은 아니라는 완강한 주장을 담고 있으며, 권력은 반드시 정당한 것이 되어야 한다는 요구를 담고 있다. 인권이라는 주장이 생겨난 역사적 맥락을 기억하라. 이 세상 어디에서도 농민과 군주를 동등한 차원으로 다루는 일은 언감생심이었던 때였다. 농민이 군주의 사슴을 사냥했다가는 교수형에 처해질 수 있었다. 반면 군주가 농민의 딸을 취한다면 이는 그저 세상이 그런 것이라는 식으로 여겨지던 때였다. 왕권신수설이란 무슨 심오한 원리라기보다는 왕과 후손들이 신의 대표자이므로 그 권력을 넘겨받았다는 교리였을 뿐이다. 또한 왕권신수설이 나타난 이론적 배경도 기억해볼 필요가 있다. 종교 전쟁이

기승을 부리면서 수백만 명의 유럽인이 서로를 살육하던 때였다. 다른 대부분의 전쟁처럼 영토와 재물 보화의 탈취가 주된 관심사였지만, 신학적 질문을 놓고 싸운 전쟁이기도 했다. 가장 심각한 갈등은 신의 본성에 대한 것이었다. 신의 권능은 신의 선함으로 제약되는가? 아니면 신은 자기 마음에 든다면 무슨 짓이든 할 수 있는 것인가? 칼뱅주의자들은 신의 권력이 절대적이라고 주장했다. 만약 그분께서 수백만 명의 갓난아기들을 영원한 지옥불에 던진다고 해서 감히 누가 그분께 따질 수 있단 말인가? 이런 식의 신 관념이 횡행하는 상황에서는 세속의 왕들이 가진 권력을 제약하자는 주장도 쉽지 않았다.

보편주의에 입각한 정의라는 주장은 그러한 단순 무식한 권력 행사에 제약을 가하자는 의미였지만, 주장이 처음 나왔던 미국 혁명 및 프랑스 혁명부터 시작하여 오늘날에 이르기까지 엉뚱하게 남용되는 때가 너무나 많았다. 카를 슈미트도 이 점에 대해서는 틀린 말을 한 게 아니다. 그래서 그는 나치처럼 적나라한 권력 쟁취라는 것 또한 합법적일 뿐만 아니라 정당하다고 결론을 짓는다. 반박 불가라고 생각할 수도 있겠다. 하지만 다른 가능성이 있다. 권력의 현실과 정의의 이상 사이에 벌어져 있는 간격을 조금이라도 좁히기 위해 실천으로 나가 힘을 쏟는 것이다.

푸코가 근대 세계에서의 권력을 이해하는 데 도움이 되었을지는 모르지만, 나는 푸코도 슈미트도 정의와 권력 사이의 관계에 대한 새로운 관점을 제시하지는 않았다고 지금까지 주장했다. 이들의 관점은 가장 단순한 형태로 본다면, 정의에 대한 주장이 권력에 추동되는 이해관계를 은폐하기 위해 생겨났다는 옛날 소피스트들의 관점으로 치환된다. 이는 무엇이 옳고, 무엇이 권리인지를 현세의 권능might—이를 권력이라고 부르자—이 정해버리던 세상으로 되돌아가는 것이며, 따라서 아예 권리의 개념을 부인하게 된다. 오늘날 새롭게 나타난 현상이라면, 이러한 관점을 당연하게 여기는 세계관이 그 숫자가 크게 늘어났다는 점이다. 정의를 내세우는 주장이 권력 쟁취를 은폐하려는 의도로 너무 자주 사용되다 보니 권력과 정의의 구분선이 점점 더 무시되고 있다. 오늘날에는 트라시마코스가 말했던 가정이 피할 수 없는 현실로 보이며, 다른 모든 가정은 기이하고 이상하게 여겨지게 되었다. 어떤 인간 행동에 대해 타당성 있는 두 가지 설명이 주어진다면, 우리는 둘 중 더 악한 설명 쪽으로 모여드는 경향이 있다. 실망하게 되는 빈도가 잦아질수록 실망을 예상하기도 쉬워지는 법이다. 거짓말에 속는 일이 많아질수록 당신이 듣는 모든 말의 배후에 다른 의도를 가진 조작이 있으리라고 의심하기가 더 쉬워진다. 영국 제국주의와 미국 패권주의가 낳은 결과물은 여전히 존재하므로, 슈미트가 가했던 비판도 사실처럼 들리게 된다. 오늘날 인간의 본성이란 한마디로 자신의 이익을 그 무엇보다über alles 우선시하는 것이며, 도덕적 수사학은 단지 그러한 이익을 은폐하는 것뿐이라고 사람들 대부분이 여기고 있다.

이를 입증할 논리를 요구하면 역사 이야기가 나온다. 그리고 실제 역사에는 권력 투쟁이 아름다운 옷을 입고 나타난 예를 얼마든지 찾을 수 있다. 푸코와 슈미트는 그런 옷이 환각에 불과한 경우가 얼마나 많았는지를 보여준다. 그러나 이렇듯 벌거벗은 임금님들이 제아무리 많다고 해도, 인간 본성과 그 여러 가능성에 대한 끔찍한 주장의 **논거**가 될 뿐 확고한 증명이 되는 것은 아니다. 심지어 본질론을 신봉하는 이들조차도 인간 본성의 본질에 대한 확고한 증명 따위는 불가능하다고 보았다. 이는 1756년에도 마찬가지였다. 당시 장 자크 루소는 우리가 결코 알 수 없는 역사 이전의 시대에다가 우리 자신의 세계관과 정치적 희망 사항을 온통 투사하고 있음을 일깨운 바 있다. 하지만 루소의 이러한 주장은 거의 주의를 끌지 못한다.[32] 오히려 자연 상태에서 인간은 자연적으로 선하다는 주장이 그의 견해인 것처럼 왜곡되어 있다. 그는 그런 말을 한 적이 없고, 문명 이전의 인류는 도덕적으로 선하지도 악하지도 않았으며 다른 대부분의 동물과 마찬가지로 동정심이라는 본능과 자유에 대한 열망이라는 두 가지 특징을 가지고 있을 뿐이라고 주장했다. 잘못된 교육과 사회 구조에서라면 두 성향 모두 파괴될 수 있다. 하지만 올바른 조건 아래에서라면 제대로 된 인간 행동의 기초는 바로 이 두 가지 성향에서 형성된다는 것이었다.

그런데 인간 본성에 대한 여러 철학자의 관점을 개괄하다 보면, 이야기가 마치 축구 시합에나 어울릴 법한 형태로 전수되는 일이 벌어진다. 홉스는 인간이 악하다고 했으며, 루소는 인간이 선하다고 했고, 홉스는 절대군주가 없다면 인간은 늘 전쟁의 위협에 시달린다고 했으며, 루소는 문명만 제거한다면 인간은 평화 상태에 도달할 것이라고 했다 등등. 두 철학자 모두 그 주장은 이보다 훨씬 복잡하지만, 그들의 저작을 직접 읽지 않은 이들은 홉스는 현실주의자였고 루소는 유토피아주의자였다는 식으로 논쟁을 정리해버린다.

물론 인류의 자연 상태에 대해 저작을 남긴 사상가는 홉스와 루소만이 아니다. 인간 본성의 본질에 접근할 수만 있다면 얼마든지 그것을 이해할 수 있다고 생각한 사상가들은 많다. 그러면 적어도 인간의 행동을 예측하고 통제하는 데 도움이 되므로 우리의 삶이 더 나아지게 될 것이라고 이들은 믿었다. 그리하여 근대 이전에는 인간 본성에 대한 이런저런 사변이 넘쳐났던 바 있었지만, 우리가 인간 본성의 본질에 접근하는 일은 절대로 불가능하다고 말한 사람은 루소가 처음이었다. 우리가 하는 짓은 우리의 현재 상태 그리고 우리 자신의 정치적 성향을 가져다가 우리가 가볼 수도 없는 선사시대 사람들의 것인 양 읽어들이는 것이라는 게 그의 지적이었다. 이렇게 되면 인간의 본성을 이루는 골격이 모두 불에 타 없어지고 오로지 남는 것은 재와 뼛조각뿐이다. 따라서 현재의 상태라는 것은 인간 본성을 더욱더 바라보기 힘들게 하는 요인임이 분명하다. 볼테르는 기독교 신학에서 가장 설득력이 높은 부분은 바로 원죄론이라고 말한 바 있다. 하지만 문자 이전 시대의 인류의 행동을 보여주는 증거는 너무나 희박하여 철학자들은 오랜 시간 동안 그 문제에 대해 아예 사변조차 펼치기 힘들었다.

§§§§§

그러다 진화심리학이 등장한다. 이는 얼핏 보면 철학 유파가 아닌 듯했다. 엄밀한 과학의 외양을 띠고 있으며, 문자 이전의 수렵 채집 생활을 하던 우리 조상의 본질에 대한 혜안을 제공한다고 스스로 주장했다. 그들은 너무나 원시적인 상태에 있었기에 자신의 행태를 합리적 논리로 정식화하는 것은 물론 글자로 적을 수도 없었으니, 그 시절의 진실을 자신들이 대신 이야기해준다는 것이다. 진화심리학자들은 (그러한 환경에서) 인간이 행동하도록 이끌었던(혹은 그랬을 것이라고 추정되는) 것에 대해 입증할 수도 없는 사변을 내놓은 뒤, 인간의 모든 행태는 재생산의 확률을 극대화한다는 이해관계로 추동된다는 결론을 내린다. 즉 우리 모든 행동의 동기는 우리 자신의 존재를 영원히 이어가겠다는 충동에서 나온다는 것이다.

과학사가 에리카 밀람Erika Milam에 따르면, 이 이론은 처음에는 지난 10년간의 선도적 진화 이론에 기초하여 발전한 것으로 여겨졌다고 한다. 냉전 기간 사회과학자들이 인간의 폭력을 설명하는 데 실패하면서 일부 연구자들은 생물학으로 눈을 돌렸다. 이들은 이른바 킬러 유인원 이론killer ape theory으로 알려진 것을 내놓았다. 인간은 다른 영장류와 비교할 때 공격 성향이 더 크다는 점에서 뚜렷이 구별되며, 바로 이것이 인간 진화를 추동한 힘이었다는 것이다. 이러한 관점은 몇 권의 베스트셀러 그리고 할리우드 영화의 성공을 통해 대중화되었지만, 곧 증거 부족이라는 공격을 받았다. 그러자 사회생물학의 창시자인 에드워드 윌슨Edward O. Wilson이 킬러 유인원 이론의 기초가 되는 질문을 뒤집어버린다. 이 이론을 옹호하는 사람들이 물었던 질문은 '본래 비교적 평화로웠던 생물종이 어떻게 하여 최근의 역사에서처럼 세계를 뒤흔드는 폭력적 동물로 진화하였는가'였지만, 이제 사회생물학자들은 그러한 결과를 있는 그대로 받아들이고 나서 인간은 원래 언제나 공격적인 경쟁을 본성으로 삼는 동물이었다고 가정한다. "나는 '이빨과 손톱이 피로 물든 자연'이라는 테니슨의 시구절이야말로 자연 선택에 대한 우리의 근대적 이해를 훌륭하게 요약하고 있다고 생각한다." 진화생물학자 리처드 도킨스Richard Dawkins의 말이다. 윌슨의 주장에 따르면 진정으로 물어야 할 질문은 '오히려 우리가 어떻게 협동하는 법을 배우게 되었는가'이다. 협동은 우리 자신의 유전자적 입장에서 볼 때는 최고의 이익을 희생하는 행위가 아닌가. 때때로 다른 이들을 수호하기 위해 자신의 안녕을 희생하는 개인이 존재한다는 것이 부인할 수 없는 사실이니, 사회생물학자들은 여기서 깊은 당혹감을 느꼈다. 밀람의 사회생물학자들이 이렇듯 '이타주의가 어떻게 진화했는가'로 질문을 전환함으로써 폭력을 인간 본성의 자연스러운 본질로 만들어버렸다고 설명한다.

> 사회생물학자들은 공격성을 당연한 것으로 받아들이면서 동물이 협력하는 이유를 이해하고자 했으며, 성 선택과 친족 선택kin selection에 그 답이 있다고 생각했다. 성행위, 출산 및 양육 행위, 동물 가족 등은 얼핏 협력 관계인 듯 보이지만, 암컷과 수컷이 성적으로 결합할 때는 양쪽 모두 모종의 경쟁 전략을 무의식적으로 따르며 이때 이 전략은 무수한 세대에 걸쳐 진화해온 것으로서 다음 세대를 출산함으로써 자기 개체의 유전자 계보를 영원히 이어가겠다는 전략이라는 것이다.[33]

이 이론은 곧 성행위와 가족생활뿐만 아니라 사실상 인간의 모든 행동을 설명하는 것으로 진화해간다. 인류학자 클리포드 기어츠Clifford Geertz가 쓴 서평의 서두에 나오는 글이다.

> 이 책은 "인간의 성에 있어서 원초적인 수컷-암컷의 차이점"을 다루고 있다. 따라서 다음의 것들은 논의되지 않는다. 죄의식, 경외심, 상실감, 자존감, 죽음, 메타포, 정의, 순수함, 의도성, 비겁함, 희망, 판단, 이데올로기,

> 유머, 책무, 절망, 신뢰, 악의, 의례, 광기, 용서, 숭고, 동정심, 황홀경, 집착, 담론, 감수성. 이 책은 그래서 오로지 한 가지 이외에는 될 수 없으며, 실제로도 한 가지일 뿐이다. 사회생물학이다.[34]

사회생물학의 옹호자들조차도 때때로 "인간의 모든 행동이 개개인의 재생산 전략, 좀 더 적절하게 말해서 그들의 유전자로부터 도출된다는 말은 우스꽝스러워 보인다"[35]는 점을 인정하기도 한다. 하지만 모든 인간 행동을 설명할 수 있는 하나의 틀을 찾아내려는 이들은 전혀 개의치 않고 이 방향을 밀고 나간다. 오래지 않아 좌파적 성향의 비판자들이 사회생물학의 정치적 함의를 포착하고서 공격을 퍼붓게 된다. 초기 비판자 중 하나였던 스티븐 제이 굴드Stephen Jay Gould의 말이다.

> 생물학적 결정론은 언제나 현존하는 사회적 제도 및 상태가 생물학적으로 필연적인 것이라고 옹호하는 데 이용되어왔다. (…) 이는 19세기 제국주의에서 오늘날 성차별주의까지 똑같다.[36]

사회생물학은 암묵적으로 인종주의의 요소를 잔뜩 담고 있으며, 윌슨이 세상을 떠난 이후 좀 더 노골적인 인종주의 생물학과의 연계성이 발견되었다. 여성주의 비판자들은 사회생물학자들이 오늘날의 젠더 역할을 선사시대로 투사하여 그러한 역할 분담이 불가피한 것임을 시사하는 데 분개한다. 윌슨은 비판자들에게 자신은 생물학적 결정론자가 아니라고 대응했다. 인간의 잠재적 행동은 문화에 따라 다양할 수 있으며, 세습되는 형질은 그저 거기에 일정한 제한을 가할 뿐이라는 것이다. 하지만 그가 내놓는 문화적 변이의 예라는 것을 보면 한숨만 나온다. 남성은 유전자의 본성상 최대한 많은 숫자의 여성과 짝을 지으려는 경향이 있지만, 문화에 따라 이는 결혼을 하고 나서 정부들을 두는 것으로, 한 여성과의 결혼을 여러 번 되풀이하는 것으로, 일부다처제로 등등 다른 형태를 띤다는 것이다. 그런데 여성은 어떤 문화적 변이에서도 언제나 한 사람의 남자만을 두고 가정에 머물면서 DNA를 돌보는 역할을 한다고 가정한다. 이러한 정식화에 충격을 받는 이들이 있다면, "유기체는 오로지 더 많은 DNA를 만들고자 하는 DNA의 방법일 뿐"이라는 말이 "암탉은 오로지 또 다른 달걀을 만들고자 하는 달걀의 방법일 뿐"이라는 사무엘 버틀러의 말을 살짝 바꾼 것임을 생각해야 한다.

일부 사회생물학자들은 자기들 분야의 연구를 "통속 사회생물학"과 구별하고자 주의를 기울이기도 하지만, 철학자 필립 키처Philip Kicher는 그러한 구별에 대해 "대중들 사이에서 이해되는 바가 바로 실제 행동이 벌어지는 장"이라고 말한다.[37] 그렇게 대중화된 모습이 바로 문화 전반으로 침투하는 버전임은 물론이다. 키처는 계속해서 말한다. 통속 사회생물학은 계급 구조가 사회적으로 불가피하며, 낯선 이에 대한 공격 충동은 우리 진화 유산의 일부이고, 양성 간 차이 중 진정한 평등을 꿈꾸는 여성의 희망에 사망 선고를 내리는 것들은 절대로 없앨 수 없다는 등의 생각을 더욱 강화시킨다.[38]

1980년대 중반에 이르러 모종의 합의가 출현한다. 사회생물학은 증거로 뒷받침되지 않으며, 게다가 반동적이기까지 하다는 것이었다. 사회생물학자들은 자신은 그저 현실적으로 보자는 것인데, 비판자들이 감정적이라고 항의했다. 하지만 여러 비판이 너무나 광범위하게 쏟아졌으므로, 그 결과 인간 행동의 연구와 관련하여 '사회생물학'이라는 이름을 달고자 하는 이들은 거의 다 사라지게 된다. 그런데 21세기로 넘어오는 시점에 사회생물학은 약간 불쾌감이 덜한 형태의 다른 이름을 달고 또다시 나타났다(이러한 타이밍은 결코 우연이 아니었다는 점을 기억하라). 진화심리학자들은 자신이 사회생물학에 빚을 졌음은 인정하지만, 새로운 연구 분야는 심리학적 범주를 추가함으로써 인간의 행동을 설명하는 데 더 적합하게 변형된 것이라고 주장한다. 이러한 수정 덕분에 생물학적 환원론이라는 공격에 대해 한 겹의 방패를 얻었지만, 사실상 아무런 차이가 없는 구별에 불과하다. 키처는 진화심리학을 "무화과 나뭇잎으로 치부만 살짝 가린 통속 사회생물학"[39]이라고 부른다. 가장 중요한 것은, 양쪽 모두에서 선택의 메커니즘이 근본적으로 이기적인 것이라는 주장은 변하지 않았다는 점이다.

> 진화생물학은 아주 분명하게 말한다. '그게 나에게 무슨 이익이 되지?'라는 질문이 태곳적부터 모든 생명체의 존재 형태였으며, 여기에서 호모 사피엔스 또한 예외가 될 이유가 없다는 것이다.[40]

다른 철학자들도 주목한 바 있듯이, 진화심리학자들은 "이기적"이라는 단어의 여러 다른 활용법 사이를 슬며시 오가는 관행을 가지고 있다. 때로는 우리가 일상 대화에서 쓰는 것과 똑같은 의미를 함축하기도 한다. 리처드 도킨스의 베스트셀러 《이기적 유전자》는 다음과 같이 시작한다.

> 이 책의 주장은 우리와 다른 모든 동물이 우리 유전자가 창조해낸 기계라는 것이다. 시카고를 장악하는 데 성공한 조직폭력 집단과 마찬가지로 우리 유전자도 지극히 경쟁적인 세계에서 때로는 수백만 년에 걸쳐 살아남았다. (…) 나는 성공을 거둔 유전자에서 기대할 수 있는 지배적인 성질은 바로 무자비한 이기심이라고 주장할 것이다. 하지만 제한적 형태의 이타주의를 육성함으로써 유전자가 자신의 이기적 목적을 달성할 수 있는 특수한 환경도 존재한다.

시카고 조직폭력배를 언급하고 또 '무자비한'과 같은 단어를 사용하니, 마주치고 싶지 않은 인간들의 못된 행동이 연상된다. 하지만 도킨스 등은 비판을 받자 자신들이 사용하는 '이기적'은 일반적으로 쓰이는 통속적 의미가 아니라고 응수했다. 유전자가 무슨 동기 따위를 갖는 것처럼 말하는 것 자체가 어불성설이라는 것이다. 나중에 도킨스는 그저 은유로만 사용할 뿐이라고 말하기도 했다. 자신들은 유전자의 복잡하고 추상적인 성질을 묘사하는 것이며, 그 성질이란 다음 여러 세대에 걸쳐 자신의 유전자를 최대한으로 나타내고자 하는 경향이라고 말한다. 그러나 이들이 실제로 '이기적' 등의 어휘를 사용하는 예를 보면 기술적 의미와 일상적 대화에서의 의미 사이를 마구 오가는 일이 반복해서 나타난다. 여기에는 진화심리학자들이 '이기적'이라는 말로 의도하는 바가 우리가 생각하는 의미와 정확히 똑같다는 것을 강하게 시사하는 설명이 따라붙는다.

그 결과 진화심리학자들 또한 그들을 낳은 사회생물학자들처럼 이른바 이타심의 문제에 부딪히게 된다. 권력과 자기보존의 투쟁을 그럴듯하게 치장한 예를 역사를 뒤져 무수히 찾아낼 수 있다고 해도, 자기들 생명까지 희생해가며 벌거벗은 자기이익과 반대되는 일을 행한 사람들의 예 또한 무수히 찾아낼 수 있기 때문이다. 철학자 메리 미드글리Mary Midgley는 이기심이 보편적이라는 주장은 모순을 담고 있다고 주장한다. "만약 남들을 배려하는 것이 정말로 불가능했다면, 그런 마음을 갖지 못한 상태를 가리키는 단어 자체가 애초에 생겨나지도 않았을 것이다."[41] 이러한 예는 진화심리학 이론에 심각한

타격을 주지만, 진화심리학자들은 이조차 자기들 도식에 끼워 맞추기 위해 아주 열심히 노력한다. 윌슨은 이 원리를 명쾌하게 말한다.

> 이타주의란 궁극적으로 이기적이다. '이타주의자'는 사회가 자기 혹은 가까운 친족에게 보답할 것을 기대한다. 그의 선한 행동은 계산된 것이며, 전적으로 의식적인 방식으로 이루어질 때가 많다. (…) 그 심리적 도구는 거짓말, 위선, 기만 등이며, 심지어 자기기만도 들어간다. 행위자 본인이 자신의 행위가 진심이라고 믿을 때 가장 큰 설득력을 발휘하기 때문이다.[42]

윌슨의 일반적 주장을 스티븐 핑커는 훨씬 더 확장한다.

> 공동체는 사람들로 하여금 보상의 기대가 없어도 희생을 감수하도록 촉구하는 아주 다른 감정을 자아내지만, 그 뿌리는 정실주의적 이타주의 즉 우리 친족에게 느끼는 공감과 연대에 있을 수 있다. 어떤 유기체로 하여금 친족을 돕도록 재촉하는 모든 유전자는 그 친족 안에도 복제되어 들어앉아 있기에 계속 진화해왔다. (…) 때때로 사람들이 자기 벗을 사랑하는 것이 (진화적 의미에서) 이익이 되기도 한다. 왜냐하면 함께 아이를 기르는 배우자처럼 그 동반자들과 이익이 하나로 얽혀 있기 때문이다. (…) 물론 때로는 전혀 이익이 되지 않기도 하지만, 사람들의

친족 감지기kinship-detector가 형제애니 조국이니 하는 친족 메타포와 같은 전술에 속아 넘어가서 집단의 동료들을 **마치** 친족처럼 다루게 되는 것이다.[43]

그렇다면 우리가 좋은 성격을 발전시키는 데 신경을 쓰는 이유는 무엇인가. 진화심리학자들은 대답할 것이다. **우리가 옛날 작은 촌락에 살 적에는 좋은 행동을 하면 사람들의 주목을 받아 기억되었으므로, 자기 파이를 떼어 남에게 주면 언젠가 파이 한 조각이 내게 돌아올 것이라고 확신할 수 있었다.** 노름판에서 판돈을 어느 한쪽에 다 거는 것은 위험한 일이기에 여러 쪽에 나누어 걸 필요도 있는 셈이다. 이것이 사람들 사이에 나눔이라는 행위를 추동하는 욕망이라는 것이다. 아주 설득력이 있는 설명 같지만, 그렇다면 우리가 지구 반대쪽의 런던이나 베이징에 있는 사람들에게까지 신경을 쓰는 이유는 무엇일까? **작은 마을의 삶에 적응한 행동이 더 큰 마을의 삶으로도 이어져왔기 때문이다. 더는 즉각적인 이익이 돌아오지 않게 되었지만, 자동으로 지속되었다는 것이다.** 이렇게 되면 이 이론은 어떤 문제도 다 설명할 수 있다. 그건 수렵 채집 시대에 조상들의 이기적인 이해관계 때문에 생겨난 것이지만, 이제는 그 이해관계에 복무하지 않게 되었다고 말하면 그만이다. 이것은 믿음에 기초한 억측이다. 이러한 설명의 확장이 끝없이 이어지면 마침내 인간이 어떤 원칙을 위해 기꺼이 목숨을 내놓는 역사적 사례도 설명할 수 있게 된다. 왜 충실한 다윈주의자들이 그런 짓을 한단 말인가?

비록 자신들의 목숨을 잃는다고 해도 친족의 재생산 성공을 극대화할 수 있기 때문이라는 것이다. 그러면 조국을 위해 목숨을 던지는 병사들은? **아주 옛날에는 나라가 곧 친족이었다.** 그러면 그보다 더 추상적인 무언가를 위해 목숨을 던지는 사람들은? 이타적인 행위라는 게 철저히 위장한 자기이익일 뿐이라고 이미 확신하고 있다면, 옛날에는 그것이 **자기이익에 복무하는 것이었을 수** 있으며 오늘날에는 그저 그 관성이 남아서 계속 작동하는 것뿐이라고 주장하는 방법을 찾아낼 수 있을 것이다. 이거 다윈이 한 말인데, 다윈을 거부하시는 거예요? 혹시 종교 근본주의자 이런 건 아니시겠죠?

진화심리학자들은 자신의 관점에 반대하는 주장은 곧 과학 자체에 반대하는 것이라고 넌지시 암시할 때가 많다. 이들은 자신의 비판자들이 몰래 창조론을 믿는 자들까지는 아니더라도 향수에 젖은 감상주의자라고 암시한다. 이타주의와 같은 도덕적 가치가 그 창조주와 함께 죽어버렸다는 니체의 관점을 받아들이지 못한다는 것이다. 미드글리에 따르면, 이러한 수사학적 어조는

> (유전자의) 힘에 대한 경외심에서 시작하여, 인생에서 소중히 살펴야 할 다른 요소도 있다고 믿는 사람들에 대한 경멸까지 다양하게 나타난다. 악이라고 해도 불가피한 것으로 입증된 이상 체념하자는 정도의 운명론이 아니다. 모든 인간의 노력에 대해 전반적으로 경멸을 표하는 강력한 운명론이다.[44]

그리고 키처의 결론대로, 위장된 생각은 오랜 역사를 가졌다.

> 통속 사회생물학이 인간의 이타주의를 다루는 방식을 자세히 검토해보면, 이는 생물학이나 다른 어떤 과학에서도 근거를 찾을 수 없어 쓸모없게 된 홉스식 억측으로 해체된다는 것을 알 수 있다.[45]

이렇게 생각하는 것은 결코 키처뿐이 아니다. 특히 프리드리히 엥겔스, 리처드 르원틴Richard Lewontin, 도나 해러웨이Donna Haraway 등은 홉스식 '만인에 대한 만인의 투쟁' 개념이 거의 모든 진화 이론의 밑바닥에 들어앉아 있음에 주목했다. 핑커 자신도 "홉스도 루소도 문명 이전 인류의 삶에 대해서는 전혀 알지 못했다"고 말하면서도 그 바로 뒤에는 "폭력과 그 원인에 대한 홉스의 분석은 오늘날에도 똑같이 유효하다"고 말한 바 있다.[46] 밀람이 보여주었듯이, 사회생물학의 출발점은 킬러 유인원 이론이 주장해온 공격의 편재성 개념이었다. 이러한 억측은 홉스의 저작에서 발견되지만, 그보다 훨씬 이전에도 나온다. 왜냐하면 자연 상태에서의 삶이란 "고독하고, 가난하고, 고약하고, 짐승 같고, 수명이 짧았다"고 말했던 철학자 홉스는 트라시마코스가 근대 초기에 다시 환생한 인물이었기 때문이다. 미드글리가 말했듯이,

> 그 근저에 있는 도덕적·심리적 왜곡은 사실 (다윈을 스펜서가 곡해했던 이래로) 변한 것이 없다. 이러한 수사학이 보여주는 세계상이란, 자유 기업 자본주의가 요란하게 팽창하던 시절에 이를 영광스럽게 찬양하던 이들이 인간 본성과 생명 영역 모두에 그러한 자본주의의 이미지를 씌워 펼쳐냈던 조악한 세계상과 여전히 똑같다. 당대의 문화 단계에 특징적으로 나타나는 인간 본성의 결함들을 놓고 보편적이며 불가피한 것으로 다루어 정당화하는 것이 그 당시의 방법이었던 바, 이는 오늘날에도 똑같은 방식으로 이용되고 있다.[47]

그의 결론은 이러하다. "요컨대, 이렇게 해서 숭배받는 신은 바로 권력이다."

분명히 짚고 넘어갈 것이 있다. 다윈은 인간이 우리의 진화 사촌들과 함께 유인원이라는 공통의 조상에서 나왔음을 보여주었을 뿐, 그의 저작 어디에도 인간 행동을 원숭이들의 재생산 전략으로 이해할 수 있다는 주장을 지지하는 내용은 나오지 않는다. 비록 요즘의 진화심리학자들은 환원론적 주장을 극적으로 내놓는 일은 보통 피하고 있지만, 그들의 여러 관점을 합쳐보면 그러한 관점이 강하게 암시되고 있다. 가장 열성적인 진화론자라고 해도 우리 인간의 재생산 전략과 침팬지의 재생산 전략 사이에 상당한 차이가 있음을 부인하지 않는다. 사랑하는 이를 위해 소네트를 작곡하는 것은 자기가슴팍을 쿵쾅거리거나 작은 고기 한 조각을 내놓는 것과는 분명히 다른 행동이다. 하지만 진화심리학자들의 논의는 인간 활동에서 나온 추가적 가치가 그저 표면적인 것에 불과하다는 입장을 보인다. 우리의 **진짜** 본질은 가슴팍을 쿵쾅거리는 원숭이이며, 소네트니 교향곡이니 하는 것은 그저 그 위에 덮인 포장지일 뿐이라는 것이다. 자연과 문화의 관계에서, 무조건 자연이 갑이라는 것이다.

당신이 이러한 관점을 가장 전투적으로 지지하는 이들의 의견에 동의한다고 하자. 그래, 해부학은 운명이며, 생물학이 으뜸이고, 그다음에 나온 것들은 모조리 부차적인 것일 뿐이다. 그런데 그렇게 한다고 해도, 영장류학자 프란스 드 발Frans de Waal이 말한 껍데기 이론Veneer Theory, 즉 "우리의 일부는 자연이고, 일부는 문화이며, 잘 통합된 전체가 아니다. 인간의 도덕이란 얇게 덮인 껍질일 뿐이며 그 밑에서는 반사회적이고, 초도덕적이며, 이기적인 정념이 부글부글 끓고 있다"라는 주장까지 신봉할 이유는 없다. 이 **껍데기**라는 말은, 자연적인 모든 것을 우리 자신을 재생산하고자 하는 생물학적으로 결정된 충동이라고 주장하는 여러 관점을 비판하기 위해 드 발이 선택한 어휘로서 훌륭한 선택이라 하겠다. 문화란 그러한 현실을 둘러대는 한편 더 극단적인 것으로 만들어버리는, 빤히 들여다보이는 얄팍한 시도일 뿐이라는 것이다.

이러한 관점에 대해서는 우리의 가장 가까운 친족인 유인원을 연구하며 일생을 바친 수많은 영장류학자들이 아주 설득력 있는 의문을 제기한 바 있다. 그중에서도 철학적으로 가장 광범위한 함의점을 던지는 것이 드 발의 저작이다. 그는 다양한 유인원과 원숭이를 연구한 결과 "우리 인간은 뼛속까지 도덕적 존재"라는 결론에 도달했다. 이 연구가 중요한 이유는 완전히 바닥으로부터 시작하고 있기 때문이다. 이는 설령 문화라는 것이 하찮은 것이며(혹은 진화로 볼 때 최근에 나타난 것이며) 인간 본성에 본질적인 것 대부분은 짐승과 같다는 생각을 받아들인다 하더라도 우리 인간은 생각보다 훨씬 더 나은 존재라는 것을 보여준다. 다른 이들의 고통에 우리가 감정적으로 반응하는 형태는 원숭이와 공통적인 것으로, 인간의 도덕성이라는 복잡한 구조물 또한 이를 벽돌로 삼아 쌓아 올려진다. 드 발과 다른 이들이 보여준 바 있듯이 유인원도 도덕적 발전의 가장 기초가 되는 능력, 즉 다른 이들의 입장에 서서 바라보는 능력을 지니고 있다. 동정이라는 감정, 감사할 줄 아는 능력, 정의에 대한 감각 등은 모두 거기에서 시작된다.

다윈이 살았던 시대에는 인간의 동기에 대한 논의가 우리 시대와는 비교도 할 수 없을 만큼 풍부했다. 도스토옙스키나 엘리엇을 읽었다면, '인간을 움직이는 것이 무엇인가'라는 질문에 대해, 혹은 자기이익과 다른 동기가 흥미롭게 얽히고설키면서 우리의 크고 작은 행동에서 슬쩍 나타나는 현상에 대해, 19세기 사람들이 철이 없었다고는 생각하지 않을 것이다. 상당히 최근까지만 해도 인간을 움직이는 여러 동기는 **혼합물**이라고 여겨졌다는 것이 오늘날과의 차이점이다. 사람들이 상대적으로 협소한 형태의 안녕을 확보하고픈 소망뿐만 아니라, 일정한 규범과 표준에 따라 행동하고자 하는 소망으로도 움직인다는 것을 예전에는 자명한 사실로 보았다. "그는 그게 옳은 일이기 때문에 그렇게 했다"고 말하면 그 자체로 설명이 된다고 여겼다. 물론 그게 정말로 이유였는지는 언제나 의문의 여지가 있었지만. 20세기 말이 되면서 그러한 언명은 더는 설명으로 간주되지 않았고, 실제 추동력으로서 모종의 자기이익이라는 것을 벗겨낼 때까지 그 행동을 해체할 것을 요구하게 되었다. 그런데 이러한 생각이 자연적인 것처럼 보이게 만드는 데 일조한 사상가 중 누구도 자신의 전제에 대해 역사적 관점에서 질문을 던진 바가 없다. 이러한 전제야말로 20세기에 만들어진 개념적 틀의 일부가 아닐까? 인간의 행동을 진짜로 설명하기 위해서는 거창한 이상주의적 묘사를 뚫고 들어가 그 바닥에서 실제로 우리를 추동하는 자기이익의 바퀴에까지 내려가야만 한다는 생각, 이 생각 자체가 일종의 이데올로기가 아닐까? 단지 그 이데올로기의 역사가 아직 쓰이지 않은 것뿐 아닐까?

그런데 이 이야기가 워크와 무슨 관계가 있는가?

진화심리학은 좌파가 만들어낸 것이라고 말하기 어렵다. 이는 생겨날 때부터 좌파로부터 소나기와 같은 비판이 쏟아지게 한 이론이었다. 그로부터 몇 년 후 이름만 살짝 바꾸고 나서는 인간의 행동에 대해 기본으로 받아들여야 할 가정을 내놓았고, 대부분의 사람들이 또 이를 정치적 입장과 무관하게 받아들이기에 이르렀다. 하지만 이러한 가정은 피도 눈물도 없는 부족주의에 입각해 있다. 너 자신의 것을 지키라는 말은 이제 더는 이론이나 조언 정도가 아니라 모든 이의 유전자에 각인되고 봉인된 원리라고 한다. 이러한 가정은 지금 너무나 널리 퍼져 있어서 뉴스나 문화 매체 등에 매일 등장하지만, 우리는 거의 의식하지도 못할 지경이 되었다. 진화심리학은 철학자들의 저작과는 달리 콧대 높은 과학적 객관성의 분위기를 물씬 풍기면서 억측에 불과한 이야기를 마치 과학처럼 보이게 한다. 세상의 문화는 갈수록 트라시마코스로 되돌아가는 흐름이 거세지고 있으며 진화심리학은 그러한 문화적 흐름을 과학으로 뒷받침하는 역할을 맡고 있다.

워크 또한 우리와 마찬가지로 현대 문화의 압력에 침윤당한다. 무언가가 마치 경성 과학인 것처럼 반복해서 소개되는 경우, 의문을 품는 법이 거의 없다. 특히 진화심리학에 대한 회의론은 기독교인들처럼 진화론 자체가 거짓이라고 생각하는 우파 창조론자들의 관점과 상당히 교묘하게 동치되고 있는 것이 지금의 실정이다. 힌두교 근본주의자들도 마찬가지다.

그러나 좀 더 비판적인 태도를 견지하는 좌파라면, 진화심리학이라는 이데올로기가 철저하게 무너졌던 사회생물학의 잔재에서 다시 피어나 왜 하필 냉전이 끝나는 시점에서 하나의 합의로 급성장하게 되었는지를 물어야 할 것이다. 인간 본성을 끝없는 경쟁의 순환고리에 묶인 것으로 보는 관점은, 마가렛 대처의 말을 빌리자면 신자유주의처럼 **아무런 대안도 없다**고 선언하는 세상이 꼭 필요로 하는 것이다. 음모 이론가가 아니라고 해도 다음과 같은 질문을 던지지 않을 수 없다. 이타주의를 하나의 문제라고 보는 세계관으로 단결하자는 외침이 터져 나오던 시점과 너무 잘 맞아떨어지지 않는가? 물론 워크 신봉자들도 신자유주의에 반대한다. 하지만 그들 또한 너무나 비슷한 전제들을 깔고 있는 이론에 깊은 영향을 받았는지라, 신자유주의를 암묵적으로 떠받치고 있는 이른바 "과학"에 문제를 제기하지 못한다. 인간 세상의 만사만물에 권력이 속속들이 침투해 있다는 철학적 설명을 받아들인다면, 진화심리학이라고 거부할 이유가 있겠는가? 과학 저널리스트 로버트 라이트Robert Wright가 2004년에 쓴 글이다.

> 이러한 다윈주의 상표를 단 냉소주의가 나왔지만, 갈수록 커지고 있는 문화적 허공이 꼭 채워지는 것은 전혀 아니다. 이미 다양한 전위적 학자들—해체주의 문학 이론가와 인류학자, 비판적 법 이론 신봉자—은 인간의 의사소통을 "권력 담론"으로 보고 있다. 그리고 이미 많은 이들은 인간사 전체가 (혹은 최소한 대부분이) 인위적으로 꾸며져 자기 잇속만 차리는 이미지 조작이라고 믿고 있다.[48]

이러한 사상이 이데올로기가 아닌 (인간) 본성에 대한

냉정한 객관적 사실로 제시되고 있다. 계몽주의 사상가들은 현재의 세상이 권력의 운전대를 쥔 자들이 강변하듯이 그렇게 자연적인 것인지 의문을 제기하고자 자신의 이성을 활용했다. 우리도 똑같이 할 수 없을까? 진화심리학과 그것이 지지하는 세계관은 인간의 모든 행동이 자기이익에 지배당한다는 것이다. 하지만 이는 여러 분야의 전문가들이 수십 년에 걸친 공들인 작업을 통해 무너뜨린 주장이다. 한마디로 인간의 행동 대부분은 이러한 모델로 결코 설명할 수 없다(인간만이 아니라 유인원도 코끼리도 그리고 일부 연구에 따르면 심지어 쥐들조차도 설명할 수가 없다). 불행하게도 이 모델은 너무나 퍼져 있으므로 이렇듯 세심한 논의를 통해 거짓을 밝힌다 해도 사람들의 주목을 받지 못할 때가 많다. 그러나 과학과 학문적 연구의 도움이 없어도, 조금만 스스로 성찰해보아도 우리가 **언제나** 현재의 지배 이데올로기가 이끄는 대로 행동하는 것은 아니라는 점을 확신할 수 있다. 우리는 권력을 유지하는 것뿐만 아니라 진리를 내세우고 공정하게 행동하는 것도 중요하게 여기며, 다른 사람들을 위해 행동할 때도 많다. 우리의 (혹은 우리 이미지의) 복제품을 최대한 많이 재생산하려는 충동으로 움직이는 경우는 거의 없다.

그러나 여기에 아주 눈에 띄는 예외가 있으니, 바로 도널드 트럼프이다. 그는 진화심리학에서 인간 행동의 진정한 추동력이라고 우리에게 설교했던 여러 동기를 한순간도 쉬지 않고 이리저리 조합하여 보여주는, 다른 어떤 인간들과도 다른 별종이다. 게다가 그 밖의 다른 동기는 아무것도 이해하지 못하는 것으로 보인다. 그는 다른 사람들이 이런저런 규범에 따라 행동한다는 점은 인정하지만(그러면서 이들을 실패자라고 여긴다), 사람들이 어째서 자기이익을 억누르면서까지 그런 규범을 준수하는지는 전혀 알지 못한다(이 점은 우리 세계에 행운이 되었다. 사람이 자기 목숨을 희생할 때도 있다는 사실을 트럼프는 이해하지 못하기에 군부의 격노를 불러일으켰거니와, 그러지 않았더라면 2021년 1월 6일에 있었던 쿠데타를 군부가 지지할 수도 있을 뻔했다. 군인들이 필요할 때는 목숨을 바치기도 한다는 윤리적 풍토를 트럼프가 전혀 파악하지 못한 덕에 군인 전체의 지지를 확보하지 못했던 것이다).[49] 그는 국제 무대에서도 리처드 도킨스의 무자비한 유전자처럼 행동하며, 이를 두고 무수한 추종자들은 트럼프야말로 진짜라고 경탄하면서 그를 따른다. 에이브러햄 링컨의 연설에 나오는 표현을 써서 미안하지만, 트럼프는 '우리 인간 본성의 최악의 악마들'에 따라 행동할 수 있는 면허증을 가진 존재로 기능한다. 그를 혐오하는 수많은 이들조차 입을 다물지 못하고 그에게서 시선을 뗄 수 없게 되는 이유는 그가 너무나 독특한 존재이기 때문이다. 인간이 저렇게나 다른 사람들과 다르게 행동할 수 있다는 것을 관찰하는 일은 보면 볼수록 놀라운 경험이다. 조지 W. 부시는 입으로나마 미덕을 칭송하는 위선이라도 떨 줄 아는 인물이 아니었던가. 그래서 부시가 전쟁 범죄자이며 감옥에 가야 한다고 믿었던 이들조차도,

트럼프를 보면 이따금 차라리 그때가 그립다는 향수에 빠질 지경이 되는 것은 당연하다.

트럼프 같은 인물은 인간은 모두 자기이익에 따라 움직이는 존재라는 권력 패러다임을 논리적으로 반박할 때 귀류법의 반증이 될 수 있지 않겠는가? 만약 그런 모델이 진정 보편적으로 지배하는 세상이라면 모두가 도널드 트럼프처럼 행동하는 세상일 터이니 말이다.

4장

진보와 파멸

LEFT
≠
WOKE

한 세대 전만 해도 스스로 좌파라고 불렀을 이들이 이제는 대부분 스스로를 진보라고 칭한다. 이는 우연이 아니다. 두려움 때문이다. 냉전의 여러 잔재가 아직 충분히 조사되지 않았으며, 완전히 폐기된 것은 더욱 아니다. 이 상황에서 '좌파'라고 하면 '사회주의자'와 너무 가깝게 들리고, '사회주의자'는 또 동유럽에 있었던 국가사회주의와 너무 가깝게 들리기 때문에 불편하다. 그런데 이러한 두려움이 아니더라도 '진보'라는 말로 옮겨간 것은 합리적이라고 볼 수 있다. 어차피 좌파라는 말도 1789년 프랑스 의회에서 의원들이 왼쪽이나 오른쪽으로 자리를 몰려서 앉다가 우연히 생겨난 이름이니까. 게다가 좌파와 우파의 여러 차이 중에서도 진보가 가능하다는 사상만큼 크고 깊은 차이도 없다. 이는 전통적인 보수 사상에서는 찾아볼 수 없는 생각이다. 그들은 역사를 기껏해야 머물러 있거나 순환적인 것으로 보며, 아주 나쁜 경우에는 신화 속 황금시대로부터 천천히 쇠퇴해가는 슬픈 이야기로 바라보기 때문이다. 이러한 관점에서 보면, 제한적인 개선은 어느 정도 달성할 수 있을지 몰라도 진정으로 더 나은 세상은 오로지 저승에서나 찾을 수 있는 것이라고 여겨진다.

여기서 진보란 아렌트가 "갈수록 더 많이, 갈수록 더 크게를 향한 무자비한 과정"이라고 불렀던 기술의 진보를 말하는 것이 아니다.[1] 좌파의 입장에 선다는 것은 사람들이 힘을 합쳐 자신과 남들의 삶을 현실에서 획기적으로 개선할 수 있다는 생각을 지지한다는 것을 말한다. 이는 진보가 불가피하고 필연적이라는 생각으로 왜곡되고 희화화될 때도 많았다. 헤겔의 저작을 보면 이러한 주장을 내놓는 구절이 많이 발견되지만, 실제 역사는 이를 전혀 확인해주지 않는다. 하지만 진보가 보장된 것이라는 생각을 부정하는 것이 그것의 가능성까지 부정하는 것은 아니다. 사람들이 힘을 합쳐 일구어내는 자유로운 행동에 따라 진보가 실현될 가능성은 얼마든지 열려 있다고 생각할 수 있다. 이러한 의미에서 진보가 가능하다면 퇴보 또한 얼마든지 가능한 일이며, 역사에서는 두 가지가 모두 나타난 바 있다. 진보의 전망을 포기한다면, 정치는 그저 권력 투쟁일 뿐 그 밖의 아무것도 아니게 된다.

그런데 어쩌다가 미셸 푸코가 워크 좌파의 대부가 되어버린 것일까? 그의 스타일은 분명히 급진적이지만, 그의 메시지는 에드먼드 버크Edmund Burke나 드 메스트르가 남긴 어떤 글보다 더 반동적이다. 사실 푸코의 비전은 이들보다 더욱 음울하다. 예전의 보수주의 사상가들은 좋든 나쁘든 사회가 줄곧 지켜온 전통이라는 것이 있으므로, 거기에 혁명가들이 이의를 제기하면 완전히 아수라장이 될 것이라고 경고하는 정도에 그쳤다. 가장 노골적인 예는, 역사가 영원한 쇠퇴의 나락으로 접어들게 된 것은 17세기에 국가가 주님을 버렸기 때문이라고 말한 카를 슈미트였다. 푸코의 경고는 더욱 음험하다. 우리가 좀 더 사람답고 좀 더 해방적이며 좀 더 인간의 존엄을 존중하는 방향으로, 그러니까 좌파가 생각하는 모든 목적의 방향으로 진보해왔다고 생각하는가? 아무 제도나 골라잡아 그 역사를 살펴보라. 진보를 향한 것처럼 보이는 조치도 결국에는 더욱 사악한 형태의 억압으로 판명되었다. 그 모든 것은 국가가 우리 삶에 대해 지배력을 확장하는 방식일 뿐이다. 앞으로 나아가는 모든 발자국이 더욱 완벽한 속박으로 나아가는 좀 더 교묘하고 강력한 조치가 된다는 것을 알고 나면, 진보란 허상이라는 결론을 내릴 가능성이 높다는 것이다. 푸코 자신이 얼마나 이렇게 믿었는지는 열려 있는 질문이지만, 그의 저작에서 도출되는 관점이 이러함은 분명하다.

진보에 대한 희망을 꺾어버리고자 한다는 목적에서 보면, 계몽주의 운동이 최초로 시작하여 가장 큰 성공을 거둔 요구 중 하나인 고문 폐지를 푸코가 타깃으로 삼았던 것은 참으로 신의 한 수라 아니할 수 없다. 진보적 요구 대부분이 그러하듯, 고문의 폐지라는 요구도 결코 완전히 실현되지 못했다. 조지 W. 부시 대통령은 관타나모 수용소에 고문을 다시 도입하였고, 오늘날 세계 곳곳에서 정도는 달라도 상당히 공공연하게 행해지고 있다. 굳은 결의에

찬 사람들이 힘을 합치면 진보가 가능하지만, 그 반대로 퇴보도 가능하다. 그럼에도 불구하고 창자를 뽑고 몸을 네 조각으로 자르기, 형틀에 묶어놓고 뼈 부수기, 산 채로 태워 죽이기 등의 표준적인 관행이 이제는 야만적이라는 이유로 금지되었다. 이러한 조치가 얼마나 혁명적이었는지를 이해하려면, 볼테르와 디드로처럼 당대 사법 시스템의 여러 성질에 격분했던 이들조차도 고문에 대해 분노하는 데에는 상당한 시간이 걸렸음을 기억해야 한다. 고문은 그토록 처벌 관행으로 확고했기에 이들조차 이것이 야만임을 빨리 깨닫지 못했던 것이다. 이렇듯 급진적 개혁가들조차 광장에서 형틀에 사람을 묶고 뼈를 분지르는 일이 정당한지를 놓고 주저했던 세상은 이제 분명히 사라졌다. 미국에도 사형 자체를 반대하는 주장이 있지만, 이는 사형 제도 자체에 대한 온당한 다툼이 아니라 약물 주사라는 현행의 집행 방식이 너무 고통이 심하다는 점에 근거하고 있다.

클리포드 기어츠는《감시와 처벌》을 푸코의 가장 강력한 저작이라고 부른 바 있으며, 대학 학부생들 교재로 가장 많이 쓰이는 책 중 하나이다. 이 책은 1757년 루이 15세를 암살하려다 실패한 로베르 다미앵Robert Damiens이 고문으로 서서히 죽음을 맞이한 모습을 끔찍하게 묘사하며 서두를 연다. 묘사는 몇 페이지에 걸쳐 계속된다. 횡설수설한 논리가 뒤따르지만, 이 끔찍한 이야기가 워낙 강렬하게 뇌리에 남아 있으므로 독자들은 그런 푸코의 논리는 기억도 못 하게 된다. 아메리가 말한 바 있듯이, 푸코는 자신의 주장을 논리적으로 전개하지 않는다. 그는 사람들을 최면 상태에 빠뜨린다. 그리고 고대 그리스 저술가들도 이미 지적한 바 있듯이, 우리는 폭력적인 광경을 보면서 구역질을 느끼는 동시에 또한 매료되기도 쉽다.《감시와 처벌》을 다 읽고 나면 우리는 논리고 뭐고 여하튼 여섯 마리의 말과 사형집행인의 장검으로 살아 있는 인간 신체를 광장에서 조각내버리던 시스템보다 근대적 형태의 감옥이 더 끔찍한 것이라는 확신에 쉽게 빠지게 된다.

그런데 정말로 더 끔찍한가? 문제가 그렇게 간단한가? 사실의 서술과 규범적 주장의 차이를 얼버무리는 이들은 이전에도 많았지만, 비판적 이론가를 자처하는 무리 속에서 이를 일반적 관행으로 만들어내는 데 일조한 것이 바로 푸코이다. 마사 누스바움Martha Nussbaum은 주디스 버틀러에 대해 쓴 선견지명의 서평에서 다음과 같이 말한 바 있다.

> 푸코와 마찬가지로 버틀러 또한 인간의 존엄이라든가 인간을 목적으로 취급한다든가 하는 규범적 개념에 대해 반대의 입장을 단호히 취하고 있음이 분명하다. 이런 개념이 독재적 성격을 내재적으로 가지고 있다는 이유에서이다. (…) 이렇게 해서 생겨난 빈 공간은 해방적으로 보일 수 있다. 독자는 암묵적으로 이곳에 인간 평등이나 인간 존엄에 대한 모종의 규범적 이론을 채워 넣기 때문이다. 하지만 오해하지 말아야 한다. 푸코의 경우처럼 버틀러에게

있어서도 전복은 전복일 뿐이며, 원리상 이는 어떤 방향으로든 뻗어 나갈 수가 있다.[2]

그가 마지막으로 남긴 에세이 중 하나인 〈계몽주의란 무엇인가〉를 보자. 푸코는 여기에서 규범적 판단을 내리는 것은 "계몽주의의 협박"이라고 서술한다. 즉,

> 계몽주의에 '반대'냐 '찬성'이냐를 분명히 밝히라는 것이다. 이는 심지어 단순하고도 권위주의적인 대안의 형태로 나타날 수 있는 일체의 것을 거부해야 한다는 바로 그러한 의미까지 담고 있다. 결국 우리는 계몽주의를 받아들이고 그 합리주의의 전통에 머물든가(합리주의라는 말을 어떤 이들은 긍정적으로 여기며 다른 이들은 반대로 비난의 어조를 담아 사용한다), 아니면 계몽주의를 비판하고 그 합리성의 원리로부터 단절할 것인지(이 또한 좋은 것으로 혹은 나쁜 것으로 여겨질 수 있다) 둘 중 하나를 선택해야 한다는 것이다. '변증법적' 뉘앙스를 도입하여 계몽주의에 잠재된 좋은 요소와 나쁜 요소가 무엇인지를 판별하려 든다고 해도 이러한 협박에서 자유로워지는 것은 아니다.[3]

그렇다면 우리는 정확히 무엇을 어떻게 해야 한다는 것인가? 위의 인용문에서 '반대'와 '찬성'에 냉소의 표시로 따옴표를 붙인 것을 보면, 푸코는 이런 천박한 질문을 던지는 것 자체가 창피한 짓이라고 생각했음을 알 수 있다. 푸코의

저작에서 주장과 논리를 찾아내려 아무리 노력해도 기껏 얻게 되는 것은 경멸의 언사뿐이다. 푸코는 무언가가 더 좋아진 것인지, 더 나빠진 것인지를 판단하는 일이 지적이지 못하며 품위 없는 짓이라고 느끼게 한다. 그런 뻔한 질문을 던지는 것은 머리가 단순한 자들뿐이며, 세련된 사상가들은 이미 오래전에 그만두었다는 식이다. 물론 푸코는 '창자 뽑고 네 조각으로 쪼개기'를 다시 도입하는 것이 **더 낫다**고는 결코 주장하지 않는다. 하지만 18세기에 있었던 감옥 개혁의 목적은 처벌을 줄이는 것이 아니라 더 잘 처벌하는 것이었다고 말하는 것은 분명하다. "인간이 감내할 수 없는 감각적 고통을 통해 처벌하는 기술에서부터, 여러 권리를 보류하는 경제적인 방식의 처벌이 출현한 것이다." 그렇다면 독자는 여기서 대체 무슨 결론을 내려야 한단 말인가?

푸코는 살인자나 심각한 정신 질환을 가진 이들의 삶을 어떻게든 개선할 제안 따위는 말도 꺼내지 않는다. 푸코주의자들에게 해결책이 뭐냐고 다그치면, 그들은 자신의 임무는 역사학의 한 형태인 고고학일 뿐이라고 대답한다. 고고학은 그 어떤 규범적 주장도 극히 꺼리는 분야로 이름 높은 학문이다. 그러나 막상 푸코가 보는 역사의 비전은 규범적 주장을 함축하는 이야기로 가득하다. 보수주의자들과 달리 푸코가 내놓는 역사 이야기는 "옛날에는 황금시대가 있었다"에서 시작하지 않는다. 단지 야수적인 형태의 종속이 좀 더 세련된 형태로 대체되는 것뿐이다.

> 인류는 싸우고 또 싸워서 마침내 법의 지배가 전쟁을 대체하는 보편적 상호성의 상태에 도달하는 식으로 조금씩 진보해온 것이 아니다. 인류는 여러 규칙으로 이루어진 시스템 안에 각각의 폭력 행위를 모조리 장착하였고, 그 폭력 행위는 지배에서 지배로 나아가며 계속되었다.[4]

이런 이야기를 조금만 읽어도 세상을 개선하기 위한 모든 노력은 결국 더 나쁜 결과를 가져올 뿐이라는 결론을 피하기 어렵다. 상식적인 질문을 생각해보자. **로베르 다미앵은 벤담의 원형감옥**Panopticon**에 수감되는 쪽을 선호하지 않았을까?** 하지만 푸코의 사유에서는 이런 질문 또한 규범적인 질문과 마찬가지로 들어설 자리가 없다. 장 아메리는 게슈타포의 손에서 끔찍한 고문을 겪었다. 그가 당한 고문은 다미앵이 당한 것보다는 끔찍함이 훨씬 덜했지만, 그의 선택은 너무나 분명했다.

그는《감시와 처벌》의 서평에서 이렇게 말한다.

> 18세기와 19세기에 있었던 감옥 개선이 더 많은 이윤을 뽑아내려 기를 쓰던 부르주아 자본가들의 욕망의 표현**이기도 했다**는 점을 부인할 사람은 아무도 없다. 당시 기성 권력이 굶어 죽을 지경의 죄수보다는 반쯤 인간적으로 대우받는 죄수가 훨씬 더 노동 잠재력이 높다는 것을 고려**하기도 했다**는 것은 분명하다. 하지만 감옥이 이렇듯 인간화되었던 게 **오로지** 이윤과 생산의 결과물인 것처럼 상황을 묘사하는 것은 정말로 황당한 논점 이탈이다.[5]

아메리의 말은 철든 사람이라면 누구나 마땅히 갖추어야 할 종류의 일상적 지혜를 반영하고 있다. 대부분의 사건은 원인이든 이유이든 한 가지 이상의 것들로 생겨난다. 이는 특히 진보라는 사건에서 적용되는 이야기다. 다른 예를 들어보자. 1960년대 미국에서 인종 분리가 불법화된 것은 케네디 정부의 각료를 비롯한 수많은 미국인이 TV 뉴스에서 백인 경찰이 경찰견과 소방차 호스까지 동원하여 흑인 아동을 공격하는 장면이 방영되는 모습을 보고 도덕적으로 격분했기 때문이었다. 개혁 조치가 공고화되는 것은 이후 존슨 정부 때이지만, 시작은 분명히 케네디 정권에서였다. 그리고 케네디 형제들이 작업을 시작했을 당시 그들은 이미 소련도 미국 TV를 지켜보고 있고 이를 이용하여 미국이 자유의 횃불이라는 주장을 공격한다는 점 또한 의식하고 있었다. 결국 냉전이라는 상황이 개혁 조치를 재촉하는 압력을 제공한 셈이며, 만약 그러한 힘이 없었다면 인종 분리 제도는 훨씬 더 오래 지속되었을 것이다. 이 점을 의식한다면 케네디 형제들의 도덕적 분노를 무한정 찬양하는 일은 좀 자제하게 될 터이다. 하지만 그렇다고 해서 그들의 도덕적 격분을 완전히 무시할 수도 없는 일이다. 그들의 분노가 진짜였다는 역사적 증거는 충분하다. 그리고 설령 그런 증거가 없다고 가정한다 해도, 그게 케네디 형제들이 행동에 나서게 된 동기를 설명하는 데 얼마나 큰 중요성을 갖는가? 모든 시민이 스스로 원하는 장소에서 먹고, 차를 몰고, 공부하고 투표할 수 있는 동등한 권리를 갖는 세상이 그렇지 않은 세상보다 분명히 더 좋은 세상임은 말할 것도 없다. 누군가 아무리 현란하게 변증법의 말장난을 대량으로 풀어놓는다고 해도, 미국 남부에서 인종 분리를 경험한 흑인들이라면 이를 절대로 부인하지 않을 것이다. 오늘날 그러한 권리는 그저 형식적인 것에 불과하며 유색인종의 시민들이 이를 현실적으로 누리지 못하도록 사방에 세워진 장벽에 막혀 좌절을 겪고 있음 또한 현실이다. 이러한 사실에 분노하는가? 나도 분노한다. 하지만 평등한 대접을 받을 형식적 권리라도 있는 세상이 그러한 권리를 처음부터 입법화해야 하는 세상보다는 더 나은 세상이다.

푸코는 의도라는 문제에 전혀 신경을 쓰지 않는다. 주체라는 것 자체가 사라지는 판국이니, 행위자의 문제에 대해 걱정할 필요도 없게 된다. 또한 그는 여러 원인의 문제에도 관심을 두지 않는다. 볼테르처럼 고문을 폐지하려고 싸웠던 이들은 정말로 인간의 고통과 존엄을 걱정하여 그랬던 것인가? 자기들의 운동이 인간의 존엄을 무너뜨릴 또 하나의 모험을 출범시킨 것에 불과하다는 사실을 정말로 눈치채지 못했던 것일까? 아니면 고문을 수감 생활로 대체하자는 운동은 죄수들에 대해 더욱 지속적인 통제를 확립하기 위한 좀 더 의도적인 시도였을까? 푸코는 두 가지 가능성을 다 열어 놓는 바, 어차피 중요한 문제가 아니라고 생각하기 때문이다. 볼테르 같은 이들이 순진했든 아니면 냉소적이었든, 어차피 모든 개혁은 비록 야수성은 덜하지만 결국 효과는 더욱 뛰어난 권력 시스템을 만드는 데 일조하는 것으로 끝나게 마련이라는 것이다. 푸코에게 있어서 감옥은 그저 빙산의 일각일 뿐이다. "감옥은 공장, 학교, 군대의 막사, 병원 등을 닮았고, 이것들은 또 모두 감옥을 닮았다."[6] 이 모든 것은 보통 눈에 보이지 않는 상태로 남아 있는 여러 구조를 통해 계몽주의 이전 세상의 그 어떤 것보다 더 교묘하고 사악한 지배와 통제의 메커니즘을 우리로 하여금 내면화하게 한다는 것이다.

푸코를 너그럽게 다루어 그에게 무죄 추정의 원칙을 적용하고자 하는 이들은 이렇게 주장하기도 한다. 푸코의 저작은 권력이 작동하는 방식을 바꾸어낼 근거를 마련하기 위해 그 방법을 폭로한 것뿐이라고. 계몽주의의 개혁들 이래로 권력은 더욱 교묘하고 익명성을 띠게 되었으며 이 때문에 인식하기도 더 어려워졌다. 눈에 보이는 폭군에게 반란을 일으키기는 쉽지만, 우리도 그 일부로 참여하는 방대한 익명의 구조를 부인하기란 훨씬 더 어려운 일이라는 것이다. 이러한 주장도 일리는 있다. 검열의 역사가 이를 잘 보여준다. 정보가 검열되는 게 분명히 보이는 세상에서는 오히려 그 때문에 대담한 이들로 하여금 정보를 얻기 위해 별짓을 다하도록 만드는 역효과를 낳는다. 하지만 자신이 모든 정보에 접근할 수 있다고 믿는 사회에서는 온갖 정보가 방만한 홍수를 이루는 가운데 모두가 깊은 잠에 빠져들게 될 가능성이 더 높다.

푸코를 이렇듯 관대하게 다루는 주장 앞에서, 루소와 비교하지 않을 수 없다. 루소 또한 초기 계몽주의의 진보에 대한 견해를 비판한 이였으니까. 독학으로 공부한 촌놈 루소는 1750년에 상을 받은 에세이 〈예술과 학문에 대한 논고Discourse on the Arts and Sciences〉를 통해 파리 무대에 등장하는데, 당대의 표준적인 자유주의 관점을 인정사정없이 물어뜯는다. 루소는 예술과 학문이 진보로 가는 부드러운 길을 닦는다고 여기는 자들에 거세게 반대하여, 단지 저자의 허영심만 부추기는 짓일 뿐 오히려 억압적인 권력 구조를 은폐한다는 주장을 내놓는다. 예술과 학문은 "우리를 묶는 쇠사슬 둘레에 화려한 화환을 짜놓는다"는 것이다. 푸코 또한 이렇게 강력한 비판을 환영했을지도 모른다. 그러나 푸코와 달리 루소는 남은 인생 전체를 첫 번째 에세이에서 자신이 제기한 문제에 답하는 데 보냈다. **이 쇠사슬들을 어떻게 부술 것인가?** 이 문제가 얼마나 어려운 것인지를 잘 알았던 루소는 몇 가지 해법을 시도한다. 《사회계약론》에서는 "마땅히 되어야 할 모습의 인간에 대한 법률과 현실에 있는 그대로의 인간에 대한 법률"*을 제안하며, 《에밀》에서는 현실에 있는 그대로의 법률 아래에서 마땅히 되어야 할 모습으로 인간을 교육하는

* 니먼의 인용은 "men as they are and laws as they should be"로 되어 있다(원서 99쪽). 하지만 이 "should"가 사용된 표현의 출처는 알 수가 없다. 《사회계약론》의 1권 초두에 적힌 유명한 문장의 프랑스어 원문은 "en prenant les hommes tels qu'ils sont, et les lois telles qu'elles peuvent être"로서, 콜G. D. H. Cole은 이를 "인간이 현실에 그대로 존재하는 바와 여러 법률들의 가능태를 취하여men being taken as they are and laws as they might be"로 번역했다. 니먼의 "should"와 이 문장의 "might"의 차이를 지적해둔다.

방법을 제안했다. 하지만 어떻게 하면 현실과 당위라는 두 개의 차원을 결합하여, 지배 없는 세상에 사는 자유로운 시민을 만들어낼 수 있는지는 어디에서도 설명하지 않는다. **쇠사슬 자체보다 더 큰 손상을 입히는 일 없이 쇠사슬을 끊는 일은 어떻게 가능한가?** 하지만 정치에서나 이론에서나 이보다 대답하기 어려운 질문은 없다. 그래도 루소는 최소한 시도는 보여주었다.

이 때문에 진보에 관한 표준적인 설명을 해체하는 가운데에서도 루소의 논리는 푸코와는 전혀 다른 톤을 지닌다. 푸코는 주장을 내세우기보다는 의문을(수사적 의문?) 던지는 쪽을 더 좋아하며, 위험을 무릅쓰고 주장을 내미는 것보다는 그저 슬쩍 암시하는 쪽을 더 즐긴다. 그의 책을 읽으면 어떤 하나의 입장을 가진 독자가 되기보다는 어떤 몽롱한 분위기에 빠진 독자가 될 가능성이 더 크다. 아메리의 말을 다시 인용해보자.

> 미셸 푸코와 같은 이와 상식을 가지고 대화하기란 아주 어렵다. 말로는 도저히 이겨낼 재간이 없다. 게다가 그가 내놓는 구조적 비전이 비판적 합리주의의 비전보다 **미학적인 차원에서** 더 매혹적이므로 더더욱 이길 방법이 없다. 하지만 힘주어 말하고자 한다. 진보를 완전히 부인하고 또 모든 종류의 개혁에 대해 냉소를 날리는 짓은 잘못된 것이며, 종국적으로는 반동적이다.[7]

그러나 푸코는 상식과 같이 흔해 빠진 것에는 전혀 관심이 없었다. 그는 아메리가 진부함 거부증의 치료를 받으라고 권유했던 사상가 중 하나였다(다른 한 사람은 아도르노였다). 하지만 푸코의 사유에서 아메리는 반동적 핵심의 맹아를 포착해냈으며, 이는 아메리가 세상을 떠난 뒤 푸코가 오늘날의 지배적인 지구적 질서를 떠받치고 있는 신자유주의를 연구할 적에 활짝 피어나게 된다. 푸코는 신자유주의가 정치적 자유주의와는 달리 인간주의가 없는 자유주의라고 보았다.

> 이는 자유에 대한 그의 실천적 열망을 모든 인간관계에는 반드시 그 구성 요소로 권력이 들어간다는 그의 이론적 확신과 하나로 융합시킬 수 있는 아주 매력적인 지평을 제공했다.[8]

철학자 알렉산더 네하마스Alexander Nehamas는 이렇게 말한다. “그는 언제나 빛으로 향하는 모든 발걸음에서 어두운 면을 발견하고 또 진보가 이루어질 때마다 치러야 하는 대가를 파악하는 일에 능력이(사실 열정이) 있었다.” 빛과 그림자는 언제나 함께 가게 되어 있으며, 한쪽이 있어야만 다른 쪽도 감지할 수 있다. 이는 아주 오래된 비유이며, 비록 “악마가 존재하는 것도 다 신의 섭리”라는 신정론theodicy으로 받아들이지는 않더라도 모종의 예술적 형식으로는 힘이 있는 비유이다. 만약 어느 쪽이 더

미학적으로 매혹적인지가 문제라면, 푸코는 어둠으로 끌려 들어가 그곳에 머물게 되었다고 말할 수 있을 것이다. 하지만 여기에서 그의 미학은 중대한 후과를 가져오게 된다. 여러 저명한 역사가들이 푸코에 대한 원탁 토론에서 지적한 바, 《감시와 처벌》은 개혁을 위해 일하고자 하는 이들을 마비 상태에 몰아넣는다.

> 감옥에서 죄수를 교육하는 자들과 일한 적이 있는 이들은 당신의 책이 도착했을 때 그 교육가들을 완전히 허탈 또는 마취 상태로 몰아갔던 모습을 기억합니다. 당신의 논리가 너무나 완강하고 확고하여 그들이 도저히 빠져나올 수가 없다는 뜻입니다.[9]

수감자의 삶을 개선해보려 애쓰던 가엾은 개혁가들이 푸코의 책을 읽고 느꼈을 허탈감을 생각하면 가슴이 아플 따름이다. 수감자의 삶을 개선할 수 있는 일은 많고도 많다. 좀 더 넓은 공간, 좀 더 나은 음식, 교육의 기회, 책과 컴퓨터 사용, 감옥 바깥세상과의 접촉을 더 개선하는 일 등. 간수들이 자기들 멋대로 수감자들을 다루고 부리는 부패의 종식은 더 말할 나위도 없다. 수감자들에게 이런 것 중 어느 하나라도 이루어진다면 그들의 삶 전체가 변할 수 있지만, 푸코는 프랑스 수감자들의 수세식 변기나 면회 시간 확대 같은 단순한 요구에 대해서까지도 노골적으로 냉소를 날렸다.[10] 그러니 어떤 감옥 행정가라도 푸코를 읽은 다음에는 그런

조건을 개선하기 위해 노력할 리가 없다. 인권이라는 명분으로 이런저런 개선을 행해보아야 더 사악한 형태의 종속으로 이어질 뿐이라는 것을 방금 책에서 배우지 않았는가? 설령 푸코의 책에 다른 메시지가 또 있다고 해도, 그건 푸코 숭배의 비밀 의식에 가입한 자들만이 이해할 수 있는 은밀한 것이다.

아도르노와 호르크하이머의 영향력 있는 저작《계몽의 변증법》또한 진보에 대해 마찬가지로 암울한 관점을 취한다. 이들이 호메로스로 거슬러 올라가는 근대 세계는 사람들을 전통의 사슬에서 해방시키고자 했지만, 곧 우리는 돛대에 스스로 묶었던 오디세우스처럼 스스로를 꽁꽁 묶는 신세가 되었다는 것이다. 나는 이들의 주장을 다른 곳에서 자세히 논의하였으니,[11] 여기에서는 그저《계몽의 변증법》을 옹호하는 이들이《감시와 처벌》을 옹호하는 이들과 비슷한 주장을 내놓고 있다는 점만 지적하겠다.[12] 옹호자들의 주장에 따르면 두 저작 모두 계몽주의에 대한 전면적 공격은 아니라고 한다. 푸코와 마찬가지로 아도르노와 호르크하이머 또한 그저 계몽주의가 의도하지 않았던 결과를 폭로하고자 했을 뿐이며, 이를 밝혀냄으로써 결함이 없는 새로운 계몽주의를 세울 터전을 닦고자 했다는 것이다. 두 책 모두에 이러한 방향을 시늉하는 구절이 있는 것은 사실이지만, 그렇다고 해서 어느 방향으로 나아가야 한다는 것을 밝히려고 애쓰지는 않는다. 물론 철학에게 스스로 답할 수 있는 질문만 제기하라고 요구하는 것은 어리석은 일이다. 하지만 칸트가 사유 방향orientation in thinking이라고 부른 것에 대해 이토록 암시조차 내놓지 못한다면, 철학이 대체 무슨 소용이 있는 것인가?

근대인들이 진보에 대해 별생각 없이 여러 가정을 취하는 것에 루소가 비판을 가한 일은 상당히 잘 알려져 있다. 하지만 루소 이외의 다른 계몽주의 사상가들은 미래에 대해 마냥 천진하게 낙관적이었다고 생각하는 게 보통이다. (실제로 루소를 아예 계몽주의 사상과 연관시키지 않는 학자도 많은데, 루소가 낙관주의에 비판을 가했던 게 그 이유 중 하나다. 반면 루소의 숭배자 중 가장 유명한 임마누엘 칸트는 계몽주의 사상과 연관시킨다.) 하지만 칸트 또한 이 주제에 대해 상당히 우울한 사색의 글을 남긴 바 있으며, 굳이 이런 글을 찾아 읽지 않는다고 해도 계몽주의 사상이 흔히들 생각하는 것처럼 밝고 희망적인 게 아니었음은 분명히 알 수 있다. 루소의 최대 적수였던 볼테르가 쓴 짧은 소설《캉디드》가 오히려 더 좋은 예이다. 이 소설의 부제는 "낙관주의에 대하여"이며, 소설의 목적은 낙관주의라는 게 한마디로 터무니없는 수작임을 밝히는 것이다. 소설에서 이 관점을 신봉하는 인물은 어리석은 팡글로스 박사로서, 그는 제자 캉디드에게 우리가 사는 세상이야말로 있을 수 있는 모든 세상 중에서 가장 좋은 세상이라고 가르친다. 캉디드는 이러한 생각을 고수한 채로 18세기 중반의 온갖 끔찍한 일을 두루두루 겪게 된다. 이는 모두 실제로 벌어진 일들이었다. 인간이 벌인 일이라고는 상상도 할 수 없을 정도로 잔인하고 무정했던 7년 전쟁, 포르투갈의 리스본 지진과 그 뒤를 이은 종교 재판,* 여성에게 벌어진 집단 윤간, 전투에서 패한 장교 처형 등. 그래서 "구대륙"을 떠나 "신대륙"으로 항해를 떠나보지만, 숨 돌릴 틈도 없이 여기에서도 노예제와 식민주의의 온갖 악행이 적나라하게 펼쳐진다. 교육이란 그저 사기 협잡에 불과하며, 진보를 추동할 만한 다른 어떤 엔진도 작동하지 않는다. 부와 고급문화는 권태와 음울로 끝날 뿐이다. 이것이 《캉디드》의 메시지이며, 주인공이 소설 끝에 무언가 배우는 게 있다면 처음의 낙관주의를 포기하는 것이다.

계몽주의 사상이 진보가 불가피한 필연이라고 생각했다는 믿음은, 그것이 근본적으로 유럽중심주의라는 믿음과 마찬가지로 완전히 사실무근이다. 극히 드문 예외를 빼면, 계몽주의 사상가들이 진보에 대해 가졌던 관점은 오늘날 그들에게 갖다 붙이고 있는 것과는 정반대라고 말하는 게 훨씬 정확하다. 이들은 반복하고 반복하여 진보란 (아주 힘들게) **가능하다**고 선언하였을 뿐이다. 이들은

* 종교 재판을 뜻하는 'auto-da-fe'는 본래 스페인의 악명 높은 종교재판소에서 시작된 관행을 일컫는 스페인어였다. 이는 실질적인 재판이라기보다는 말 그대로 '신앙의 행위'와 같은 일종의 의식으로서, 공동체 전체에서 희생자를 색출하여 공개적으로 정죄하고 처벌하는 과정이었다. 그런데 1756년 대지진으로 폐허가 된 리스본에서는 사회의 안정을 위해 대규모 종교 재판을 저질렀으며(당대의 학계에서는 이를 "지진의 재발을 막기 위한 가장 확실한 조치"라고 정당화했다), 이때를 계기로 포르투갈어 표기 'auto-da-fé'가 일반적으로 쓰이게 되었다. 볼테르도 《캉디드》에서뿐만 아니라 리스본 지진에 대한 시에서도 이를 이야기한다.

당대의 온갖 악함과 열정적으로 맞붙어 싸웠으므로 진보가 확실하다는 설익은 믿음 따위는 아예 가질 수도 없었다. 그런데도 진보를 향해 나아가는 작업을 결코 멈추지 않았다.

그런데 이들이 이런 식으로 희화화된 것을 어떻게 설명해야 할까? 짚으로 허수아비를 만들고서 그걸 박살 내는 일은 아주 쉽다. 그리고 진보란 누구도 막을 수 없는 필연이라는 관점을 버린다면, 그 유일한 대안은 진보가 불가능하다는 것뿐인 듯 이들은 주장한다. 만약 선택지가 허무주의와 말도 안 되는 부조리 두 가지뿐이라면, 우리 대부분은 부조리를 거부하는 쪽을 선택할 것이다. 그런데 나는 이러한 계몽주의 사상의 희화화에는 더 심층적인 근원이 있다고 생각한다. 볼테르는 비록 당대의 세상에 그득했던 온갖 야만성에 충분히 주의를 기울인 인물이었지만, 인간 본성이 근본적으로 타락한 것이라고 보지는 않았다. "인간은 태어날 때부터 악한 존재는 아니다. 인간이 사악해지는 것은 병에 걸리는 것과 같다"고 그는 《철학 사전》에서 말한 바 있다. 만약 인간이 태어날 때부터 본질적으로 병에 걸려 있는 존재라고 말하는 의사가 있다면, 이들은 아무 병도 치료할 능력이 없다는 사실을 숨기고자 하는 구역질 나는 자들이다. 볼테르가 이렇게 바라보았던 이들은 바로 성직자였다. 볼테르의 목적은 우리가 모두 태생적으로 선한 존재라는 유토피아적 관점을 수호하려는 게 아니라, 우리가 모두 태생적으로 악한 존재라고 보는 기독교의 관점을 공격하려는 것이었기 때문이다. 이러한 종교와의 논쟁이라는 맥락을 염두에 두지 않는다면, 인간 본성에 대한 계몽주의 사상의 관점은 전혀 이해하지 못하게 된다. 계몽주의 사상가들이 살았던 시대를 이루던 여러 제도는 기독교의 원죄론이라는 교리에 기반하고 있었다. 물론 죄에 대해 교회가 취한 관점도 그 엄혹성에 있어서는 여러 차이가 있었다. 칼뱅주의자들의 경우, 우리의 죄가 너무나 크고 신의 권능은 너무나 방대하기에 신께서는 우리가 구원을 받을 자격이 있음을 나타내기 위해 무슨 행위를 하기도 전에 그냥 누구든 영원한 지옥불에 집어 던질 수 있다고 보았다. 가톨릭의 경우에는 참회의 의식을 제대로 치른다면 그리고 종종 이에 곁들여 죄 사함을 베푸는 이들에게 적당한 뇌물을 바친다면 구원이 가능하다고 보았다. 하지만 죄 사함이 궁극적으로 가능한지 여부를 떠나서, 변화는 오로지 신의 손을 통해서만 찾아올 수 있으며 마찬가지로 구원 또한 오로지 교회의 품 안에 안길 때만 찾아온다고 했다. 이러한 세계관이 어떠한 결과물을 가져왔는지는 결코 과소평가해서는 안 될 일이다. 우리는 지옥문 앞에 설 것도 없이 훨씬 이전부터 결국은 우리 모두 지옥문 앞에 설 것을 확신한다. 따라서 지상에서의 삶 대부분은 "모든 희망을 버려라"는 말로 뭉개지게 된다.

도덕적 진보가 가능하려면 인간 본성이 교회가 가르친 것보다는 나아야만 한다. 교회와 국가는 이러한 가능성을 부정하기 위해, 현존의 사회 상태는 곧 자연적 사실이라고 강력하게 주장하면서 따라서 진보란 불가능하다는 메시지를 보내는 방법을 취했다. 이는 사람들이 조금이나마 진보를 이루려는 시도를 애초부터 포기하게 만드는 데 아주 훌륭한 방법이었다. 따라서 계몽주의로서는 기독교의 원죄 개념을 공격하는 것이 결정적으로 중요했다. 이들이 인간 본성에 대해 순진무구한 낙관론을 가지고 있기 때문이 아니었다. 볼테르는 오히려 여러 신학 교리 가운데에서 증거로 뒷받침할 수 있는 유일한 교리는 바로 원죄의 교리라는 재담을 한 적이 있었다. 루소는 동시대인들에게 당신은 당신이 상상하는 것보다 훨씬 더 악한 존재라고 주장함으로써 그들을 격분시키기도 했다.

그런데도 루소가 진보를 하나의 가능성으로 희망했던 근거는 인간 본성에 대한 그의 보다 근본적인 혜안이었다. "우리의 본성이 우리가 어떤 모습이 되도록 허용하는지에 대해 **우리는 알지 못한다**."[13] 지금 서 있는 자리가 예전에 서 있던 자리보다 더 나아졌다고 말할 수 있으려면, 먼저 예전에 서 있던 자리가 어디였는지를 확실히 할 수 있어야만 한다. 최초의 인간 본성이라는 것으로 되돌아가 정체를 밝혀내고, 그에 비추어 우리가 지금 더 나빠졌는지 아니면 좋아졌는지를 측정하면 인간이 도덕적 진보를 이룰 수 있다고(혹은 없다고) 판단하기가 쉬워진다. 그토록 많은 철학자, 인류학자, 생물학자들이 그렇게 자주 자연 상태라는 것에 대해 추측을 내놓으려 했던 이유도 여기에 있다. 하지만 루소는 진화심리학의 비판자들이 최근에 내놓은 명제들을 이미 오래전에 선취한 바 있다. 즉 우리는 가장 초기의 인류 상태가 어떠했는지를 알 방법이 없다는 것이다. 루소 이후 고고학과 고생물학이 발전하면서 그가 결코 알 수 없었던 여러 실마리를 제공한 것은 사실이지만, 이런 것들이 루소의 가장 깊은 혜안을 부정할 만큼 충분한 것은 아니다. 그래서 인간 본성의 본래 모습에 관한 질문으로 가면 우리는 여전히 절망적일 만큼 당파적인 입장으로 돌아가게 된다. 우리 손에 있는 모든 데이터는 사실 우리 자신이 마음속에 품은 희망과 공포라는 필터로 한 번 걸러진 것들일 뿐이다. 전쟁이라는 행위는 루소가 보는 자연 상태에 따르면 참으로 변태적인 것으로 보이게 되지만, 홉스의 비전에 따르면 너무나 정상적인 것이 된다. 독재 체제를 확립하고 싶다면, 사람들에게 인간 본성은 야수적인 폭력성에 있으며 인류 스스로가 갈기갈기 찢겨나가는 사태를 예방하기 위해서라도 강력한 지도자가 필요하다는 확신을 심어주는 것이 가장 효과적이다. 사회민주주의를 확립하고 싶다면 우리가 자연에서 발견할 수 있는 모든 협동의 사례를 크게 강조하게 될 것이다. 루소의 철학적 명제를 검증하려 한 가장 세련된 인류학자였던 클로드 레비-스트로스Claude Lévi-Strauss는 루소가 말하는 자연 상태의 사람들과 닮은 부족을 찾아보겠다는 희망으로 아마존 지대를 돌아다녔지만, 경험적 방법으로는 확실하게 이를 검증할 수가 없다는 것을 알게 되었다.

그렇다고 해서 인간 본성이 전적으로 사회적 구성물이라고 말하려는 것은 전혀 아니다. 그저 인간 본성의 어느 부분이 구성물이고 어느 부분이 자연적인지를 결정하는 방법이라는 게 있을 수 있는지 의문을 던지는 것이다. 루소는 얼굴에 철판을 깔고 들이미는 그의 전형적인 문체로 이렇게 입장을 천명한다. "사실이라는 것을 젖혀두고 시작하자. 왜냐하면 그런 것은 우리가 다루려는 문제에 영향을 미치지 않기 때문이다."[14] 진정한 인간 본성에 대한 사실을 알지 못하므로 차라리 급진적인 정직성에 입각하여 이야기하자고 제안하는 것이다. 특정한 세계관을 지지하도록 고안된 이야기를 꾸며내는 대신, 우리 각자가 가진 의도를 솔직히 털어놓고 시작하는 것이 낫지 않겠는가? 자신의 관점을 옹호하는 근거는 다른 데에서 찾도록 하고, 확실성이 아니라 그것이 자신의 관점을 지지할 것이라는 개연성 정도를 기준으로 삼자는 것이다. 자연 상태가 정말로 어떠했는지는 절대로 알 길이 없으므로 헛된 시도는 그만해야 한다. 그 대신 자연 상태라는 개념은 우리가 앞으로 나아가고자 하는 목적으로 볼 때 가장 영양가 있는 방식을 찾아내기 위한 도구로 사용하자는 것이다.

이 주장을 칸트가 더욱 확장하여 말한 바 있듯이, 우리는 희망 없이는 도덕적으로 행동할 수 없다.[15] 좀 더 명확히 말하면, 희망은 낙관주의가 아니라는 것이다. 낙관주의는 (그리고 비관주의는) 먼 미래 그리고 알 수조차 없는 과거에 대해 여러 추측을 내놓는다. 하지만 희망은 아무런 예견도 내놓지 않는다. 낙관주의는 있는 사실을 직면하기를 거부한다. 희망은 그러한 사실을 바꾸고자 한다. 이 세상이 정말로 위태로운 지경에 처한 순간에는 낙관주의라는 게 구역질 나는 외설이 된다. 하지만 한 가지만큼은 절대적으로 확실하게 예측할 수 있다. 우리가 비관주의의 유혹에 무릎을 꿇는다면, 우리가 알고 있는 바의 세상은 사라져버린다. 우리에게 익숙한 세상이 여러 위협으로 압도당하고 있는 시대에는 비관주의가 매혹적으로 다가오게 되어 있다. 우리가 해야 할 일이 아무것도 없다고 확신시켜주니까. 그런 노력이 헛된 것임을 알게 된다면, 싸우고 투쟁하는 일도 모두 그만두는 것도 허용된다. 이렇게 위안 혹은 최소한 기분전환이라도 시켜주는 약물은 언제나 존재해왔다. 하지만 그 결과는 자기돌봄이나 소비를 넘어서 정신 자체를 바꾸는 것이 될 수도 있다.

낙관주의와 비관주의를 비교할 때 자주 나오는 "절반의 술병" 이야기를 기억해보자. 이 술병을 사람마다 어떻게 보는지는 기질 이상의 문제를 담고 있다. "그래도 절반은 차 있어"라고 보지 못한다면 결국 그 나머지를 채우려는 노력도 중지하게 되어 있다. 물론 밑바닥에 금이 가 있어서 술을 채우는 노력이 다 허사가 될 수도 있다. 나는 루소, 칸트, 노엄 촘스키 등을 따라 희망은 인식론의 문제가 아니라 도덕적 입장의 문제임을 시사했다. 그런데 많은 철학자들은 그 반대의 입장을 취해왔다. 스토아학파는 진정한 만족을 원한다면 희망과 욕망에 제한을 가하라고 충고했다. 니체는 판도라 상자에 들어 있던 모든 나쁜 것 중에서도 최악이야말로 희망이라고 말했다. 희망을 품게 되면 영원토록 고문을 당할 게 확실하기 때문이라는 것이었다. 만약 당신이 찾고자 하는 게 오직 마음의 평안뿐이라면, 이들의 말이 옳을 것이다. 그리고 정말 그게 당신이 원하는 것이라면, 어떤 철학자가 와서 무슨 말을 한다고 해도 당신은 절대로 그 확신을 뒤집지 않을 것이다. 이 세상의 운명에 마음을 쓰려면, 적어도 한 조각이라도 이 세상을 사랑할 줄 알아야 한다. 단 한 사람이라도 좋다. 그냥 좋은 경치라도 좋다. 그것만으로도 아마 충분할 수 있다.

오늘날 왼쪽의 입장에 서는 이들에게는 **진보주의자**라는 이름이 옳을 것이다. 하지만 진보의 희망을 갉아먹는 각종 철학을 신봉하는 이라면 이야기가 다르다. 원죄라는 개념을 근거로 탄탄한 정치 이론을 구축할 수 있다고 생각하는 이들은 모두 결국 교회에서 구원—최소한 자기 친구들을 위한 구원을 찾아낸다. 슈미트가 말하는 정치사의 여러 범주란 아도르노가 말한 대로 어린아이처럼 유치한 것이지만, 거기에서 끝나지 않는다. 정치를 친구/적의 구분이라는 렌즈로 보면, 우리는 멀리 역사 이전의 시대로 돌아가게 된다. 푸코는 진보를 이루려는 모든 노력이 결국 그것을 전복해버리는 그물망에 우리를 몰아넣는다고 했다. 그리고 진화심리학은 우리의 모든 행동이 조상들이 스스로를 재생산하려 했던 노력의 반영물일 뿐이라고 설득하면서, 우리가 석기 시대에서 탈출하는 일은 절대로 불가능하다고 암시한다. 오늘날 진화심리학을 당연하게 여기는 이들 대부분은 한때 이를 둘러싸고 정치적 논쟁이 심하게 벌어졌던 일을 까맣게 모를 때가 많다. 심지어 그 논쟁은 윌슨, 굴드, 르원틴 등이 하버드, 예일, 〈뉴욕리뷰오브북스〉 지면 등에서 죽자 사자 싸우던 때보다도 훨씬 옛날에 태어난 것들이었다. 그러나 이러한 오랜 비판에도 불구하고, 진화심리학은 마치 암세포가 다른 장기로 퍼져나가듯이 그 정치적 경향성과 무관한 표준적인 과학인 것처럼 여겨지기에 이르렀다.

워크 활동가들은 분명히 연대, 정의, 진보를 추구하므로, 이론은 부차적인 문제일 뿐이라고 주장할 수도 있다. 차별에 맞서는 그들의 투쟁을 추동한 것도 바로 그 연대, 정의, 진보의 사상이라는 것이다. 하지만 이런 주장을 하는 이들은 워크 활동가들이 신봉하는 이론이 그들의 목적 자체를 뒤집어버린다는 점을 깨닫지 못하고 있다. 보편주의가 없다면 인종주의에 반대하는 주장은 **불가능**하며, 단지 이런저런 잡다한 부족이 서로 더 많은 권력을 얻기 위해 경마장의 말들처럼 경쟁하는 일만 벌어질 뿐이다. 그리고 만약 그게 정치사의 궁극적 귀결점이라면, 논리적으로 탄탄한 정의의 개념을 유지할 방법도 전혀 없다. 보편적 정의를 증대시키겠다는 신념과 책임감이 없다면, 진보를 위한 일관된 노력도 불가능하게 된다.

대부분의 워크 활동가들은 보편주의를 거부하고 권력 담론을 지지하지만, 이들은 그래도 자신이 진보를 추구한다고 생각할 것이다. 그렇지만 또 그중 다수는 "사회 진보 자체가 계몽주의적 사유의 산물이며 궁극적으로 인간의 영혼을 파괴한다"[16]고 생각하는 전통에서 교육을 받았다. 만약 워크 활동가들이 과거에 어떤 형태를 띤 진보가 현실에서 이루어졌음을 기꺼이 인정한다면, 진보에 대한 그들의 신념을 믿기가 더 쉬워질 것이다. 한 발자국의 전진이 있을 때마다 두 발자국의 퇴보가 나타났던 사례를 보여주는 일은 물론 아주 멋진 지적 작업으로 보일 수 있다. 또한 까발리고 폭로해야 할 부정의의 사례는 일생, 아니 몇 번의 생애에 걸쳐도 다 드러낼 수 없을 만큼 많다. 하지만 그 자리에 정의를 대신 가져다 놓자는 희망이 없다면, 그러한 폭로 작업도 그저 자신의 지적 능력을 뽐내는 공허한 잘난 체가 될 뿐이다. 절대 다시는 안 속아.*

나는 오늘날 계몽주의 철학자들에 대해 표준처럼 자리 잡은 독해 방식이 얼마나 엉터리인지를 폭로하는 데 공을 들여왔다. 오늘날의 진보주의자들이 그들을 다시 생각해볼 필요가 있다는 확신을 주고 싶어서였다. 그들이 오늘날의 지배적 철학보다 훨씬 더 강력한 진보, 정의, 연대의 개념을 제공할 수 있기 때문이다. 만약 우리가 계속해서 계몽주의 사상을 그릇되게 해석한다면, 우리는 계몽주의의 자원을 제대로 활용할 수 없게 된다. 계몽주의에 대한 잘못된 해석이

* 원문은 "You won't get fooled again"인데, 록그룹 더 후The Who의 유명한 노래 〈Won't Get Fooled Again〉을 암시한다고 보인다. 이 노래는 "무수한 혁명의 시도가 있었지만 세상은 전혀 달라지지 않았고 권력자들의 얼굴만 바뀔 뿐, 나는 세상을 바꿀 수 있다는 소리에 절대로 속지 않을 것"이라는 내용을 담고 있다.

마치 상식처럼 되어 있으니, 이를 뒤집어엎는다면 계몽주의 사상을 다시 볼 터전을 닦게 될 것이며 여기에 일정한 수정을 가한다면 현실에 작동하게 만들 수 있다.

하지만 이 책의 초고를 친절하게 읽어준 한 젊은 저널리스트가 던진 질문이 있었고, 이는 다른 독자들 또한 품을 수 있는 질문이다. 그는 내 글을 통해 계몽주의 사상에 다시 한번 희망을 품도록 확신을 얻었으며, 또 디드로가 파농과 같은 글을 썼다는 것을 알게 되어 흥미로웠다고 했다. 하지만 파농의 저작은 디드로의 저작처럼 여러 골치 아픈 계몽주의 해석의 문제가 딸려 있지 않으니까 그냥 파농만 읽으면 되는 게 아닐까? 이 질문에 대해서는 여러 대답이 있다. 첫째, 파농은 36세의 젊은 나이에 세상을 떠났으니 자신이 내놓은 저작을 충분히 확장할 시간이 없었다. 그의 저작은 중요하지만 또 그만큼 범위가 제한적이다. 계몽주의 사상가들의 저작을 읽는 것은 파농과 다른 이들의 사상을 보편적으로 확장할 수 있게 해주는 근본원리first principles로까지 확장하는 한 방법이 된다. 파농은 정의를 추구하면서 진보의 가능성을 신봉했던 보편주의자였으니, 좌파에 속할 만한 모든 필요조건을 갖춘 이였다. 그러나 이러한 원리를 적용하는 데에서 나아가 그 근거가 무엇이며 서로 어떻게 연결되어 있는지를 보여주고, 또 얼핏 똑같은 목표를 추구하는 것처럼 보이는 다른 원리들에 맞서서 옹호하는 작업은 여전히 중요하다.

이 질문에 대한 좀 더 일반적인 답변은 루이스C. S.

Lewis가 내놓은 바 있다. 그는 우리가 새로운 책 세 권을 읽을 때마다 오래된 책을 최소한 한 권꼴로 읽어야 한다고 강력하게 주장했다. 그의 논리는 이렇다.

> 과거의 논쟁을 읽을 때마다 내가 가장 크게 놀라는 대목은, 오늘날 우리가 절대적으로 부인하는 것들을 옛날에는 아무 의문도 없이 당연한 전제로 삼는 경우가 상당히 많았다는 사실이다. (…) 임시방편이겠지만 유일한 해결책은 오랜 세월 떠돌아온 청정한 바닷바람을 우리의 정신에도 계속 들어올 수 있게 하는 것이며, 이를 위해서는 오래된 책을 읽는 게 방법이다. 물론 과거라고 해서 무슨 마법이 있었던 것은 아니다. 옛날 사람들이 오늘날의 사람들보다 더 명민했던 것도 아니며, 그들도 우리만큼이나 많은 실수를 저질렀다. 그러나 우리와 같은 실수는 아니었다. 머리 하나보다는 머리 두 개가 낫다. 그중 어느 쪽이 언제나 옳기 때문이 아니라, 두 머리 모두 잘못된 방향으로 나간다 해도 그 방향이 똑같을 가능성은 적기 때문이다. 미래의 책들도 분명히 마찬가지로 훌륭한 교정 장치가 될 터이지만, 불행히도 우리는 아직 그 책들은 읽을 수가 없다.[17]

진보라는 개념은 규범적인 색깔을 띠고 있으며, 이는 규범적인 것을 불편하게 여기는 이들이 진보에 애초부터 의구심을 품게 되는 이유 중 하나다. 여기에서 필립 키처가 말한 프래그머티즘pragmatism의 진보 관념이 도움이 된다. 이는 곧 방향을 바꾸는 문제라는 것이다. 즉 진보라는 것을 어떤 특정한 목표에 **도달하는** 쪽으로 생각하지 말고, 문제가 되는 상황**으로부터** 제약이 덜한 상황으로 나아가는 것으로 생각하는 게 유용하다는 것이다. 보편주의를 향한 진보란 대단히 벅찬 작업일 뿐만 아니라 또 그만큼 모호한 작업이기도 하다. 예를 들어 사람을 가축처럼 소유하는 노예제에서 인종 분리로 나아가고, 또 인종 분리에서 체제에 내재한 인종주의로 나아가는 식으로 보편주의라는 목적을 추구하면서 그때마다 부닥치는 모든 상황을 극복해 나간다는 것이 더 많은 희망과 가능성을 품고 있다는 것이다.[18]

그러나 따지고 보면 이것도 다 철학자들이 떠드는 소리일 뿐이다. 과연 이런 식으로 해서 우리가 아는 바의 세상을 구원하는 데 충분한 진보가 이루어지는 것이 가능하겠냐는 아주 단순하고도 명쾌한 질문이 당연히 생기게 된다. 나는 지금 아름다운 경치가 보이는 책상 앞에 앉아 있지만, 이 시간에도 지구는 큰 홍수와 대화재를 오가고 있음을 안다. 뉴스를 흘끗 보는 사람들도 재앙이 닥치고 있음을 다 알고 있건만, 막상 그것을 막을 힘을 가진 이들은 아무 일도 하지 않고 있다. 정치적 폭력은 크게 치솟고 있지만, 한때 이를 억제했던 전통적 메커니즘은 전혀 작동하지 않는 것으로 보인다. 우리가 한때 신뢰했던 여러 제도의 배후에 거짓말이 있었음이 폭로되고 있다. 옛날의 전염병이 가라앉기도 전에 새로운 전염병이 나타나고 있다. 요한계시록에 나오는 네 명의 기사는 이제 심지어 무신론자의 머릿속에서도 악몽처럼 떠다니고 있다. 이런 시점에 그 누가 진보에 대한 희망을 가질 수 있단 말인가?

나는 진보에 대한 희망이 결코 증거로 입증할 성격의 문제가 아니라고 주장해왔다. 만약 경험적으로 입증하여 결론을 낼 수 있는 문제라고 여긴다면, 비관론의 합창단에 가입하는 것이 세상에서 제일 쉬운 일이 될 것이다. 하지만 우리의 희망이 흔들려 무너지려고 하는 순간에는 그래도 희망을 붙잡을 수 있는 증거가 도움이 되기는 한다. 칸트도 인정한 바 있듯이, 진보를 향해 땀을 흘리자는 우리의 신념이 아무리 강력하다고 해도 때로는 진보가 현실이 되고 있다는 모종의 신호 같은 것을 필요로 하게 마련이다. 칸트의 경우 아주 최소한의 것들로도 신호로 읽어내는 데 충분했다. 그는 프랑스 혁명의 소식에 대해 사람들이 희망찬 반응을 보이고 있음을 언급한다. 혁명이 훗날 어떤 모습으로 변질되든, 그 혁명의 소식으로 인해 아무런 이해관계도 없는 전 세계의 관찰자들이 희망을 갖게 되었다는 사실만으로도 칸트에게는 진보주의자로서의 신념을 유지하는 데 충분했다. 독일 교수들은 개인사에 대한 이야기를 잘 하지 않지만, 그는 멀리 갈 것 없이 본인을 진보의 신호로 언급할 수도 있었을 것이다. 말 안장을 만드는 기술자의 아들이 독일의 대학교수가 될 수 있었다는 사실 자체가 이미 계급적 장벽이 무너지고 있음을 보여주는 사례였으니까. 다행히도 우리는 임마누엘 칸트만큼 절제할 필요도 또 최소주의자가 될 필요도 없다.

그러니 공공장소에서 자행되던 고문 폐지의 문제로 돌아가보자. 이를 금지하려면 여론만이 아니라 사람들의 감수성도 변화해야 한다. 다미앵의 죽음을 푸코가 묘사한 부분을 읽은 이들은 몸서리를 쳤을 테고, 책을 덮은 뒤에도 오랫동안 기억이 가시지 않을 것이다. 당신이 만약 1757년의 부모였다면, 오늘날 서커스에 아이를 데리고 가는 식으로 좋은 구경났다고 그 고문 광장에 아이를 데리고 갔을 것이다. 돈만 좀 있다면 아마 잘 보이는 좋은 자리를 샀을 수도 있다. 고문을 오락거리로 여기는 일은 오랜 역사를 갖고 있다. 로마의 원형극장은 아예 그 목적으로 세워진 건물이니까. 그런데 오늘날에는 아이에게 한턱 내는 행사랍시고 고문의 생생한 현장을 보여주겠다고 하면 누구나 생각만 해도 몸서리치는 일로 여기게 되었으니, 이는 진보가 인간의 감정적 본능 깊이에 자리 잡았다는 신호로 볼 일이다.

아직도 일정한 형태의 고문 행위가 감옥과 같은 곳에서 계속되고 있으며 대개 은폐되고 있다는 사실은 해결해야만 할 창피한 일이다. 중국에서나 미국에서나 아예 죄 없는 사람들 다수가 감옥에 있다는 사실도 함께 해결해야만 할 일이다. 그러나 디드로나 볼테르의 후예라고 할 오늘날의 좌파가 고문이 과연 폐지되어야 하는지를 놓고 멍하니 앉아 있다면, 이런 일은 절대로 벌어질 수 없다(디드로와 볼테르를 정말로 "좌파"였다고 말하는 것은 아니다. 이러한 정치적 명칭을 구체적인 사람에게 붙이려면 그들이 살았던 시대와 장소를 감안해야만 하니까). 감옥 개혁의 목적은 처벌을 줄이는 게 아니라 더 잘 처벌하려는 것이었다는 푸코의 공격을 생각해보자. 다미앵 본인이 과연 어느 형태의 처벌을 선택했을지는 너무나 자명한 문제다. 그런데 정말 푸코와 같은 이야기로 이런 문제를 호도하는 것을 용납해야 하는가?

21세기에 들어서도 인종주의가 끈질기게 남아 있다는 사실은 정말로 창피한 일이며, 반세기 전의 민권 운동을 목도했던 이들이라면 상상조차 하기 힘든 일이다. 하지만 흑인 가족이 8년 동안이나 미국 백악관의 주인이 되는 은혜로운 일이 우리 생전에 벌어졌다는 것도 당시로서는 상상하지 못했던 일이다. 그전까지는 흑인 정부 각료도 없었다. 하지만 버락 오바마의 당선으로 인종주의가 후퇴할 것을 기대했던 이들은 인종주의가 얼마나 뿌리 깊은지를 과소평가한 셈이었다. 민권 운동 시대에 마틴 루터 킹 목사의 동료였던 버나드 라파예트Bernard lafayette는 오바마 정부 기간을 남북전쟁 이후의 재건시대Reconstruction라고 불렀으며, 따라서 그 후 도널드 트럼프라는 인물로 두 번째 반발이 나타났을 때도 전혀 놀라지 않았다.[19] 진보는 반발backlash의 형태로 저항을 낳게 되어 있다. 재건시대에 대한 반동이 실로 파괴적이었으며 수많은 인명 살상을 낳을 때도 많았지만, 민권 운동은 노예제 폐지의 과제로 돌아갈 필요 없이 새로운 발판에서 시작하여 바로 이러한 반동을 결국 뒤집어엎을 수 있었다. 비록 린치*와 기결수 임대차convict leasing† 같은 끔찍한 짓이 계속 자행되고는 있었지만, 사람들을 경매장에서 사고파는 일이 멈춘 이상 두 가지 모두 종식시킬 수 있는 전망은 분명히 있었다. 그리고 비록 오늘날에도 여러 가지 형태의 인종주의가 해체되지 않고 남아 있기는 하지만, 흑인과 백인이 같은 식당에서 식사하는 것을 금지하는 법과 싸우는 것부터 시작할 필요는 없다. 이렇게 진부한 진리 또한 복잡한 진리와 똑같이 중요하다.

내가 어릴 적에는 흑인 아이들과 백인 아이들이 같은 학교에 다니는 것이 금지되어 있었을 뿐만 아니라 같은 연못에서 헤엄치지도 못했다. 좀 더 나이가 들었을 때 나는 침실 벽에 시드니 포이티어Sidney Poitier‡의 사진을 붙여놓았다. 당시 나는 한 극단의 단원이었지만, 그 사진은 꼭 연극배우가 되겠다는 열망이라기보다는 나의 정치적 감수성을 언명한 것이었다. 이는 시대와 장소를(1968년의 애틀랜타주 조지아) 생각하면 급진적인 것이었다. 많은 세월이

* 남북전쟁에서 패배한 이후에도 남부 지역의 백인들은 흑인들을 겁박 상태에 묶어두기 위해 가공할 만한 사적 폭력을 행사했다. 테러 희생자로 지목된 흑인 마을이나 가정에 한밤중에 백인 남성들이 집단으로 나타나 폭력을 행사하고 희생자를 숲으로 끌고 가 갖은 고문과 잔학행위를 벌인 뒤 목매달아 죽이는 것이 여러 형태 중 전형적인 한 모습이었다.

† 흑인 남성들에게 작은 구실을 걸어 감옥에 집어넣고, 기결수가 되면 강제노동의 의무를 씌워 광산이나 공장, 건설 현장 등에 보내 무보수로 노동을 착취했던 관행이다.

‡ 흑인 남자 영화배우로, 1964년 아카데미 남우주연상을 수상했고 주로 흑백 갈등을 주제로 한 영화에 많이 출연했다.

지나 아들의 방에 들어갔을 때 나는 진보의 자그마한 구현을 발견할 수 있었다. 아들이 벽에다가 붙여놓은 포스터는 모조리 흑인 남성들의 사진이었지만, 아들은 아무런 언명을 하려는 게 아니었다. 그저 야구를 좋아했을 뿐이다.

내가 여기에서 강조하고 싶은 것은 단지 사회 현실에서만 진보가 구현된 것이 아니라 우리의 감정적 본능 깊은 곳에서도 구현되었다는 사실이다. 인종주의를 무너뜨리는 진보란 지적 혜안이 법으로 공고해지는 데에서 시작하겠지만, 곧 정서적인 인지의 차원으로도 파고들게 되어 있다. 수영장에서 시작하여 어린 시절의 아이돌을 거쳐 인종 간 결혼에 이르기까지(이는 오바마의 부모가 결혼했던 당시만 해도 미국의 여러 주에서 불법이었다), 백인의 몸과 흑인의 몸이 어떻게 상호 작용을 맺는지에서 큰 변화가 일어나게 된다. 〈벨 에어의 새로운 왕자님The Fresh Prince of Bel-Air〉*을 보고 자란 세대는 〈비버는 해결사Leave It to Beaver〉†에 나오는 가정이 미국의 주류를 차지하던 세상을 전혀 알지 못한다. 슈프림스Supremes가 미국 전역에서 성공을 거둔 것은 대단한 승리감을 안겨준 사건이었지만, 비욘세와 같은 슈퍼스타가 나오면서 아무것도 아닌 것이 되어버렸다. 슈프림스 당시에 모타운Motown은 그저 흑인이 듣는

* 1990년대에 큰 인기를 끌었던 미국 TV 시트콤으로, 윌 스미스 등의 흑인 배우들이 주역을 맡았다.

† 1960년대에 큰 인기를 끌었던 미국 TV 시트콤으로, 백인 주인공 가족의 이야기를 그린다.

라디오 방송에나 나오는 "인종 음악"으로 여겨졌으니까.*
여러분 스스로 경험한 문화적 변화의 예도 분명히 있을 것이다. 윌 스미스나 비욘세의 삶은 사우스 로스앤젤레스 십 대 흑인들의 삶과는 전혀 다르지만, 여기에서 나는 문화적·정치적 권력의 불균등 문제는 따지지 않겠다. 다만 지난 100년간 인종주의가 거의 변하지 않았다고 말하는 것은 그동안 인종주의를 바꾸고자 싸웠던 이들의 기억에 먹칠을 하는 짓이다.

우파가 흑인 문화의 힘에 대해 맞섰던 것처럼, 여성의 여러 성취에 대해서도 비슷한 반발이 진행 중이다. 최근 미국에서 벌어진 낙태의 제한은 그 많은 예 중 아주 노골적인 것에 불과하다. 가부장제는 끈질기게 존속하고 있으며, 내가 어쩌다가 이를 의식하지 못하고 지나치는 일이 있으면 내 딸들이 일상적으로 나를 일깨워준다. 하지만 성차별주의가 지속되는 수많은 방식이 있다고 해서(세상의 어떤 곳에서는 여성의 목숨까지 빼앗는다) 여성의 삶이 한 세대 만에 완전히 바뀌게 된 방식까지 폄하해서는 안 된다. 굳이 아프가니스탄의 상황과 비교할 것까지도 없다. 몇십 년 전만 해도 대부분의 미국 주류 영화에는 넌더리가 날 정도로 성차별적 장면이 넘쳐났다. 한때 성희롱은 이 세상에 너무나 속속들이 배어 있는 일부였기에 아예 이러한 행위를

* 모타운은 1960년대 흑인 음악인들의 작품을 내던 음반사였으며, 슈프림스는 전설적인 흑인 여성 트리오로 1966년 10월 빌보드 차트 1위에 올랐는데 여성 그룹으로는 처음 있는 일이었다.

부르는 이름도 없었을 정도다. 내 세대의 여성들은 이를 일종의 날씨처럼 복불복의 문제로 보았다. 마치 화창한 날씨가 찾아오듯 우리를 성적 대상으로 삼지 않는 직장 상사가 나타나기를 소망하지만, 그렇지 않은 자가 나타나면 폭우가 쏟아지는 날씨를 막을 길이 없는 것처럼 그저 체념한 채 고스란히 당할 수밖에 없었다. 물론 성희롱은 사라지지 않았고, 일터에서의 성차별적 관행이 여전히 존재한다는 것은 여러 문헌에 잘 기록되어 있는 사실이다. 나의 경우 과학과 문화라는 세련된 영역에서 일하고 있어도 비록 더 옅은 형태이기는 하지만 거의 매일같이 이런 일을 겪는다. 그러나 예전에는 누구 하나 눈살조차 찌푸리지 않던 행동이 이제는 갈수록 비난의 대상이 되며 나아가 법적 소송의 대상까지 될 때가 많아졌다.

여성은 언제나 일을 해왔지만, 지도적인 전문 직종보다는 저임금의 지위에 머물 때가 훨씬 더 많았다. 그러나 한 세대 전에 비하면 힘 있는 자리에 있는 여성의 수가 비교할 수도 없을 만큼 늘었으며, 비록 임금 격차는 여전히 존재하지만 그래도 크게 줄어들었다. 한 세대 전만 해도 중요한 경력을 쌓으면서 이를 가정생활과 병행하던 여성은 극히 드물었고, 이런 여성을 지지하는 남성은 사내놈이 아니라는 조롱을 받았다. 이러한 변화도 다른 것들과 마찬가지로 단순히 생각만 바꾼다고 해서 생겨나지는 않는다. 이는 우리의 가장 깊은 사적 영역을 건드리면서 남녀 관계의 구조가 만들어지는 방식에 대한 우리의 가장 내밀한 전제를 바꾸어 놓을 때 비로소 벌어지는 일이다. 이 모든 경우에서 변화는 단순한 한 조각의 지식 차원이 아니라 우리 삶 속에 묻어든 틀 전체에서 벌어졌다. 물론 그러한 틀이라는 것은 워낙 깊게 뿌리박혀서 한 세대 만에 다 뒤집을 수 있는 것은 아니지만, 그래도 우리가 얼마나 큰 진전을 이루었는지를 자각하지 못한다면 그러한 틀에 도전하는 작업도 앞으로 더 밀고 나가기 어렵다.

사람들이 너무나 많이 망각해버린 또 다른 종류의 진보가 있다. 베트남 전쟁 당시 징병을 피하는 가장 쉬운 방법은 동성애자인 척하는 것이라는 게 상식이었다. 이는 전혀 비밀이 아니었다. 오바마 정권 이전에는 공개적으로 게이나 레즈비언임을 밝힌 이들이 군인으로 복무할 수가 없었으니까. 내가 아는 미국 남성 중에는 징병을 피하기 위해 캐나다로 이민 간 이들, 징역형을 산 이들, 심지어 베트남으로 간 이들까지 있었다. 하지만 동성애자인 척하는 방법을 선택한 이들은 아무도 없었다. 그저 징병위원들 앞에 몇 분만 불려 나가면 되는 일인데도 말이다. 게이처럼 보일 과장된 동작을 하면서, 어서 미남 후보생이 득실거리는 좋은 물을 즐기며 군 생활을 하고 싶어 몸살이 날 판이라고 떠들어 대면 종신 징병 연기를 받아내는 건 일도 아닌데 말이다. 물론 담배 연기 자욱한 저녁 모임에서 이런 농담은 무수히 오갔지만, 실제로 그렇게 했다가는 게이 행세가 단순한 연기가 아니라는 소문이 반드시 돌 터이니 그게 무서워서 아무도 이를 실행에 옮기려 들지 않았던 것이다.

하지만 오늘날에는 동성 결혼이 스페인, 아일랜드, 미국과 같이 보수적인 나라에서도 축복을 받고 있다. 그래도 동성애자 혐오증의 잔재는 여전히 남아 있지 않은가? 남아 있지 않다면 그게 이상한 일이다. 이는 수백 년이 넘는 오랜 세월 동안 생생히 살아 있었던 것이니까. 하지만 스톤월Stonewall*에서 나온 요구들과 "그 남자의 남편"이라는 말을 들어도 누구도 눈 하나 깜빡하지 않는 오늘날의 문화는 정말로 격세지감이다. 물론 다른 형태의 다양성과 마찬가지로 동성 결혼의 허용 또한 어두운 측면을 가지고 있다. 대기업은 기업 이미지를 개선하는 작업의 일환으로 성소수자 친화적 일터를 만든다는 홍보에 열을 올리면서, 다른 한편으로는 경제적 불평등을 심화시킬 신자유주의적 정책을 밀어붙이고 있다. 그럼에도 불구하고, 동성애자 공동체에 동등한 권리를 부여한다는 것은 한 세대 전만 해도 생각조차 할 수 없는 일이었다.

여기에서 더 최근에 나타난 진보의 예를 마지막으로 하나 들겠다. 이는 사실상 너무나 새로워서 아직 기저귀를 차고 걸음마를 하는 단계에 있다. 바로 역사 바로잡기의

* 제2차 세계대전 이후 미국에서는 동성애자에 대한 탄압이 더욱 조직적·체계적으로 이루어졌다. 공직을 포함한 사회 전반에서 동성애자로 의심만 받아도 퇴출되는 일이 흔했으며 FBI는 전국적인 명단까지 작성하여 관리하려 했고, '동성애죄'로 경찰에 잡혀가는 일도 많았다. 뉴욕시의 그리니치 지역은 제1차 세계대전 이후부터 동성애자들이 모이던 곳으로서, 이곳의 술집 스톤월에서 1969년 6월 28일 동성애자들을 체포하려던 경찰과 지역 주민 전체가 충돌하는 사건이 벌어진다. 동성애자 운동에서 중요한 분수령이 된 사건이며, 매년 6월 말에 벌어지는 게이 퍼레이드는 이를 기념하기 위해 시작된 것이다.

문제이다. 한 국민국가의 민족이라는 정체성을 형성하는 데 민족사의 서술은 언제나 중심적인 문제였으며, 민족사를 가르치는 문제는 더욱 그러했다. 그 비법은 아주 간단했다. 과거의 여러 편린 중 자랑스러워할 만한 것들만 골라 묶어 진보의 서사를 엮어내고, 거기에 속하지 않는 것들은 다 안된 일이지만 그다지 중요하지 않은 우회였을 뿐이라고 보는 것이다. 학생들은 미국이라는 예외적 민족에게 내려진 역사적 프로젝트, 영광스러운 영국 민족, 위대한 프랑스 공화국, 영원한 모국 러시아의 일원이라는 감정을 가득 품고서 학교를 졸업한다. 그러다가 만약 자신들의 역사에 도저히 무시할 수 없는 상처가 있는 경우에는 갑자기 영웅 서사가 피해자 서사로 급히 전환한다(폴란드인과 이스라엘인은 이 두 가지 서사를 결합하는 데 뛰어난 재주가 있다). 그래서 민족사의 서사는 오르락내리락한다. 대부분의 나라는 영웅적 순간만을 잡아 커다랗게 부풀리지만, 어떤 나라는 자신들이 겪어야 했던 손실에 대한 애상적 감정에 한없이 빠져든다. 그런데 20세기가 끝날 때까지 그 어떤 나라의 민족사 서사에서도 결코 강조되지 않은 요소가 하나 있으니, 바로 그 나라의 범죄의 역사였다. 그런 흉측한 이야기로 민족 정체성을 만들려들 나라가 있을 턱이 있겠는가?

독일인이 이 일을 해냈다. 제2차 세계대전 이후 몇십 년이 지난 뒤, 서독의 활동가, 지식인, 예술가, 교회 집단은 독일이 나치즘의 여러 범죄를 저지른 가해자로서의 역할을 인정할 것을 요구하기 시작했다. 독일 바깥에서는 이러한 요구가 새삼스럽고 불필요한 것으로 보였으니, 이는 마치 불이 뜨겁다는 것을 인정하라는 주장처럼 심드렁하게 보였기 때문이다. 하지만 전쟁이 끝난 뒤 처음 몇십 년이 지나도록 서독 내부의 독일인 대부분은 미국 남부의 '잃어버린 대의Confederate Lost Cause'* 신봉자들과 비슷한 소리를 늘어놓고 있었다. 이런 식으로 자기들끼리 불만과 고통의 한을 장황하게 늘어놓는 짓을 얼마나 소중히 물고 빨고 했는지 아는 외국인은 거의 없었다. 이를 공개적으로 터놓고 말했던 사람은 카를 슈미트와 같은 극소수뿐이었다. 하지만 슈미트의 이야기는 당시 서독 사람들 대부분의 입장을 대변하는 것이었으니, 독일이야말로 전쟁 최악의 희생자라는 것이었다. 나중에 가면 서독 대통령까지 나서서 비록 독일인도 전쟁 중과 전쟁 후에 고통을 겪기는 했지만 다른 민족이 훨씬 더 많은 고통을 겪었을 뿐만 아니라 이 원인이 독일에 있다고 선언하지만, 그렇게 되기까지 40년이 걸려야 했다(동독의 자기 이미지는 대단히 달랐다).[20] 그 후 몇십 년 동안, 나치의 범죄는 독일 정체성을 구성하는

* 미국사의 전형적인 유사 역사학 중 하나로서, 남북전쟁에서 패배한 남부 세력을 영웅시하는 시각에서 역사를 바꾸어버리는 관점이다. 즉 남부의 흑인 노예제는 아주 자애로워서 흑인은 백인 소유주를 사랑하였고, 남부 세력이 전쟁을 일으킨 이유는 노예제 고수가 아니라 연방 정부에 대한 주정부의 권리를 수호하기 위함이었으며, 남부 세력은 명예와 기사도가 넘치는 신사들이었지만 강력한 산업을 앞세워 힘으로 누른 북부의 폭력 앞에 패할 수밖에 없었으니, 이들의 명예와 이름을 회복해야 한다는 내용이다. 물론 압도적인 다수의 역사가들은 이 중 어느 것도 사실이 아니라고 강조한다.

기초라는 생각이 독일인들 사이에서 공고해졌다. 일부 독일인은 자기들 나라를 "가해자 국가"라고까지 부른다.

그 이전에는 어떤 나라도 스스로의 이미지를 영웅에서 피해자로, 또 피해자에서 가해자로 바꾸었던 적이 없다. 나치 독일의 각종 범죄가 워낙에 인류 역사상 최악의 것들이었으니까 그럴 뿐, 다른 어떤 나라도 그렇게까지 해야 할 이유가 없다고 생각하는 이들도 있을 것이다. 물론 인간이 저지른 악행을 놓고 서로 비교하여 경중을 따져볼 저울과 같은 것은 존재하지 않는다. 하지만 홀로코스트가 인간의 잔혹 행위 중에서도 단연코 최악이라고 주장하는 이들도 오늘날에는 노예제와 식민주의가 저지른 약탈과 살인 또한 악행이었음을 인정하게 되었다.

2019년에 나는《독일인들에게서 배운다: 인종 그리고 악의 기억Learning from the Germans: Race and the Memory of Evil》이라는 책을 펴냈다. 책에서 나는 어떤 민족도 제대로 들여다보기를 피하는 역사를 용감하게 직시하려는 독일의 노력에서 다른 나라도 배울 것이 많다고 주장했다. 물론 이런 노력을 하는 나라가 전무하다는 사실을 제외하고는, 독일에서 이루어진 역사 바로잡기라고 해서 무슨 훌륭한 모범이 될 만한 것은 전혀 못 되었다. 이는 완전한 것도 완벽한 것도 아니었으며, 그 과정에서 저질러진 여러 실수를 과연 바로잡을 수나 있을지도 지금으로서는 알 수 없다. 그럼에도 불구하고 진리를 향해 나아가는 방향을 제시했다. 또한 어느 민족이든 자신의 부끄러운 역사에 대해 진실을 말하는 것이 반드시 그 민족의 해체로 이어지는 것이 결코 아니라는 사실 또한 보여주었다.

이 책이 출간되었을 때 미국 샬러츠빌Charlottesville에는 여전히 로버트 리Robert E. Lee* 장군의 동상이 서 있었고, 미시시피주의 주정부 깃발 위에는 여전히 남북전쟁 당시 남부연합 국기가 선명했다. 나는 내가 낸 책과 관련하여 영국의 TV 프로그램에 두 번 출연할 기회가 있었는데, 사회자들은 이러한 미국의 현실이 도대체 영국과 무슨 상관이 있다는 거냐고 물었다. 따지고 보면 독일인들이 세계 지배를 획책했던 것이 사실이 아니냐고도 했다. 나는 영국이 전 세계를 지배했으며 해가 지는 법이 없었던 대영제국이었음을 기억하라고 우선 말했지만, 내 뒤에 나올 출연자가 촬영 세트장에 와 있었기 때문에 더 길게 이야기할 시간이 없었다. 그래도 내 메시지를 알아듣고 한풀 꺾인 이들은 다시 내게 미국이나 영국도 독일처럼 전쟁에 패해 점령군 치하에서 역사 바로잡기를 해야 했던 상황에 처한 적이 있었느냐고 물었다. 미국의 경우 그 영토의 일부라도 점령군 치하에 있었던 마지막 시점은 미연방 군대가 남부를 떠나 재건시대가 종식되었던 1877년이었으며, 영국이 마지막으로 점령을 당했던 것은 1066년이었다.†

이러한 반론은 독일의 역사 바로잡기라는 게 결국

* 남북전쟁이 끝날 무렵 남부 군대를 이끌었던 총사령관.

† 1066년 노르망디 바이킹 세력의 수장 윌리엄 공작이 잉글랜드 전역을 정복하여 앵글로 색슨 왕국 시대를 끝냈다.

점령군에 의해 강요된 것이거나 적어도 점령군이 추동하여 벌어진 것이 아니냐는 생각을 담고 있다. 그렇지 않았다. 당시 독일인들은 연합군이 시행했던 탈나치화 프로그램을 경멸하였고 이를 농담거리로 만들어버렸다. 승자의 정의가 관철되는 패키지의 일부에 불과하다는 식으로 냉소적으로 보았던 것이다. 알베르트 아인슈타인이나 한나 아렌트와 같은 세련된 정치적 관찰자들조차도 독일이 자신의 죄를 인정하는 일은 절대로 없을 것이라고 비관적으로 보았다. 나 또한 독일인들에게서 이러한 인정을 얻어내는 것이 너무나 어려운 일임을 잘 알고 있었기에, 차라리 미국 어쩌면 영국이라도 먼저 나서서 자신들의 잊고 싶은 과거를 일부라도 직시하면 좋겠다는 희망까지 품기도 했다. 결국 그렇게 되었다. 나는 2020년 조지 플로이드George Floyd 살해 사건의 여파로 시작된 BLM 운동이 거대한 역사 바로잡기의 물결을 몰고 오리라고는 거의 예상하지 못했다.

나는 그러한 물결을 환영했다. 시작만큼은 분명히 진보의 신호였기 때문이다. 민족적 차원에서의 트라우마를 억압하는 것은 다른 모든 트라우마를 억압하는 일과 같다. 깊은 상처가 곪아 터져 마침내 신체body 혹은 정치체body politic 전부를 감염시키며, 이렇게 과거를 묻어두기만 하면 결국 현재까지 오염시키게 된다. 미국이 노예제를, 또 영국이 식민주의를 정면으로 마주하게 되었다는 사실은 보다 건강한 나라로 나아가려는 한 발자국이다. 그러한 노력에 대해 격렬한 반항이 벌어진다고 해서 놀랄 것은 없다. 제2차 세계대전이 끝난 지 무려 50년이 흐른 시점에서도 독일군 범죄에 대한 역사 바로 세우기의 노력은 폭력적인 저항에 맞닥뜨렸고, 대중 집회와 폭탄 테러까지 벌어진 바 있다.[21]

다른 형태의 진보와 마찬가지로 역사 바로잡기 또한 일직선으로 전진하지 않는다. 최근 몇 년 사이 우익의 반발에 더해, 역사 바로잡기 활동 자체도 일부 그릇된 방향으로 나가는 일이 있었다.[22] "영국인들은 스스로 편하고자 자기들 역사를 이용한다. 하지만 독일인들은 미래를 생각하고자 자기들 역사를 활용한다"고 대영박물관 관장을 역임했던 닐 맥그리거Neil MacGregor가 말한 바 있다.[23] 이는 참으로 듣기 좋은 칭찬이지만, 독일의 역사 바로잡기 또한 화석화되어 가고 있으며 갈수록 진실과 거리가 멀어지고 있다. 과거에만 지나치게 초점을 두다 보면 현재를 제대로 보기 어려워지며 또 미래를 보는 일은 더욱더 어려워진다. 독일의 경우, 반유대주의라는 과거의 한 조각에만 너무 집착하여 열을 올리다 보니 현재를 제대로 보는 관점이 막히고 있다. 특히 무슬림 등 다른 소수 민족에 대한 인종주의가 버젓이 존재하며, 그중 일부는 인명까지 빼앗기고 있음에도 불구하고 이 문제에 대해서는 제대로 주의를 기울이지 못하고 있다.

미국에서도 역사 범죄에 대한 관심이 그와 비슷한 방향으로 나아가는 징후가 있다. 한 가지 종류의 범죄에만 집중함으로써 다른 범죄들은 시선에서 놓칠 위험이 있다. 미국은 지금 인종 문제에서의 역사 바로잡기가 한창이지만,

좀 더 폭넓은 정치적 문제에서의 역사 바로잡기는 거의 이루어지는 바가 없다. 내가 한 패널 토론에서 만났던 흑인 예술가는 정치적 신념 때문에 사람을 박해할 수 있다는 가능성은 생각조차 해본 적이 없다고 말했다. 잊힌 인종 범죄의 현장을 철저히 파헤칠 능력이 있는 이들조차도 대부분의 미국사 서사가 정치적 테러의 기억을 얼마나 억압하고 있는지에 대해서는 전혀 모르는 경우가 많다. 우선 사회주의 운동이다. 이는 모든 인종에 걸쳐 있었던 활기 넘친 정치 운동이었지만, 1946년에서 1959년 사이의 기간과 그 이후에도 반공주의의 이름 아래에 파괴당했다.[24]

듀보이스는 위대한 흑인 지식인으로 기억되고는 있지만, 그의 친구 알베르트 아인슈타인과 마찬가지로 굳건한 사회주의자이기도 했다. 하지만 이 두 위대한 사회주의 지식인 모두 조용히 사회적 격리를 당한 바 있다. 공산주의나 파시즘이나 똑같다는 관점을 내면화했던 이들은 이 위대한 영웅들에 흠집이 가는 일을 생각조차 하기 싫어한다. 하지만 영국이나 미국이나 인종적 역사뿐만 아니라 정치적 역사 또한 되돌아보기 전에는 오늘날의 세계에서 자신들이 차지하는 위치도 또 미래의 여러 가능성도 이해할 수 없게 된다. 20세기 중반에는 심지어 미국에서도 강력하면서도 대중적 지지를 받는 사회주의 전통이 존재했다. 하지만 이미 매카시 시대 이전부터 시작된 악랄한 반공주의가 이 전통을 파괴하였고, 다른 많은 나라에서도 똑같은 일이 벌어졌다. 물론 반공주의가 여전히 우리의 판단에 영향을 미치고 있음에 경각심을 갖자고 말한다고 해서, 공산주의가 옳다는 주장이 되는 것은 아니다. 우리의 미래를 위해 무엇을 진지하게 고찰할 것이며 무엇을 무시할 것인가를 결정하는 데 있어 우리의 사유에 어떠한 전제가 배경으로 깔려 있는지를 탐구해야 한다고 요구하는 것뿐이다.

이렇게 역사 바로잡기가 오로지 인종 문제에만 골몰해서는 안 된다는 경고에 더하여, 내가 또한 걱정하는 것은 역사가 오로지 범죄와 불운의 역사로만 다루어지고 있다는 점이다. 지금 막 생겨나고 있는 "기억 연구Memory Studies"라는 학문 분과는 거의 전적으로 나쁜 기억에만 몰두하고 있다. 예전에는 역사의 희생자들을 기억하는 일을 무시했다면, 이제는 역사의 영웅들을 망각할 위험에 처해 있다. 그러나 모든 민족은 영웅을 필요로 한다. 지금 인종 문제의 역사 바로잡기에 대한 맹렬한 반동이 일어나고 있으며, 학생들에게 마틴 루터 킹이나 토니 모리슨을 읽힌다면 국민적 단합이 깨어질 것이라는 주장이 여러 학교의 교육 이사회에서 나오고 있거니와, 이들의 주장에서 유일하게 옳은 요소가 있다면 미국인들에게는 이미 그 두 사람이 역사에 남는 영웅이라는 점이다.

오늘날 모든 미국인은 자신들이 킹 목사와 모리슨을 낳은 민족의 일원임을 자랑스러워하고 있으며, 역사적 영웅의 전당에서 언제나 두 사람의 모습을 볼 수 있다. 중요한 것은 평범한 진리이다. 어떤 민족도 나쁜 음식과 나쁜 기억만 먹으면서 번영할 수는 없다. 대부분의 민족은 피범벅의 역사 속에서 태어났으며 그 흔적을 감추기 위해 모든 수단을 동원한다. 재물과 영광을 찾아 헤매다 보면 도덕적으로 부패하고 폭력적 성향이 되지 않을 수가 없다. 그러나 정의롭지 못한 것에 저항하여 일어서는 용감한 사람들은 어느 때나 반드시 나타나게 마련이며, 이들 대부분은 큰 희생을 치르는 경우가 많다. 미국은 피범벅만이 아니라 모순의 역설 속에서도 태어난 나라라는 점에서 예외적이다. 다른 민족들은 한 부족이 방랑을 멈추고 일정한 땅 조각에 뿌리박기로 결정하는 순간 건국을 이루는 데 비하여 미국은 위대한 이상을 앞세운 요란한 팡파르 속에서 건국되었지만, 바로 그 순간에 이상들을 배반해버렸다. 그러나 미국 역사는 정복과 속박뿐만 아니라 정복과 속박에 대한 저항에도 그 뿌리를 깊게 박고 있다. 그 저항은 결코 잊어서는 안 될 것들이다. 영웅들은 소중한 이상을 실제 자기 몸으로 살아낸 용감한 인간들이 있었음을 우리에게 상기시켜준다. 그들은 정의의 구현체가 어떤 것인지를 보여줌으로써 정의의 여러 이상이 공허한 어구가 아니라는 점 그리고 우리 자신도 마땅히 그것을 믿고 행동에 나서야 한다는 영감을 던져준다. 역사 전쟁을 벌이려면 그 대상은 역사의 유산이 아니라 역사 속의 가치가 되어야 한다. 이는 과거에 우리가 어떤 존재였는지가 아니라 앞으로 우리가 어떤 존재가 되고자 하는지에 관한 논쟁이다. 기념비와 동상을 놓고 지금 미국에서 벌어지는 논쟁은 누구의 것을 무너뜨려야 하는지에 초점이 맞추어져 있지만, 우리는 그 자리에 누구의 동상을 대신 세울 것인지에 대해서도 생각할 필요가 있다.

이러한 논쟁은 세심하고 주의 깊은 방식으로 이어져야 한다. 미국 남부의 여러 도시와 마을에 가보면 중앙 광장을 남북전쟁의 남부군 장군들과 조니 렙Johnny Reb*들의 동상이 장식하고 있었지만, 이제 무너지고 있다. 나는 이를 환영했다. 하지만 누군가가 에이브러햄 링컨의 기념상도 무너뜨려야 한다고 외쳤을 때 나는 몸서리를 쳤다. 그런 소리를 외친 자와는 달리, 링컨은 미국 흑인의 민권을 옹호하기 위해 자신의 **목숨**을 바친 이였다(링컨의 암살범 존 윌크스 부스John Wilkes Booth도 본래부터 링컨을 싫어했지만, 이는 다른 대부분의 남부 백인들도 마찬가지였다. 그가 막상 암살에 나서게 된 것은 링컨이 흑인의 투표권을 지지하고 나섰기 때문이다). 혹자는 링컨이 오늘날 우리가 생각하는 의미에서의 반인종주의자는 아니었다고 말하기도 한다. 그런 일이 어떻게 가능할 수 있었겠는가? 링컨도 태어날 때부터 주입받은 편견을 가지고 있었던 사람이며 거기에서 벗어나는 데 오랜 시간이 걸렸지만, 우리 모두 다 마찬가지이다. 진보라는 개념 자체에 대한 의구심만 내려놓는다면, 우리는 링컨보다 더 멀리 진보해왔다는

* 남북전쟁 당시 북부군과 남부군의 일반 사병을 부르는 환유적 명칭으로, 북군은 빌리 양크Billy Yank, 남군은 조니 렙으로 불렸고 또 지금까지 기억되고 있다.

사실을 자축하는 동시에 그러한 시작점을 마련해준 링컨에게 감사할 수 있을 것이다.

2017년, 《독일인들에게서 배운다》를 쓰기 위해 조사하던 중, 나는 "깊은 남부Deep South"*에서 미국의 인종 문제를 바로잡기 위한 초기 노력을 연구하며 그해의 대부분을 보냈다. 브라이언 스티븐슨Bryan Stevenson을 만나 인터뷰할 수 있는 특권을 얻었거니와, 그는 당시 앨라배마주에 있는 평화와 정의를 위한 국립 기념관National Memorial for Peace and Justice(비공식적으로는 린치 기념관Lynching Memorial이라고 알려져 있다)의 건립을 매듭짓는 작업에 몰두하고 있었다. 그가 나누어준 생각 중 하나가 내게 큰 울림을 주었다.

> 1850년대에도 노예제는 잘못이라고 주장했던 남부의 백인들이 있었어요. 1920년대에도 린치 행위를 멈추려고 노력했던 남부의 백인들이 있었지만, 그들의 이름은 아무도 몰라요. 우리가 그들의 이름을 알지 못한다는 사실이 바로 우리가 알아야 하는 게 무엇인지를 전부 말해줍니다. 만약 우리가 그들의 이름을 알고 또 기념한다면, 미국이라는 나라는 수치심에서 자부심으로 전환할 수 있을 것입니다. 우리에게도 유산이 있습니다. 쉬운 길을 따라가는 사람들의 관행에 단호히 도전하고, 옳은 일을 선택하는 용기에

* 미국의 루이지애나주·미시시피주·앨라배마주·조지아주·사우스캐롤라이나주와 인접한 지역을 말한다.

> 뿌리박은 유산입니다. 우리에게 이러한 유산이 있음을 실제로 자랑스럽게 내세울 수가 있는 겁니다. 우리가 찬양하고 드높이고자 하는 규범을 우리 남부의 역사와 유산과 문화로 만들 수가 있는 겁니다.[25]

마땅히 이루어져야 할 당위의 세상과 있는 그대로의 현실의 세상 사이에는 언제나 격차가 있다. 영웅은 그 격차를 메운다. 그들은 정의롭지 못한 일에 맞서기 위해 우리의 자유를 활용하는 일이 가능할 뿐만 아니라 실제로 그렇게 하는 사람들이 존재한다는 것을 보여준다.

이러한 영웅을 찬양하고 기념하는 일에 덧붙여서, 우리는 인종주의가 미국인의 DNA 중 일부라는 주장을 경계해야 한다. 미국 역사에서 인종주의가 차지하는 부분이 한때 많은 이들이 생각했던 것보다 더 크다는 것은 분명한 사실이지만, 이를 DNA라는 생물학적 비유로 끌고 오는 데에는 여러 후과가 따른다. 무언가가 우리 DNA에 내재한 것이라면, 이는 눈동자 색깔이나 코의 크기처럼 태어날 때부터 지니는 특성이 되어버린다. 만약 인종주의가 당신의 DNA에 박혀 있다면 당신이 인종주의자가 되는 것을 피할 방법이 있는가? 이러한 생물학적 비유는 다니엘 골드하겐Daniel Goldhagen의 저서 《히틀러의 명을 기꺼이 받든 사형 집행인들Hitler's Willing Executioners》을 연상시킨다. 이 책은 독일의 문화가 언제나 반유대주의적이었다고 주장함으로써 홀로코스트를 설명하려 시도했다. 1990년대에 이 책이 독일에서 큰 성공을 거둔 대략의 이유는 일종의 책임 면제 논리를 제시했기 때문이다. 만약 독일인들이 옛날부터 언제나 반유대주의자들이었다면, 어느 독일인 개인에게 그 책임을 물을 수가 있단 말인가? 바바라 필즈Barbara J. Fields와 카렌 필즈Karen Fields, 투레 리드와 같은 사상가들이 주장하였듯이, 인종주의자란 태어나는 게 아니라 길러지는 것이다. 어느 자유주의자가 설령 좋은 의도였다고 해도, 인종주의는 역사적으로 결정되어 벌어진 사실이 아니라 태생적인 결함이라고 주장한다면 모든 잘못은 정치 시스템이 아닌 이런저런 개개인의(보통 빈곤층 백인인 "빻은 충蟲들 deplorables"*) 머리 위에 씌워지게 될 것이다.[26]

이론과 실천 사이의 관계에 대한 철학적 논쟁을 공부하지 않아도 최소한 다음과 같은 사실은 누구나 알고 있다. 당신이 가능하다고 생각하는 것이 무엇인가에 따라 당신이 행동하는 틀이 결정된다. 만약 진실과 서사를 구별하는 게 불가능하다고 생각한다면, 구별하려는 시도조차 귀찮게 여겨질 것이다. 자기이익이라는 것(유전적 이익이든 개인적 이익이든 부족적 이익이든) 이외의 다른 동기에서 행동하는 것은 불가능하다고 생각한다면, 스스로도 아무 거리낌 없이 자기이익에 따라서만 행동하게

* 2016년 대통령 선거 당시 힐러리 클린턴 후보는 LGBT 지지자 모임에서 트럼프를 지지하는 이들을 제대로 의식을 갖추지 못한 "한심한 작자들 떼거리 a basket of deplorable"라고 지칭했다. 이 말은 큰 역풍이 되었고 많은 이들에게 심한 반감을 일으켜 트럼프 열풍을 크게 키워주는 계기가 되었다. 훗날 힐러리 클린턴은 자서전에서 이것이 "트럼프에 주는 선물"이 되었다고 회고했다.

될 것이다.

철학의 쓸모는 아주 여러 가지가 있지만, 그중 하나는 우리가 가장 소중히 여기는 생각이 어떤 전제를 깔고 있는지 발견하고 다른 가능성에 대한 감각을 더 크게 확장하는 것이다. "현실적으로 생각하라"는 구호는 상식처럼 들리지만, 그 배후에는 수많은 정치적 입장을 떠받치는 모종의 형이상이 도사리고 있다. 무엇이 현실이고 무엇이 현실이 아닌지, 무엇이 가능한 일이고 무엇이 상상 속에나 있는 일인지 등에 대한 한 묶음의 전제가 이미 깔려 있는 것이다. 이 조언이 사실 뜻하는 바는 아주 쉬운 말로 번역할 수 있다. "기대 수준을 낮추어라"이다. 이런 조언을 받아들일 때 우리는 현실에 대해 어떤 전제를 깔고 있는가?

노예를 가축과 마찬가지의 재산으로 보는 재산 노예제chattel slavery가 폐지되었을 때, 여성에게 투표권이 주어졌을 때, 동성애자 부부에게 다른 시민들과 동등한 권리가 부여되었을 때, 바로 그 순간 무수한 사람들의 현실이 바뀌었다. 그러한 변화가 아직 찾아오지 않은 곳의 현실을 조금이라도 알고 싶다면 모리타니나 인도의 재산 노예제를, 사우디아라비아나 아프가니스탄에서의 여성 권리를, 이란이나 우간다에서 행해지는 동성애 범죄화를 보라. 하지만 다른 사상과 생각이 울려 퍼지는 다른 곳에서는 유색인종, 여성, 성소수자 공동체 등이 전혀 다른 현실을 살고 있다. 생각이 현실을 이미 뒤집었기 때문이다.

이렇듯 새로운 현실을 창조해낸 생각들이 계몽주의

사상에서 태어난 것이라고 나는 앞서 주장했다. 특정한 생각이 규범으로 확고히 뿌리내리면 세상은 변한다. 진보의 현실성을 부인하는 것은 현실 자체를 부인하는 일이다. 진보가 현실이 될 수 있다고 생각하는 이들을 어리석다고 한다면, 현실을 들어 퇴보가 벌어질 것이라고 말하는 여러 논리도 어리석기는 매한가지이다. 내가 현실도 전혀 모르면서 맹목적으로 진보를 말한다고 여기는 이가 있을까 봐 하는 말이지만, 나도 악evil이라는 것에 대해 여러 권의 책을 쓴 사람이다. 나도 절망에 빠지지 않으려고 몸부림치는 날들이 있다.

아마도 진보라는 생각 자체를 받아들이기가 그토록 어려운 것은 진보라는 개념 자체에 원인이 있을 것이다. 정의상 진보란 본래 지금 우리에게 없는 것이다. 이미 성취된 것은 진보라고 하지 않으며, 오로지 미래에(내일 아침이라면 제일 좋겠다) 성취되어야 할 어떤 것만이 진보가 된다. 앞의 세대가 이루어 놓은 일을 진보라고 인정하기가 어려운 것은, 그토록 힘들게 싸워 이루어 놓은 것들이라는 게 조금만 지나면 원래부터 당연히 그랬어야 할 정상적인 것으로 보이기 때문이다. 인종 분리라는 것이 사라진 세상에서 자라난 세대는 그게 없어졌다는 게 어떤 성취인지를 알기 어려울 수밖에 없다. 오히려 그런 게 옛날에 존재했다는 것에 놀랄 가능성이 더 크다. 그런데 이러한 망각이야말로 바로 인종 분리를 뒤엎기 위해 싸워온 이들의 목표였다. 즉 인종 분리에 대한 이야기를 듣는 아이들이 누가 이토록 야만적이고 우스꽝스러운 것을 받아들였는지를 의아하게 여기는 세상이 오는 게 그들의 목표였다. 오늘날이라면, "창자를 뽑고 몸을 네 조각으로 자르기"라는 처형 방식을 폐지하자는 데 모두 찬성하도록 하는 일이 어렵지 않다. 인종 분리의 폐지 또한 마찬가지의 일이 되었다. 그렇다면 이제는 오늘 우리가 겪는 문제에 집중해야 하지 않겠는가?

다음 세대의 사람들에게 진보란 여기에서 한 걸음 나아가 더욱 교묘한 형태의 여러 정의롭지 못한 일을 종식시키는 작업이 되어야만 한다. 이것이 바로 진보가 작동하는 방식이며, 진보가 왜 이렇게 더딘가에 대한 분노는 아마도 우리가 그것을 위해 계속 싸우는 데 꼭 필요한 요소일 것이다. 우리가 얼마나 많은 이들의 어깨를 밟고 서 있는지를 이따금 내려다보는 것도 힘을 내는 한 방법이다. 과거에 진정한 진보가 이루어졌음을 인정하지 못한다면, 미래에 더 많은 진보를 이루자는 희망을 결코 유지할 수 없기 때문이다. 물론 정의로운 사회라는 게 아직 얼마나 요원한지를 알게 된다면 과거에 이룬 진보만으로는 우리를 지탱하기에 충분하지 않다. 그러나 오늘날 정의를 위해 몸부림치는 수많은 사람들이 있으며, 이들은 지금 유행하는 최신 권위주의 선동가들에 비해 거의 주목을 받지 못하고 있다. 이란의 여성들, 토지를 빼앗긴 브라질의 노동자들, 콩고 혹은 미얀마의 민주주의 활동가들, 이들 모두 우리로서는 상상조차 할 수 없는 조건에서 싸우고 있다. 이들을 기억하는 것이 우리의 힘을 지탱하는 한 원천이 된다.

"그들은 희망을 포기하지 않는다." 노엄 촘스키의 말이다. "그러니까 우리도 절대 포기할 수 없다."[27]

메리 미드글리의 참으로 혜안이 있는 말이다. "도덕적인 변화란 아마 다른 무엇보다도, 사람들이 어떤 종류의 것들을 부끄럽게 여기는지의 변화일 것이다."[28] 그가 말하는 도덕적 변화란 더 나아지는 것이며, 달리 말하자면 진보라고 할 수 있다. 그 가장 단순한 예는 쉽게 찾을 수 있다. 지금 사람들은 사적인 곳에서는 무슨 말을 할지 몰라도, 일단 공적인 자리에서는 인종차별적·성차별적 발언을 하지 않는다. 최근까지도 자기들끼리 낄낄거리며 웃었던 이야기라고 해서 그걸 그냥 농담이었다고 발뺌하는 행동은 더는 통하지 않는다. 인터넷은 물론 똥통이 되어 있지만, 단지 익명성 뒤에 숨은 공격이 허용되는 곳이기 때문이다. 부끄러움도 쓸모가 있다. 트위터 익명 계정에 숨어서 떠드는 소리를 백주 대낮에 떳떳이 얼굴을 드러내고 할 생각을 하면 낯이 화끈거려 견디지 못할 테니까, 위선자들에게는 더 좋은 치료약이 된다.

그런데 부끄러움이 우리 최악의 충동을 막을 수 있는 반면, 망신당할 두려움 때문에 우리의 더 좋은 본능이 질식당하기도 한다. 인간 행동과 가능성에 대해 두 가지 설명이 있고 양쪽 모두 증명이 불가능한 경우, 오늘날에는 스티븐 핑커의 재담대로 "우리는 다 나쁜 놈들이다"라는 생각이 우위를 점하는 경향이 있다. 실제로 요즘 기독교의 원죄론에 열광하는 이들이 늘어나고 있으며, 나는 여기에 일조한 여러 사상과 관점을 조사한 바 있다. 여기에서는 그저 지금까지 거의 주목을 받지 못했던 이유 하나만을 이야기하고 논의를 끝맺겠다. 나는 인간 본성에 대한 좋은 이야기가 강하게 나오면 무언가 꺼림칙해하는 우리의 경향이 모종의 원초적 공포에서 비롯되었다고 생각한다. 한마디로, 그런 소리를 떠들다가는 현실 모르는 순진한 자라고 조롱을 당할까 봐 두려워하는 마음이다. 경제학자 로버트 프랭크Robert Frank는 특히 인간 행동을 연구하는 다양한 분야의 학자들 사이에서 전반적으로 횡행하고 있는 그러한 경향을 다음과 같이 묘사한다.

> 목석처럼 차갑고 엄숙한 연구자들은 어떤 인간 행동을 이타주의적이라고 말했다가 나중에 좀 더 세련된 동료 연구자가 그 행동이 사실은 자기이익에 복무하는 것이었음을 증명하게 되는 사태를 가장 큰 망신거리로 두려워한다. 희생적인 듯 보이는 행동을 두고 그 이면에 숨겨진 이기적 동기를 파헤치겠다고 행동 과학자들이 엄청난 양의 문헌을 쏟아낸 원인 중 하나가 바로 이러한 공포심임은 분명하다.

그러나 망신당하기를 두려워하는 것 그 자체가 바로 망신스러운 짓이다. 이런 짓은 우리가 사춘기 때나 시달리던 종류의 두려움이라는 것을 깨닫고 이제는 그만 내려놓아야 한다. 벌거벗은 몸으로 멋진 옷을 입었다고 뻐기는 임금님에게 진실을 말할 줏대 있는 신하들은 하나도 없었다. 우리 학자들은 비록 지금까지 창피당하는 게 두려워서 그런 신하들처럼 말을 뭉개며 살아오기는 했지만, 이제는 용기를 내서 있는 그대로 말할 때가 되지 않았는가?

5장

좌파란 무엇인가?

LEFT
≠
WOKE

'워크'란 그 기원이 1930년대로 거슬러 올라가는 단어이지만, 1938년에 이 말을 썼던 블루스 가수인 레드 벨리는 물론 그들의 노래 〈스코츠보로 소년들〉 또한 지금은 기억하는 사람이 많지 않다. 그런데 어떻게 해서 이 '워크'라는 말이 오늘날 세계적인 담론을 지배하게 된 것일까? 한 예로 2016년 미국 대통령 선거까지만 해도 이 말은 담론 세계에서 아무런 역할도 하지 못했다. 그런데 왜 그 이후로 이 말이 그토록 뜨거운 어휘가 되었는지에 대해 일반적인 설명부터 제시해보자. 보편주의는 모종의 추상화에 기반하고 있다. 즉 인류의 보편적 공통성이 상이한 역사와 문화에 따라 우리를 규정하는 모든 차이점과 어떻게 엮여 있는지를 떼어내어 볼 수 있는 능력을 요구한다. 그에 비해 부족주의는 훨씬 쉬워 보인다. 하지만 이는 언제나 옳은 일반적 설명에 불과하다. 여기에 더해 다음에 이야기할 두 가지 역사적 사건이 어째서 21세기에 들어와 워크가 뜨거운 말이 되었는지를 설명하는 데 좀 더 도움이 될 것이다.

1991년 국가사회주의가 무너졌을 때만 해도 여러 다른 경로가 여전히 열려 있었다. 냉전이 끝나면서 '비동맹'

이야기도 나왔으며, '평화배당금'으로 개발도상국에서나 선진 산업국에서나 절박하게 필요했던 여러 사회적 권리를 지탱할 재원으로 쓰자는 이야기 등이 나왔다. 페니 폰 에셴Penny von Eschen의 뛰어난 책《노스탤지어의 패러독스: 1989년 이후의 냉전 승리주의와 지구적 무질서Paradoxes of Nostalgia: Cold War Triumphalism and Global Distorder since 1989》를 보면, 1990년대 초의 정치, 금융, 대중문화가 하나로 어우러져서 우리 모두에게 전 세계를 휘감은 대기업 신자유주의 말고는 아무 대안도 없다는 확신을 불어넣었던 방식이 자세히 묘사되어 있다.[1]

내 지인 중에는 스탈린주의자가 한 사람도 없지만, '누구 버전의 사회주의를 스탈린주의에 대한 대안으로 삼아야 하느냐'를 놓고 수십년 동안 논쟁을 해온 많은 사회주의자들이 있다. 트로츠키? 마오? 아니면 그람시를 읽어야 하나? 그런데 1991년이 지나자, 그중 다수가 이렇게 될 줄 그전부터 다 알고 있었다고 선언했다. 사회주의란 작동할 수 없으며, 곧바로 강제 노동수용소로 이어지는 게 보통임을 자신들은 본래부터 알고 있었다는 것이다. 1991년은 아마도 보편적 정의를 위해 분투하고자 하는 모든 대규모 프로젝트가 종말을 고한 해였던 듯했다. 보편적인 세계 연대는 사라지고 그 자리를 대기업의 지구화가 메꾸게 되었다. 노파심에서 하는 말이지만, 나는 현실 사회주의가 보편적 정의를 가져오지 못했으며 오히려 온갖 범죄를 정당화하기 위해 그것을 수사학으로 써먹을 때가 많았다는 것을 잘 알고 있다. 하지만 그래도 우리가 자유와 정의를 갈망하는 인간 공통의 열망을 중심으로 단결할 것을 상상하는 세계관과 최신 아이폰을 갖고 싶어 한다는 것 말고는 우리 사이에 아무런 공통의 열망이 없다고 가정하는 세계관 사이의 차이는 크다.

십자군 전쟁이나 종교재판이 기독교 사상을 근저로부터 침식시켰던 것처럼, 스탈린의 강제 노동수용소 또한 사회주의 사상의 기반을 잠식했다. 하지만 그 모든 주장과 논쟁을 떠나서, 새천년이 시작되던 무렵에 우리가 잃어버린 것은 특정한 원칙이 아니라 원칙에 입각하여 행동한다는(최소한 상당한 규모로) 생각 자체였다. 이제 세상을 바꾸기보다는 세상의 일부를 소비하느라 바빠졌고, 그러면서도 세상을 바꾸고 싶어 하는 이들은 보다 작은 목표에 만족하게 되었다. 인종주의, 성차별, 성소수자 혐오 등에 맞서 싸우는 것은 사실 아주 옳은 일이며, 좌파에 남은 이들은 그래서 그저 여기에만 전념하게 됐다. 한편 1991년의 충격 이후에는 성찰을 위한 휴지기를 갖는 것이 합당한 일이기도 했다. 그러나 국제적인 규모에서 볼 때, 충격의 원인이 무엇인가에 대한 진정한 성찰은 보이지 않았다. 그러자 알카에다가 그 간극을 메웠고, 미국은 테러와의 전쟁을 선포하면서 옛날의 적을 대체할 새로운 적을 찾아내게 되었다. 그리하여 정치의 본질을 친구와 적 사이의 영구적 투쟁으로 보는 것이 **가능하다**는 카를 슈미트의 관점을 입증하기도 했다.

하지만 이는 어디까지나 가능하다는 것이지, 필연적이라는 말은 아니다. 당신은 2001년 9월 11일에 어디 있었는지는 똑똑히 기억할 것이지만, 2008년 11월 4일에 어디 있었는지는 잘 기억하지 못할 가능성이 높다. 버락 후세인 오바마가 대통령으로 선출된 순간 전 세계를 휩쓸었던 무거우면서도 더할 나위 없는 기쁨을 기억하는 것은 너무나 고통스러운 일이기에, 대부분의 사람들은 기억하지 않으려 한다. 차라리 오바마도 기회가 오면 드론을 날려 외국인을 죽여버리는 신자유주의의 또 다른 앞잡이일 뿐임을 원래부터 알고 있었다고 말하는 편이 훨씬 쉽다. 잃어버린 희망을 기억하는 일은 애초부터 기대 따위는 없었던 척하는 것보다 훨씬 더 고통스럽다.

하지만 최소한 몇 주 동안은 전 세계 대부분이 역사가 둥근 선을 그리면서 정의의 방향으로 돌아가고 있다고 믿었다. 물론 정의를 향해 직선을 그리며 나아가는 것은 아니지만, 대략 옳은 방향으로 가고 있다는 믿음이었다. 나는 어느 저녁 시카고의 그랜트 파크Grant Park에서 흑인 시카고인들에 둘러싸여 있었으며, 그들 다수는 눈물을 흘렸다. 하지만 이러한 희망은 미국인들만 느낀 게 아니었다. 독일에서는 그 전 1년 내내 오바마 후보가 메시아인 척 굴고 있다는 소리를 지겹게 떠들던 주간지들이 갑자기 오바마의 승리는 두 번째 미국 혁명에 해당하는 대사건이라고 선언했다. 쿠알라룸푸르에서 케이프타운에 이르기까지, 각국 지도자들은 미국이 이제 자유세계

지도자의 자리를 되찾아야 한다고 기쁘게 요구했다. 이스라엘의 저질 일간지까지도 "희망Ha Tikvah"이라는 두 글자를 헤드라인으로 장식했다. 이는 이스라엘에서 세속적 찬송가로 쓰이는 국가國歌의 제목이기도 하다. 케냐에서 미국 대통령 선거 다음 날을 국경일로 선포했을 때는 아무도 놀라지 않았다. 그러나 갈릴리 호수 근처에 사는 한 베두인 부족에서 오바마가 자기들 부족의 일원이라고 주장하고 나설 줄은 누가 알았겠는가? 또 어느 아일랜드 그룹이 "오리어리, 오라일리, 오해어, 오하라*/버락 오바마야말로 진짜배기 아일랜드 사람"이라는 후렴구가 담긴 노래를 만들 줄 누가 알았겠는가? (오바마 어머니의 증조부가 태어난 아일랜드 마을은 이제 국가 기념물로 지정되었다.) 이스라엘 신문 〈하레츠Ha'aretz〉는 이렇게 결론을 내렸다. "그가 선출된 날은 온 세계에 큰 변화를 가져왔으며, 그곳에 있던 이들에게 희망의 미래를 고대할 만한 이유를 가져다주었다." 스코틀랜드 신문 〈스코츠만Scotsman〉의 헤드라인은 똑같은 생각을 좀 더 화끈하게 표현했다. "**무슨 일이든 가능하다.**"

돌이켜보면 그런 희망은 참으로 황당하게 빗나간 것이었지만, 여기에서 그 이유에 대해 분석하지는 않겠다. 내가 이 시절을 회상하는 목적은, 2016년 미국 대통령 선거 당시만 해도 전혀 모습을 나타내지 않았던 '워크'라는 말이 그 이후 어떻게 해서 전성기를 맞게 되었는지를 이해하고자

* 모두 아일랜드에서 가장 흔한 이름들이다.

하는 것이다. 오바마 집권기에 성년을 맞은 젊은이들에게 있어서 오바마 대통령은 상찬하고 말고 할 대상도 아니었다. 오바마 가족은 그야말로 이들의 당연한 규범이었다. 나이나 정치적 성향에 따라 오바마 대통령이 이것도 하고 저건 좀 덜 하고 하는 등의 바람은 달랐겠지만, 똑똑하고, 기율이 잡혀 있으며, 외모까지 완벽한 긍정적이고 멋진 흑인 가정이 백악관에 있다는 것은 너무나 일상적이고 당연한 일로 여겨졌다.

그런데 바로 그 자리에 트럼프 가족이 들어선 모습은 많은 이들에게 머리를 한 대 맞은 것 같은 충격으로 다가갔다. 젊은이들이 가장 심한 충격을 받았다. 오바마 시절에 정치적 의식을 갖게 된 이들은 역사의 궤적이 다시 뒤로 휘는 것을 보면서 할 말을 잃었다. 그런데 충격과 격노라는 감정은 너무나 많은 힘을 소진시키는 것인지라 영원히 유지할 수는 없었다. 따라서 오바마 같은 이가 나온 다음에는 반드시 트럼프 같은 자가 나타나는 것이 당연하다고 여기게 되었다. 이렇듯 낙담한 오바마 시절의 아이들이 미국 대학 캠퍼스에서 워크 운동을 일으켰다. 그리고 시대에 뒤처질 것을 두려워하는 출판사, 대학 교수, 대기업이 부랴부랴 이 청년들의 추세를 따라잡으려고 나서는 바람에 워크 운동은 금세 세대 간 분열을 넘어서 그 이상의 운동이 되었다. 상황이 이렇게 변하자 처음에는 이를 미국의 문제라고 금방 무시해버렸던 유럽인들 또한 허둥지둥 달리는 기차 위에 올라타게 되었다.

§§§§§

역사적 성찰은 운동의 기원을 실시간으로 이해하는 데 도움이 되지만, 이 책은 철학서이다. 우리가 지금 처한 현실을 이해하기 위하여 경제적 불평등, 지정학적 변동, SNS 및 여타 매체를 분석하는 좋은 텍스트가 많이 있다. 또한 워크 운동의 방법으로 알려진 여러 가지, 즉 캔슬 컬처, 순수성의 고집, 어감 차이에 대한 불관용, 양분법에 대한 선호 등을 비판한 좋은 책도 많이 있다. 이러한 요소의 중요성은 지각 있는 사람이라면 아무도 부인할 이가 없을 것이며, 철학자들도 마찬가지이다. 하지만 내가 이 책에서 집중하기로 선택한 것은 생각과 사상의 문제이다. 워크 운동은 사유의 탈식민화를 외치는 바, 우리가 지금 겪고 있는 여러 층위의 위기는 우리 스스로 만들어낸 것이므로 우리가 생각하는 방식을 바꾸지 않는 한 파멸을 피할 수 없다는 믿음을 반영하고 있다. 나도 우리의 사고방식에 근본적인 변화가 절실히 필요하다는 점에 동의한다. 하지만 나는 이 책에서 워크 운동과는 다른 방향으로 나아가야 한다고 강력히 촉구했다. 앞서 살펴본 대로, 워크를 이야기하는 이들 스스로가 우파적일 수밖에 없는 일련의 이데올로기에 식민지화된 상태이기 때문이다.

앞의 세 장에서 다룬 개념과 주장은 좌파와 리버럴, 그리고 어떤 나라에서는 리버럴 보수주의자라고 부르는 이들까지도 단결시킬 수 있는 것들이었다. 우리가 살고 있는 세상은 파시즘의 모태라고 할 만한 세력들이 전 지구적으로 발호하여 도처에서 기본적인 정치적 권리까지 위협하고 있으며, 따라서 이들에 맞서 동맹체를 이루는 것이 절대적으로 필요한 시점이다. 여러 정치적 권리를 보존하고자 하는 이들이라면 그 정치적 입장의 이름이 무엇이 되었든 모두 힘을 합쳐야 하는 때다. 진지한 민주주의자라면 누구나 찬성하고 뭉칠 수 있는 기본적인 철학적 아이디어를 제시하고자 하는 게 이 책의 목표다. 진보, 정의, 보편주의의 가능성에 대한 신념이 바로 그것이다.

하지만 이 책은 또한 '좌파'와 '워크'를 혼동하는 이들을 위해 쓰였다. 이러한 혼동으로 인해 좌파는 여러 면에서 신뢰를 잃고 있다. 하마스의 테러를 해방 활동이라고 상찬하는 행위를 비판하는 것은 온당한 일이다. 하지만 비판을 행하는 이들 중 다수가 이를 좌파의 실패로, 혹은 많은 경우 탈식민주의 좌파의 실패로 보고 있다는 점에서 좌파는 재앙을 맞고 있다. 독자들은 주의하시라. '탈식민주의적postcolonial'이라는 말은 '반식민주의적anti-colonial'이라는 것과 다르다. 전자는 말에 하이픈도 없고 또 음절 수도 적어서 글이나 말에서 쓰면 좀 더 멋져 보이는 장점이 있다. 하지만 탈식민주의 이론을 신봉하지 않으면서도 식민주의에 반대하는 길은 얼마든지 있다. 비록 탈식민주의자들은 자신과 의견이 다른 자들은 모두 제국으로 되돌아가고 싶어 한다고 암시할 때가 많지만.[2]

앞의 세 장에서는 사람들 사이에서 폭넓은 합의를 얻을

수 있는 생각을 논의했지만, 이 장에서는 좌파와 리버럴이 구분되는 지점을 논의할 것이다. 좌파가 세계혁명의 신념을 갖느냐 마느냐는 각자가 선택할 방법의 문제다(오늘날처럼 철저하게 무장한 세상에서는 많은 이들이 세계혁명이라는 방법을 선택하지 않을 것이다. 하지만 이 책의 초고를 읽고 논평한 어떤 이는 내가 세계혁명을 권하지 않는다고 해서 "사회민주주의자에 불과하다"고 나무라기도 했다). 나는 그런 방법을 선택할 생각이 없지만, 다시 밝히건대 이 책은 좌파 운동 전략이 아니라 철학적 전제에 대한 것이다. 좌파가 모든 형태의 리버럴리즘과 구별되는 지점은, 여러 사회적 권리라는 것이 정치적 권리인 만큼 또한 인권이기도 하다는 생각을 전제로 삼는다는 것에 있다.

워크 및 탈식민주의자 대부분은 앞의 세 장에서 다룬 내용에서는 좌파와 갈라지지만, 방금 말한 전제에 있어서는 좌파와 입장을 같이한다. 하지만 주거와 건강보험, 교육 및 여가 등이 특권이 아니라 권리의 문제라는 생각에 아직 확신을 갖지 못한 이들을 위하여, 나는 사회적 권리가 침식되면 우리가 무엇을 잃게 되는지를 간략하게 이야기하는 것으로 이 책을 맺고자 한다. 무수한 사람들이 건강보험도 없이 죽어가고 있으며, 빈민가와 길거리에서 굶주린 채 삶을 영위하고, 교육도 문화도 없는 상태에서 정신이 질식해가고 있다. 아무리 외면하려고 애를 써도 이는 우리 모두가 똑똑히 알고 있는 사실이다. 그런데 심지어 중산층의 삶을 누리는 이들조차도 여러 사회적 권리의 부재로 인해 삶에 깊은 영향을 받고 있다는 사실은 생각보다 많은 이들이 모르고 있다.

지금 우리는 지구 전역에 걸쳐 분노의 함성이 높아지는 현상을 보고 있다. 이는 일면에서는 대단히 현실적인 조건이 빚어낸 결과이므로 사상이나 아이디어와는 별로 관계가 없어 보인다. 하지만 분노의 함성은 현실적인 조건에서 촉발되는 것이 아니라, 그러한 조건이 결코 어쩔 수 없는 게 아니라는 생각 때문에 촉발되는 것이다. 인간은 비록 여러 다른 대안에 대한 정보가 없다고 해도 이 말이 진실이라는 것을 얼마든지 감지할 능력이 있는 존재다. 세상이 꼭 이렇게 될 이유는 없다는 것을 직감적으로 깨닫는 존재라는 것이다. 한나 아렌트의 말이다.

> 분노의 함성은 단순히 빈곤과 고통 그 자체에 대한 즉물적 반응 같은 것이 절대 아니다. (…) 분노의 함성은, 지금 상태를 변화시키는 것이 얼마든지 가능함에도 불구하고 현실이 전혀 변하지 않는다는 의심이 생겨날 때만 터져 나온다. 그리고 그러한 반응이 생겨나는 것은 오로지 정의에 대한 우리의 감각이 자극되었을 때뿐이다.[3]

아렌트는 정의롭지 못한 상태에 대해 분노하는 것 자체는 비합리적이라는 생각을 부인했다. 합리적인 행동이 나오기 위해서는 우선 마음이 움직여야만 한다. 그리고 정의롭지 못한 상태보다 더욱더 우리의 마음을 뒤집는

고약한 것이 있으니, 그것은 위선이다. "매사가 합리적인 것처럼 보이게 한 거짓 모습에 우리 분노의 함성은 더욱 커지게 되어 있다. 거짓 모습 뒤에 숨어 있는 이해관계는 그다음 문제가 된다."[4]

많은 교육을 받은 미국인들은 종종 북유럽을 부러워하면서 유토피아의 복지국가로(이러한 묘사는 정의라든가 권리라든가 하는 생각을 담고 있지는 않다) 여긴다. 이는 곧 국민들의 동질성이 강한 작은 국가만이 여러 사회적 권리를 갖춘 시스템을 가질 여력이 있거나 혹은 이로 인해 발생할 여러 갈등을 헤쳐나갈 수 있다는 생각을 강화하는 면이 있다. 버니 샌더스조차도 독일이 아닌 북유럽 나라들을 자신의 준거점으로 언급한다. 독일은 샌더스가 상상조차 하지 못한 사회적 권리 시스템을 갖춘 나라이지만, 또 한편으로는 세계에서 네 번째로 큰 경제 대국이면서 갈수록 국민 구성이 다양해지고 있는 나라이기도 하다. 그렇지만 샌더스는 최근에 아주 좋은 제목의 책을 출간했다. 《자본주의에 분노해도 괜찮아요It's OK to be Angry About Capitalism》라는 이 책에서 그는 세월이 지날수록 매년 더 자본주의에 대한 분노가 깊어진다고 말한다.[5]

물론 분노는 워크 운동을 이끈 중요한 원동력 중 하나이다. 분노가 정당하다는 것은 의심의 여지가 없으며, 이는 특히 미국에서 더욱 날카롭게 대두되고 있다. 미국에서 삶의 대부분을 보낸 이들은 최근에 와서야 이러한 분노의 폭발을 주목하게 되었지만 말이다. 대량 살상의 총기 난동과 사망자 숫자의 증가, 국회의사당에 대한 공격과 난입 등과 같은 사태를 보라. 우리는 이 상태를 어떻게 바꾸어야 할지 모르는 가운데 그저 여기에 삶을 적응시키기에 바쁠 뿐이다. 외국에서 살다가 미국에 잠깐 돌아온 이들의 안목에서 보면, 이렇듯 일상적으로 터지는 분노의 수준은 실로 생생한 충격으로 다가온다. 이는 공항에서부터 시작된다. 그다음에는 도로로 이어지며, 또한 세상 어느 슈퍼마켓보다 두 배나 큰 미국의 모든 슈퍼마켓에도 속속들이 배어 있다(빨래할 때 쓰는 세제의 종류가 그토록 많은 것은 미국이 무한한 가능성의 나라라는 확신을 주려는 것인가?). 우리의 삶을 다스리는 중요한 결정은 이미 우리 손 밖으로 떠난 지 오래이며, 우리의 일상은 그러한 느낌을 은폐하는 무의미한 결정이 갉아먹고 있다. 여기에서 생겨나는 분노가 우리 삶의 저변에 흐르고 있다. 함께 식사하는 이와 대화 비슷한 것이라도 하려면 악을 쓸 수밖에 없을 정도로 식당마다 쾅쾅거리게 틀어놓은 음악이 이렇듯 일상의 저변에 깔린 분노를 은폐하지만, 또한 동시에 더욱 부추기고 있다.

이러한 분노의 상당 부분은 근본적으로 불합리한 조건에 대한 이성적인 대응이지만, 대안적 가능성을 상상할 수 있는 미국인들은 극소수이다. 다른 부유한 나라들이 권리라고 부르는 것들, 즉 병을 치료하는 데 필요한 약품을 살 건강보험, 병이 길어질 때의 생활비를 제공하는 병가 제도, 유급 휴가와 육아 휴직, 고등교육과 아동 보육 등이 미국에는 없기 때문이다. 미국인들은 이를 수당, 즉

"혜택benefits"이라고 부르며 자기들 고용주의 뜻에 따라 주어질 수도 있고 주어지지 않을 수도 있는 것으로 본다. 이는 권리의 개념과는 전혀 다른 것이다. 사회적 권리가 없으면 가장 큰 타격을 받는 것은 제일 가난한 이들로서, 우리의 음식을 생산하고 준비하는 이들, 우리 택배를 배달하는 이들, 우리 아이들과 노인들을 돌보는 이들이다. 게다가 그럭저럭 먹고사는 맞벌이 부모라고 해도 교육비와 건강보험으로 나가는 돈을 빼고 나면 봉급이 팍 줄어들며, 대중교통이 없는 곳에서는 아이들을 차로 태워다 주느라고 여가 시간을 다 빼앗기게 된다.

이들이 느끼는 불안감은 근본적으로는 지구적 경제에서 벌어지는 실제 변화에 있지만, 그 이상으로 중요한 요소는 폭주 기관차처럼 소비 지출을 계속 성장시켜야 하는 우리의 자본주의 시스템이 사람들을 항시적인 불만족 상태로 밀어 넣는다는 점이다. 멋진 집을 가지고 있다고 해도, 뉴스를 보는 순간 유명인사들이 사는 웅장한 저택이 튀어나오면 마음이 불편해진다. 나라고 이런 집을 갖지 말란 법이 없지 않은가? 광고 전문가들이라면 누구나 알고 있는 바이지만, 대기업은 사람들의 질투심을 생산하는 데 매년 수십억 달러를 퍼붓는다(아담 커티스Adam Curtis의 뛰어난 다큐멘터리 〈자아의 세기The Century of the Self〉—온라인에서 볼 수 있다—는 그러한 노력에 어떤 심리학적 수법이 들어가는지를 잘 보여준다). 질투심의 유혹을 어찌어찌 이겨낸다고 해도 결국 돈이 들어가는 것은 똑같다. 컴퓨터의 평균 수명은

4년이며, 스마트폰은 그보다 더 금방 망가진다. 이는 우연이 아니다. 1924년 이래로 자본주의는 "계획된 구식화planned obsolescence"에 의지해왔다. 바로 그해에 국제적인 전기 회사들의 협회는 전구의 수명을 2,500시간에서 1,000시간으로 줄이기로 결정했다. 제품의 수명이 가급적 길게 가도록 만들어야 한다는 기능공의 상식은 그때부터 무너지기 시작했다. 오늘날 우리는 사용하는 제품 대부분의 보증 기간이 만료되면 거의 그 즉시 망가질 것이라고 생각하게 되었다. 그러니 비교적 잘사는 사람들조차 이따금 경제적 불안을 따끔거리는 통증으로 느끼는 것도 당연한 일이다. 비록 오늘은 따뜻한 집에 먹을 것도 충분하고 인터넷도 있으며 때때로 휴가 여행도 갈 수 있지만, 난방 시설, 냉장고, 컴퓨터가 한꺼번에 고장이 나버리는 사태가 터진다면 어떻게 대처해야 할까?

그리고 개인 차원에서의 위태로움과 안락함의 문제를 떠난 다른 문제가 있다. 기후위기다. 이 문제의 급박성은 부인할 이가 없을 것이다. 문제가 제기된 것은 오래전 일이지만, 당시 정치가들은 나름의 "합리성"을 발휘해서 이를 먼 훗날의 일로 치부하여 딱 그만큼만 대응하거나 아예 그것조차 하지 않았으며, 이제 그러한 근시안적인 잔머리의 후과를 우리가 뒤집어쓰고 있다. 툰드라 영구 동토층이 해빙되고, 삼림 지대가 큰불에 타며, 그린란드의 얼음이 통째로 짜개져서 바다 위로 떨어지고 있는 상황에서 이렇다 할 아무런 행동도 취하지 않는 것은 비합리적인 것을 넘어서 완전히 미쳐 날뛰는 광인과 똑같은 모습이다. 권력의 운전대를 쥔 슈퍼리치들은 대개 최악의 폭풍이 몰아쳐도 끄떡없이 견딜 만한 자원을 가지고 있다. 그러나 다보스 세계 포럼에 참가하는 정도의 사람들까지 모두 그들 자신과 가족을 도피시킬 만큼 지구 위에 안전한 공간이 많지는 않다. 해수면이 상승하고 산불이 곳곳에서 으르렁거리며 지구를 파괴의 위협으로 몰고 가는 이 순간에도, 대기업은 변함없이 이윤을 추구하면서 우리에게 스스로를 파괴할 뿐만 아니라 땅, 바다, 하늘에 더 큰 피해를 입히도록 설계된 하잘것없는 장신구를 건네며 "어머, 이건 꼭 사야 해!"라고 속삭이고 있다. 이제 열 살짜리 아이도 탄소 배출에 관해 일장 연설을 할 수 있게 된 오늘날이건만, 막상 "우주의 지배자들masters of the universe"*께서는 도대체 왜 이 현실을 한사코 보려 하지 않는 것일까? 그렇다면 우리 보통 사람들이라도 나서서 해결책을 찾아가야 하지 않나? 하지만 현실을 보면 화만 치밀어 오른다. 우리 또한 가능한 한 이러한 현실을 외면하려고만 하고 있으니까.

지금 미국에서는 (그리고 갈수록 다른 나라에서도) 분노의 광란이 아주 요란하게 터져 나오고 있지만, 이는 사회적 권리나 총기규제법이 없다는 이유만으로 다 설명할 수는 없는 사태이다. 이는 또한 미국인들이 매일 겪는 현실이 미국 예외주의의 신화와 얼마나 심각하게 괴리하는지를 반영하는

* 전 세계에 걸쳐 가장 큰 권력을 가진 초국가적인 소수의 지배계급을 뜻하며, 보통 금융 자본가들을 가리킨다.

것이기도 하다. 대부분의 미국인, 특히 다른 나라에서 한 번도 살아본 적이 없는 미국인은 자기들 나라가 예외적으로 특별하다는 신화를 통째로 받아 철석같이 믿는다. 선거에 출마하는 정치가들은 누구나 지구상에서 가장 위대한 나라에 살고 있다는 데 감사한다고 외친다. 만약 다른 나라에서 벌어졌다면 마땅히 파시즘의 조짐이라고 우려할 만한 일들이다. 하지만 미국은 국가적 성취를 보여주는 수많은 척도로 따져볼 때—보건, 빈곤, 기대수명, 문맹률 등—다른 선진 산업국에 비해 뒤처져 있다. 또한 인종 간 폭력에 있어서도 현재 내란에 휘말린 나라들을 제외하면 가장 심각한 상태다(미국인 중에는 현재 내란이 발발할 것을 우려하는 이들이 40퍼센트나 되며, 나도 그중 하나다. 그러니 이 글이 책으로 인쇄되어 나왔을 때쯤에는 이미 내란이 폭발했을지도 모를 일이라고 본다). 2020년 여름에 수백만 명의 백인 미국인들이 시위에 참여했다는 사실은, 흑인 시민들에 대한 살해 행위가 근절되지 않는 데 대한 분노의 함성이 하나의 부족에만 국한된 것이 아님을 보여준다. 미국 흑인들에게는 이 분노가 매일매일의 일상 속에 깊게 드리워져 있다. 백인들이 보유한 가장 중요한 특권이 있다. 그들은 아이들이 경찰 폭력에 희생자가 되는 일을 피하기 위해 매일 〈더 토크The Talk〉*를 보도록 할 필요가 전혀 없다는 것이다.

* CBS의 TV 프로그램. 주로 가정주부를 대상으로 오전 11시에 방영되며, 여러 다양한 주제를 다루는 토크쇼이다.

오늘날처럼 전 세계 사람들이 전 지구에 걸쳐 촘촘한 연결망을 가진 적이 없었지만, 심지어 많은 외국인 지인을 둔 미국인조차도 다른 나라 사람들의 일상적 삶에 대해 놀라울 정도로 무지하다. 육아 휴직 제도를 놓고 최근 미국에서 논쟁이 있었는데, 미국 언론은 전 세계에서 육아 휴직 제도를 전혀 요구하지 않는 6개국 중 하나가 미국이라는 점은 널리 보도했다.* 그러나 다른 나라에서 부모들이 실제로 보장받는 권리가 얼마나 되는지에 대해서는 놀랄 정도로 침묵하거나 아예 그릇된 정보를 내놓을 때가 많다. 임신한 신인 여배우의 배는 뉴스에 매일같이 보도되지만, 독일에서는 아이가 태어날 때마다 부모에게 14개월의 유급 휴가가 주어진다는 사실을 알고 있는 미국인은 단 한 사람도 만나보지 못했다. 한편 유럽인들은 미국이 노동권이 없는 나라라는 사실을 잘 모른다. 그 큰 이유는 미국의 사회 시스템에 대해 알게 되더라도 야만성에 너무나 충격을 받아 멍해진 나머지 다른 유럽 사람들에게 어떻게 설명해야 할지 헤맬 때가 많기 때문이다. 내가 독일 동료들에게 전 지구적인 팬데믹 속에서도 대부분의 미국인은 병가 제도의 혜택을 받지 못하고 있다고 설명했을 때 그들이 보인 반응은 단순한 유감 표명 같은 것이 아니었다. 설령 우리가 아침 식사로 아기들을 잡아먹는다고 했어도 그렇게까지 충격적인

* 미국에서는 출산 여성에게 12주의 휴가가 주어지지만, 단순히 고용이 보장될 뿐 무급 휴가이며 그것도 50인 이상 사업장에만 적용된다.

반응은 나오지 않았을 것이다.

분노가 가장 두드러지게 나타나고 있는 곳은 미국이지만, 사회적 권리가 침식당할 때는 어느 곳에서든 터져 나올 수 있다. 10년 전만 해도 영국인들은 대학 교육의 무상 시스템을 자랑했지만, 이제는 없어졌다. 영국의 보수당 정권과 그 당이 추진한 유럽연합 탈퇴로 인해 국가 보건 서비스National Health Service, NHS 또한 무너지고 있다. 게다가 인플레이션과 긴축 재정이 결합되면서 이제 많은 영국인들은 겨울 동안 식료품과 난방 둘 중 하나를 선택해야 할 처지에 놓이게 되었다. 이 모든 문제를 해결할 자원이 넉넉하다는 사실을 경제학자들이 보여준 바 있지만,[6] 이는 경제학자가 아닌 보통 사람도 충분히 알 만한 문제다. 지구적 팬데믹이 세계 경제를 위협하자 얼마나 빠르게 백신이 개발되었는지를 생각해보라. 연구개발 자금으로 순식간에 수십억 달러의 돈이 쏟아지지 않았는가. 말랄라 유사프자이Malala Yousafzai의 계산에 따르면, 매년 군사비로 지출되는 돈을 8일만 아끼면 지구상의 모든 아이에게 12년간 교육을 제공할 재원을 마련할 수 있다고 한다. **1년에 단 8일이다**. 이러한 사실을 알게 된다면 우리는 어떻게 행동해야 하겠는가? 부조리한 상황을 보고도 아무것도 할 수 없다는 사실에 화가 나지 않는가?

이 점에 대해서는 푸코가 확실히 옳다. 권력의 지렛대는 눈에 보이지 않으며, 우리는 그 지렛대를 움직이는 방법도 모른다('우리'에는 아주 많은 숫자의 사람들이 들어간다. 버락 오바마를 생각해보라). 푸코는 1979년 신자유주의에 대한 강연에서 권력은 이제 정치적인 것이 아니라 경제적인 것이 되어버렸다고 주장했다. 신자유주의가 창조해낸 새로운 형태의 합리성은 국가를 경제에 봉사하는 존재로 자리매김했기 때문이라는 것이었다. 시장의 자유가 국가의 기초가 되었으며, 이 때문에 한 국가의 성공과 실패를 판단할 때 첫 번째로 경제 성장이 언급되기도 한다. 앙겔라 메르켈은 "시장에 순종하는 민주주의marktkonforme Demokratie"를 요구했던 자신의 말이 푸코의 이야기를 그대로 전하고 있다는 것을 알았을까? 그 대안은 민주주의에 순종하는 시장일 터이지만, 냉전의 양극 질서가 지구적 신자유주의로 대체된 이후의 몇십 년간 나타난 질서는 그게 아니었다. 지구적 신자유주의는 여러 종류의 정치 조직과 양립 가능한 질서로서, 특히 중국이 이를 잘 보여준다.

끝없는 경쟁을 자연적인 인간 행동의 양식이라고 가정하는 진화심리학이 냉전 종식 이후 인간 행동에 대한 지도적 설명이 된 것은 우연이 아니다. 진화심리학은 베를린 장벽이 무너진 뒤 유일하게 남은 경제/정치 이론으로 떠오른 신자유주의에 과학적 기초 혹은 최소한 버팀목을 제공하는 것으로 보였기 때문이다. 신자유주의에 있어서 특정한 시장정책보다 더 중요한 것은 인간 본성에 대한 일반적 전제다. 정치 이론가 리처드 터크Richard Tuck는 말한다.

> 현대 경제학의 창설자들과 정치학에서 그들을 추종한 자들은 자신들이 "가치 중립" 혹은 "과학적" 탐구에 몰두한다고 생각할지 모르겠지만, 사실상 그들은 도덕철학을 하고 있었다.[7]

마가렛 대처가 했던 말도 같은 이야기이다. "경제학은 방법이며, 목적은 영혼을 바꾸는 것입니다."

우리의 영혼은 그 이후로 바뀌고 있는 것일까? 신자유주의는 **호모 에코노미쿠스**, 즉 "경제적 인간"이야말로 우리를 가장 잘 이해할 수 있는 개념이라고 말한다. "부를 욕망하며, 그 목적의 달성을 위해 여러 수단의 효율성을 비교하고 판단할 수 있는 존재로서만" 인간을 바라보아야 한다는 것이었다. 이러한 정의를 정식화한 철학자는 존 스튜어트 밀이었지만, 그는 이러한 정의로 현실의 인간을 포착할 수 있다고 상상할 만큼 정신이 나간 정치경제학자는 결코 없을 것이라고 덧붙인 바 있다. 19세기에는 터무니없어 보였을지 모르지만, 오늘날에는 인적 자본이라는 말을 들먹여도 아무도 경악하지 않는다. 피고용인은 기업의 인사 부처에서 관리하는 대상이 된다. 우리 모두 각자의 고유한 브랜드를 개발하라고 아무렇지도 않은 듯 장려된다. 어린아이들도 유튜브에 장난감 언박싱 영상을 올려 백만장자가 된다. 독일 바바리아의 한

투자가는 최근 예수의 십자가에 로마 병사가 붙여놓았던 이니셜 INRI*에 대한 지적 소유권을 설정했다. 그는 티셔츠와 음료수 생산 라인을 개발할 계획인데, 교회가 자기보다 먼저 여기에 지적 소유권을 설정해두지 않은 것에 놀랐다고 한다. 철저한 유물론자요 무신론자였던 마르크스조차 종교에 대해 일정한 존중을 표했다는 사실을 기억하는지?[8]

푸코는 신자유주의가 호모 에코노미쿠스를 완벽하게 현실에 구현했다고 주장했다. 밀에게 있어서는 허구적 추상물에 불과했던 것이 이제는 인간이란 어떤 존재인지에 대해 다른 모든 생각을 가려버리고 말았다. 고전적 자유주의 경제학은 우리를 소비자로 보았지만, 이제 우리는 기본적으로 사업가로 여겨지게 되었다. 정치 이론가 웬디 브라운Wendy Brown은 이렇게 설명한다.

> 신자유주의는 경제에 대해 어떤 특수한 이미지를 설정해놓고 모든 인간 생활의 영역과 활동을 그에 따라 둔갑시키며, 인간들 자체도 둔갑시킨다. 모든 행위는 경제적 행위이며, 인간 존재의 모든 영역은 경제적 관점에서 틀이 짜이고 또 경제적 단위로 측량된다. 이는 그 영역이 화폐화되어 있지 않은 경우에도 마찬가지다. 신자유주의적 이성과 또 그것에 지배되는 영역에서 우리는

* "나사렛 예수, 유대인들의 왕Iesus Nazarenus, Rex Iudaeorum"이라는 라틴어 어구의 머리글자.

> 언제 어디서든 오로지 호모 에코노미쿠스일 뿐이며, 따라서 호모 에코노미쿠스라는 것 자체도 이러한 역사적 조건에서 나타나는 특수한 형태이다. (…) 모든 영역에서 호모 에코노미쿠스가 최고의 규범으로서 군림하게 된다는 것은 곧 경제적인 것 이외에는 그 어떤 동기도 충동도 열망도 존재하지 않는다는 것을 뜻하며, 인간이 된다는 것에는 오로지 "숨 쉬며 살아가는 삶mere life" 이외에는 아무것도 존재하지 않는다는 것을 뜻한다.[9]

푸코에 따르면 이제 기본적 시장 원리의 자리는 교환이 아니라 경쟁이 차지하게 되었다. 하지만 그는 경쟁이 자연적인 것이라고 생각하지 않는다. 따라서 사람들에게 경쟁을 장려하거나 또는 회복시키기 위해 정부가 반드시 개입해야만 한다고 본다. 브라운이 지적하듯이, 이는 실로 파괴적인 결과를 가져온다.

> 가장 중요한 점은 교환의 경우 등가라는 것이 전제요 규범이 되지만, 경쟁의 경우에는 불평등이 전제요 결과가 된다는 것이다. 그 결과 신자유주의의 정치적 합리성이 완전히 실현되고 그리하여 시장의 원리가 모든 영역으로 확장될 경우, 불평등은 모든 영역에서 정당한 것 심지어 마땅한 규범이 되어버린다.[10]

> 경쟁에 기반한 체제는 필연적으로 인위적인 불평등을

낳는다. 그러나 설령 이러한 불평등이 없다고 해도, 호모 에코노미쿠스를 너무 부풀려서 인간 존재의 모든 영역을 가려버리는 것만으로도 사람들은 분노의 함성을 지르게 된다. 그러한 교묘한 메커니즘을 사람들이 의식하지 못할수록 분노의 함성도 더욱 강해진다. 칸트의 철학을 전혀 모르는 사람이라고 해도 누구든 자기 자신이 수단으로 취급당하게 되면 분개하지 않을 수 없기 때문이다. 그리고 이것이 지금 우리 모두가 매일매일 겪는 상태다.

푸코가 그려내는 신자유주의는, 비록 세련된 상식처럼 분장하고 통용되고 있지만 경제적 혁명이라기보다는 도덕적 혁명이다. 푸코의 설명은 인간을 인적 자본으로 환원하는 일이 막 시작되었던 시점에 쓰인 것이라는 점을 생각하면 더욱 대단하기는 하다. 하지만 또한 모든 규범적 입장을 거부하는 그의 행태가 가장 괘씸하게 여겨지는 부분이기도 하다. 신자유주의가 우리에게 무슨 짓을 했는지에 대한 그의 분석은 너무나 비판적이고 정곡을 찌르는 것이라서 읽다 보면 화염병이라도 던지고 싶은 마음이 솟구치지 않을 수가 없다. 그런데 푸코는 이제 권력이 더는 화염병으로 저항할 수 있는 종류의 것이 아니게 되었다고 믿었다. 나아가 푸코 자신이 신자유주의를 두고 저항해야 할 대상으로 보았는가에 대해서도 푸코주의자들조차 입장이 갈린다.[11] 푸코의 언급 중 일부는 신자유주의를 환영하는 것으로 보인다.

신자유주의의 인적 자본이라는 것은 우리의 실제 존재를 묘사하는 개념이기도 하면서 또 우리가 마땅히 나아가야 할 바를 밝혀주는 규범적 개념이기도 하다(**당신 자신만의 브랜드를 개발하세요**). 여기에 푸코가 동의했는지의 여부는 결코 알 길이 없지만, 이에 맞서 싸울 도구를 우리에게 남기지 않았다는 것만큼은 확실하다.

행동경제학 분야에서는 인간의 행동이 종종 호모 에코노미쿠스 모델에서 이탈할 때가 많다는 것을 인정하는 신자유주의의 모습을 볼 수 있다. 하지만 이러한 분석은 "이탈"에 초점이 맞추어져 있다. 즉 정념과 인지적 왜곡으로 인해 호모 에코노미쿠스 모델에 따른 효용 극대화에 실패하는 방식에 초점을 두는 것이다. 이 호모 에코노미쿠스 모델 자체는 여전히 도달해야 할 이상이며, 행동경제학은 우리가 거기에 만족스럽게 도달하지 못하는 여러 방식을 살펴보는 것이 된다. 모델 자체가 애초부터 인간에게 만족스럽게 적용될 수 있는 게 아니라는 의문은 거의 제기되는 법이 없다. 우리는 진화심리학이 이타주의를 문제로 삼을 때도 비슷한 행태가 나타나는 것을 보았다. 모델이 예견한 대로 우리가 행동하지 않는 모든 경우에 대해, 진화심리학은 우리의 친족 감지기kinship-detectors가 속아 넘어갔기 때문이라고 선언하면서 설명하려 든다. ("친족 감지기"라니, 대체 이게 농담인가 진담인가?)

시장 규제가 완전히 풀려서, 우리의 주의를 엉뚱한 곳으로 돌리고 스스로 퇴화시키도록 설계된 제품을 점점 더 많이 생산하게 되면 인간의 행복 또한 최상으로 달성되리라고 신자유주의는 주장한다. 만약 누군가가 이러한 비전을 거부하면서 사람들은 공동의 생산 활동에 몰두할 때 더욱 삶에 꽃이 피어날 것이라고 한다면, 그 사람은 늙수그레한 히피이거나 비밀 공산주의자로 몰리기 십상이다. 사회심리학의 모든 진지한 경험적 연구를 통해 이러한 주장이 사실임이 입증되었는데도 말이다. 대처 수상의 유명한 말처럼, 우리 보통 사람들도 이제는 경제적 합리성이 지배하는 세상 말고는 **대안이 없다**고 믿게 되었다. 하지만 그러한 세상이 얼마나 비합리적인지는 매일같이 입증되고 있다. 토마 피케티는 이를 이렇게 요약한다.

> 사람들에게 오늘날 존재하는 사회경제적 조직과 계급 불평등에 대한 신뢰할 만한 대안이 없다고 말한다면, 이들은 대신 자신의 국경과 정체성을 수호하는 일에 희망을 걸게 된다. 이는 전혀 놀라운 일이 아니다.[12]

우리는 지금 두 가지 종류의 비합리성 사이에서 하나를 선택해야 하는 처지로 보이지만, 그 어느 쪽도 우리의 삶을 꽃피워주는 것은 고사하고 생존조차 보장해주지 못할 것이다.

아무도 의문을 제기하지 않는 가운데 매일같이 주류 신문 매체에 활자화되고 있는 철학적 전제의 예로서 다시 한번 〈뉴욕타임스〉를 보자. 2023년 9월, "미국인들은 교육의 가치에 대한 신념을 잃고 있다"라는 제목의 기사가 게재되었다.[13] 기사에 따르면 지난 10년간 대학 교육이 중요하다고 생각하는 청년층은 74퍼센트에서 41퍼센트로 감소했다. 기사는 대학 교육을 받은 노동자들이 임금과 자산에서 얻게 되는 프리미엄의 차이를 설명하고, "대학 교육에 투자해서 이익을 보기" 위해서는 무엇이 필요한지에 대한 질문을 조사한 연구를 인용한다.

> 대학은 누구에게 유리하고, 누구에게는 그렇지 않은가? 그는 대학 전공별, 학업 능력별, 등록금별로 데이터를 분석하여 고등교육이라는 카지노에서 돈을 따는 이들과 돈을 잃는 이들이 정확히 누구인지를 자세히 보여준다.

기사에는 경제 데이터가 가득하며, "더 나은 교육을 받은 노동력을 갖춘 강력한 경제 조직들"과의 비교도 쏟아진다. 하지만 이 기사에서 절대로 의문을 품는 법이 없는 한 가지 명제가 있다. 고등교육의 가치란 바로 물질적 가치라는 명제다. 인격의 형성에 관해서는 어떤 말도 나오지 않는다. 이건 완전히 19세기 이야기이니까. 또한 민주적 시민의 양성이라는 문제도 암시조차 보이지 않는다. 지금 무엇보다도 필요한 것이지만, 이는 20세기의 잔재일 뿐이다. 단순히 '가치=시장가치'라는 전제가 기사를 지배하고 있으며, 결론에 가서도 다시 강조된다.

> 홀츠 이킨Holtz-Eakin과 톰 리Tom Lee는 장래에 대학 졸업자 수백만 명이 감소하면서 미국 경제가 치러야 하는 대가를 계산해보았다. 2020년대가 끝날 무렵 경제 산출에서 1조 2,000억 달러가 감소하게 될 것이다. 결국 대학 교육의 승자와 패자 할 것 없이 모두 함께 이 비용을 감당해야 할 가능성이 크다.

고등교육의 가치를 논하는 글에서 '가치'란 '화폐가치'를 뜻한다고 굳이 **언명**할 필요가 없다고 여겨진다니, 이는 곧 신자유주의가 우리의 영혼을 완전히 삼켜버렸음을 뜻한다. 만 번을 양보해도 이는 우리가 호모 에코노미쿠스로 변해가는 과정에 있음을 시사하지만, 때때로 일상생활에서 우리가 계산으로 측량할 수 있는 것보다 훨씬 큰 자아를 가진 존재라는 사실이 드러나기도 한다. 그렇지만 다시 매일같이 이러한 자각을 잊게 하는 여러 메시지가 융단 폭격처럼 쏟아진다. 신자유주의는 "우리 주주들에 대한 책임"과 같은 주문을 사용하여, 이윤 말고는 중요한 것이 없다는 확신을 온화한 도덕적 어조로 치장한다. 뭐, 책임감이라는 것에 무슨 토를 달 수 있겠는가?

오래전에 조지 오웰이 말한 바 있듯이, 대부분의 사람들은 "우리 문명은 퇴락하고 있으며 우리 언어 또한 (…) 전반적 붕괴의 운명에 함께할 수밖에 없다. 언어의 남용이 자행되고 있지만, 거기에 맞서려는 모든 투쟁은 옛날 것에 집착하는 감상주의일 수밖에 없다"고 믿게 된다. 그러나 오웰은 언어를 좀먹는 나쁜 버릇은 사유 또한 똑같이 좀먹는다고 갈파하며, 그저 이러한 나쁜 버릇에 일정한 주의를 기울이기만 하면 된다고 주장한다. "그러한 나쁜 버릇을 제거한다면 좀 더 명쾌한 사유가 가능해지며, 명쾌한 사유란 정치적 갱생을 향한 필수적인 첫 발자국이다. 따라서 나쁜 언어에 대한 싸움은 경박한 짓이 아니며, 직업적 작가만의 관심사가 아니다."[14]

광고에서 벌어지는 언어의 오용과 남용은 우리 삶에 너무나 속속들이 파고들어 있기에 그것에 익숙해진 이들조차도 극단적인 경우와 마주하면 황당함을 느끼지 않을 수 없다. 그래서 이따금 아예 귀를 닫아버리지 않고서는 정말로 미쳐버릴 수도 있다. 옛날에는 정치에서도 광고가 그렇게까지 중심적인 것은 아니었고 또 광고 자체도 그렇게까지 극단적이지는 않았지만, 그런 세상은 이제 기억조차 가물거린다. 나는 우리 동네 슈퍼마켓에서 과일을 살 때 "돌봄을 아는 딸기"라는 광고 문구가 적힌 딸기는 절대로 안 산다. 나 한 사람이 그래 봐야 마케팅이나 판매 수치에는 아무 영향도 없겠지만, 적어도 내가 아침에 냉장고를 열 때마다 울화가 치미는 것은 피할 수 있으니까(**돌봄을 아는 딸기란 없다고! 돌봄을 아는 딸기란 없다고!**). 그런데 우리 아파트 앞길에 설치된 새로운 브랜드의 이동식 화장실은 어쩌다 보니 사지 않을 수가 없었다. 그 제품의 이름은 "작은 구름Cloudlet"이다.

여기까지는 괜찮았는데, 어느 날 이 회사가 "작은 구름=사랑"이라는 광고 카피를 내걸기 시작했다. 냉소적인 사람이라면 이를 두고 **사랑? 똥이나 싸라**는 메시지로 읽어낼지 모르겠지만, 나는 이 카피가 나온 것이 그저 아무 생각이 없어서 벌어진 일이므로 여기에 대해 항의를 하고 어쩌고 하는 것도 무의미하다고 생각한다. 하지만 이런 얼빠진 소리에 매일매일 융단 폭격을 당하는 사람들은 결국 가짜뉴스도 아무 의심 없이 받아들이게 될 것이다.

이러한 종류의 언어 사용은 주의를 기울이는 이들도 아무 저항 없이 받아들이는 예들이다. 언어 규칙은 어떨 때는 철저히 지켜야 하며 어떨 때는 대충 무시할 수 있지만, 그게 어떤 경우인지를 결정하는 일은 간단하지 않다. 하지만 나치가 "거짓말"을 뜻하는 것으로 "언어 규칙"이라는 용어를 사용했다는 것을 알아야 한다. "우리 주주들에 대한 책임"은 신자유주의가 이윤 추구를 하늘로 떠받들어 마침내 이 세상에서 유일하게 중요한 것은 당기 순이익뿐이라고 주장하는 언어 규칙이다. 이는 엄밀히 말해서 거짓말은 아니지만, 근본적인 질문을 던지기 어렵게 만들면서 광고의 헛소리는 받아들이기 쉽게 만드는 종류의 진리 왜곡이다.

그런데 주주들에게 책임을 다하느라 바쁜 대기업들은 그 와중에 일부 주주가 당기 순이익 말고 신경 쓰는 다른 단어도 있다는 사실을 눈치채게 되었고, 그에 따라 자기들의 언어도 바꾸었다. "홈리스homeless"라는 말 대신

"살 집이 없는 이unhoused"라는 말을 쓰게 되었고, 걷지 못하는 사람들은("장애인disabled"이 아니라—옮긴이) "다른 능력을 가진 이들differntly abled"이라고 불리게 되었으며, 옛날의 노예들은 이제 "노예화당한 인격체enslaved persons"라고 불리게 되었다. 물론 이러한 말 바꿈은 그 이름으로 지칭되는 이들을 존중하려는 의도를 가지고 있다. 하지만 "살 집이 없는 이"라고 부른다고 해서 "홈리스"보다 처지가 나아지는 것은 아무것도 없다. 이런 언어 순화의 효과라는 게 있다면 극악한 현실을 널 고통스럽게 들리도록 하는 것뿐이다. "홈리스"가 된다는 것은 단순히 "살 집이 없는 이"가 되는 것보다 더 깊은 차원에서의 불행을 담고 있으며, "홈리스"라는 무정한 말은 오히려 이러한 차가운 현실을 있는 그대로 반영한다. "노예화당한 인격체"라는 말도 비슷한 방식으로 노예제의 시퍼런 칼날을 무디게 보이는 효과를 낳는다. 오늘날에는 다시 상기시킬 필요도 없는 일이지만, 옛날에 노예를 사고팔고 했던 이들은 그들을 사람이라고 간주하지 **않았다**. 때로는 언어가 듣는 이에게 그 언어가 지칭하는 상황과 똑같은 만큼의 아픔을 전달해야 한다. 그렇지 않다면 그 언어는 그것이 지칭하는 현실을 그릇되게 전하는 것이 된다.

21세기에 들어서면서 영어 사용자들은 "문제problem"라는 말 대신 "사안issue"이라는 말을 쓰기 시작했다. 마치 이렇게 부드럽게 들리는 단어를 쓰면 문제들이 다 해결되기나 하는 것처럼. 하지만 당신이 사랑하는 누군가에게 의학적

"사안"이 있다고 말해봤자 그 사람이 "문제"를 안고 있으며 어쩌면 목숨을 위협하는 "문제"일 수도 있다는 사실은 변치 않는다. 무어라고 부르건, 어떤 식으로든 부드럽게 들리는 쪽을 선택하건 이는 변하지 않는다.

언어는 언제나 변하며, 언어마다 문제를 해결하는 방식은 아주 다르다. 영어와 독일어에서 젠더 중립적 언어가 작동하는 방식은 정반대이다. 독일어에서는 리즈 트러스Liz Truss 총리를 여총리prime ministeress라고 부르지만, 영어에서는 메건 마클Meghan Markle을 배우actor라고 불렀다. 그런데 요즘에는 영어에서도 독일어식 어법을 써야 한다는 풍조가 나타났고, 이를 지지하는 정부의 법령까지 나왔다. "시민들과 여시민들citizens and citizeness"이라고 말하지 않는 이들은 모두 용서받지 못할 성차별주의자라는 식이다(작가와 여작가writeress, 제빵사와 여제빵사bakeress 등으로 무한히 확장된다). 나는 영어를 모국어로 쓰는 사람으로서, 이러한 흐름을 혐오한다. 나의 언어적 직관에 비추어보면 그 반대 방향이 옳다. 이런저런 직업의 이름 자체가 젠더 중립적인데, 굳이 누군가의 직업에 젠더를 부여한다는 것은 오히려 성차별적인 어감을 주기 때문이다. 사람마다 자신이 모국어로 배우며 자라난 언어에 따라 언어적 직관이 달라지며, 여기에는 문법적으로 맞고 틀린 것에 대한 직관뿐만 아니라 어떤 문법 형태가 정치적으로 맞는 어감과 그릇된 어감을 갖는지에 대한 직관도 있다. 이러한 예는 무수히 많다. 언어에 내장된 성차별주의를 근절하자는 비슷한 목표를 갖고 있다고 해도, 사람들마다 그 해결책은 달라질 수 있다. 이러한 불일치는 얼마든지 서로 용인할 수 있는 종류의 것이지만, 이제는 저 사람의 의견이 나와 불일치한다는 건 곧 나에 대한 해꼬지라는 식으로 경계가 모호해진 터라 결국 이 때문에 갈등이 터지게 된다.[15]

우리는 개인적인 것이 정치적인 것이라는 말을 오래전부터 알았지만, 오로지 개인적인 것만이 정치적인 것이라는 식이 되면서 희망을 포기하게 되었다. 당신을 어떤 대명사로 지칭할지를 바꾸어내는 것이 마치 대단한 급진적 변화처럼 느껴질지 모르겠지만, 목에 핏대를 세우며 대명사 사용의 중요성을 강조하는 것이야말로 그것 말고는 달리 변화시킬 힘이 없다는 사람들의 두려움이 표현되고 있는 현상이다. 나는 우리가 더 많은 것을 희망할 의무가 있다고 주장했다. 그 논리는 단순하다. 만약 희망을 갖지 않는다면, 우리는 확신을 가지고 힘 있게 행동할 수가 없다. 그리고 우리가 행동할 수 없다면, 종말론자들의 모든 예언이 현실이 될 것이다.

워크도 나만큼 진보를 열망하며, 진보라는 생각을 거부하는 많은 이들도 매일 아침 일어나서 사회의 변화를 위해 애쓰러 나간다. 그들은 자신이 붙잡은 "이론"이 자신을 얼마나 무겁게 짓누르고 있는지 깨닫지 못할 뿐이다. 내가 볼 때 대개의 이유는 그 이론들이라는 게 너무나 모호하기 때문이다. 그 난삽한 산문을 끝까지 헤쳐나가는 것도 어려운 작업이지만, 저작 안으로 들어가는 데 성공하여 저자의 주장을 파악했다는 생각이 들어도 그 주장들은 계속되는 눈속임의 손장난 속에서 어이없이 흩어져버리기 일쑤다. 저자의 규범적 입장을 공격하면 그건 현실을 서술한 것뿐이라는 말이 돌아온다. 슈미트가 '적'을 쓰는 용법이나 진화심리학에 나오는 '이기적'이라는 용어의 위험성을 경고하면 심오한 이론을 이해하지 못하는 무식자라는 무시가 돌아온다. 그래도 이렇게 생각한다. **설마 그 세련된 이론가들이 우리가 일상적으로 사용하는 방식으로 언어를 사용할 만큼 조야한 짓을 할 리가 있는가?** 여기서 우리는 트라시마코스로 되돌아갈 필요가 있다. 그는 동일하지만 더 거칠고 조야한 버전으로 주장을 내놓고 있기에 세련됨의 매캐한 연막 따위로 치장되어 있지 않기 때문이다. 그렇게 하고 보면, 그 여러 입장이라는 게 희망의 좌절에서 생겨난 것들임이 선명하게 보인다.

보편주의가 특정 이익을 은폐하는 목적으로 오용되었다는 것 때문에, 보편주의 자체를 포기할 것인가?

정의에 대한 주장이 권력에 대한 주장을 감추는 치장일 때가 있었다는 것 때문에, 정의의 탐색 자체를 포기할 것인가?

진보로 나아가는 여정이 무서운 결과를 가져온 적이 있었다는 것 때문에, 진보에 대한 희망 자체를 멈출 것인가?

실망이란 아주 절실한 감정이며, 사람을 완전히 무너뜨리기도 한다. 하지만 이들의 "이론"은 실망을 용감하게 직시하려 하기보다는 오히려 그 실망을 우주의 구조로 읽어내어 거대한 의구심의 교향곡을 작곡하였고, 이것이 현재 서구 문화의 배경 음악으로 흐르고 있다.

물론 그러한 음악은 곳곳에서 쏟아지고 있으니, 그 음악을 들은 이들을 모두 진화심리학이나 카를 슈미트의 저작에 영향을 받았다고 주장하는 것은 어리석은 일이다. 그러나 철학 서적이라고는 한 번도 펼쳐본 적이 없는 이들도 지금 우리를 휘어감은 이데올로기의 조류 안에서 헤엄치고 있다. 이데올로기가 번창하는 이유는 사람들이 세상이 어떻게 작동하는지에 대해 일반적인 설명을 원하기 때문이다. 그들이 단순한 설명을 원한다면 더욱 좋다. 오늘날의 지배적 이데올로기들은 하나로 합쳐져서 인간 욕망의 모든 복잡성을 오로지 부와 권력에 대한 욕망으로 환원하는 사기성 보편주의를 만들어내고 있다. 이 자기이익이라는 이데올로기는 경제학, 철학, 생물학 등의 지지를 받는다고 스스로를 내세우면서, 그 밖의 모든 인간 행동의 동기는 다 자기기만이거나 지독한 이기주의를 감추기 위한 과대 포장일 뿐이라고 선고를 내린다. 앤드류 브라이트바트와 마이크 체르노비츠Mike Czernowitz와 같은 우익 지도자들은 이러한 관점을 공개적으로 받아들이고 있으며, 이는 최소한 지적으로는 일관성 있는 자세라고 하겠다. 체르노비츠는 〈뉴요커〉에서 이렇게 설명한 바 있다. "저기, 나도 대학 다닐 때 포스트모더니즘 이론을 읽었어요. 만약 모든 것이 서사일 뿐이라면, 지배적 서사를 대체할 대안적 서사가 있어야 합니다." 그는 미소 짓는다. "내가 라캉을 읽는 사람처럼은 안 보이죠?" 워크 활동가들이 이러한 이데올로기를 의식적으로 전유하는 것까지는 아니지만, 그중 다수는 이를 깊이 흡입했다. 이는 그들 스스로가 최상으로 삼는 도덕적 목표와 완전히 상반되는 것임에도 불구하고.

§§§§§

이 책의 마무리 작업을 하던 10월의 어느 따스한 아침, 나는 잠깐 쉬면서 베를린의 한 카페에서 인도의 작가이자 활동가인 하쉬 만데르Harsh Mander를 만나 대화를 나누었다. 만데르는 고국 인도의 주변화된 민족의 권리를 위해 지칠 줄 모르고 비폭력 투쟁을 벌여온 사람으로서 노벨평화상 후보 명단의 위쪽에 오르기도 했지만, 또 줄줄이 이어지는 살해 위협에 시달리게 된 인물이다. 그는 오늘날 인도에서 벌어지는 무슬림 린치에 대해 대부분의 대중이 침묵을 지키는 것을 놓고 1930년대에 독일인이 유대인에 대한 폭력에 무관심했던 것과 비교한다. 우리가 여러 신념을 공유하고 있다는 것을 알게 되자 그는 내가 지금 쓰고 있는 책에 대해 물었다. 나는 좌파의 본질이라고 할 세 원칙—보편주의에 대한 신념, 정의와 권력의 엄정한 구분, 진보의 가능성—을 진보 진영이 버리고 있다는 것이 나의 주장이라고 설명했다.

만데르는 내 의견에 동의하였고, 네 번째 원칙도 제안했다. 모든 것에 끝없이 의문을 던져야 한다는 신념이었다. 나의 마르크스주의자 동료들은 그토록 보편적인 사회적·경제적 권리에 대해 맹렬한 신념을 가지고 있는 그가 어째서 공산주의자가 아닌지를 물을 때가 많았다. 그의 대답은 간단했다. 그는 질문을 던지는 것을 멈추라고 자신에게 요구하는 운동은 어떤 것이든 함께할 수 없다고 했다. "힌두교는 무수한 문제를 안고 있죠." 그는 계속 말했다. 인도의 모디 수상이 이끄는 정부는 무슬림에 대한 힌두교도의 억압을 종식시키려는 그의 노력을 두고 테러 분자의 혐의를 씌운 바 있다. "하지만 힌두교에는 기독교, 유대교, 이슬람교에 없는 것이 하나 있습니다. 그 모든 신과 여신이 우리에게 의심의 필요성을 보여준다는 것입니다."

말할 것도 없이 의심은 계몽주의 사상에서도 근간을 이루는 것이었으니, 계몽주의 사상가들은 다신교 신봉자인 힌두교도들과의 공통점이 있다는 사실을 알았다면 무척 흥미로워했을 것이다. 고트홀트 에프라임 레싱Gotthold Ephraim Lessing은 진리 자체에 대한 진리를 끝없이 찾아가고자 한다는 유명한 말을 남겼다. 어떤 종교도 폭력을 종식시킬 수는 없다. 이는 인도뿐만 아니라 불교 국가인 미얀마에서 최근에 벌어지는 일들을 통해서도 명확하게 드러난다. 그러나 사람들이 스스로 가장 깊숙이 간직한 원칙에 대해서도 그것을 현실 세계에 적용할 때는 의심에 열린 자세를 견지할 수 있다면 무수한 비극을 미연에 방지할 수 있을 것이다. 특히 지금은 엄중한 역사적 시점이다. 무엇이 차별에 해당하는지에 대해 서로 생각이 다르다는 이유로 진보주의자들끼리 서로를 무시하는 것보다 더 어리석은 일은 없다.

이렇게 말하는 이유가 있다. 무려 51건의 범죄로 기소된 인물이자 자신의 의도는 이 나라의 가장 기본적인 민주주의 제도를 부수어버리는 것이라고 힘차게 떠들고 다니는 자를 지금 미국인들의 절반이 다시 대통령으로 뽑겠다고 여론 조사에서 답하고 있기 때문이다. 인도에서도 인권이란 유럽의 발명품이니 예전에 식민지였던 곳에서는 무시해도 된다고 생각하는 사람이 재선되기 직전이다. 이스라엘의 상황은 너무나 일촉즉발이어서, 이 책이 출간되어 나오는 시점에서는 그 지도자가 감옥에 가지 않으려면 이스라엘 법률을 무너뜨리든가 수천 명의 팔레스타인 사람들과 전쟁을 치르든가 둘 중 하나를 해야 할 것이라고 해도 지나친 말이 아니다. 예는 무수히 많다. 하지만 이제는 "권위주의적" 경향이니 "반민주주의적" 경향이니 하는 말들을 그만 쓸 때이다. 나는 신중하게 '원原, proto-' 그리고 '파시스트fascist'라는 말을 쓰고자 한다. 이들이 강제수용소를 지을 때까지 기다렸다가 '원파시스트들'이라고 부른다면, 이들을 막기 위해 아무것도 할 수 없을 만큼 늦을 것이다.

지금은 인민전선popular front*을 구축해야 할 시점이다. 나치가 권력을 잡은 것이 선거를 통해서였다는 사실을 상기시키는 이들이 많지만, 나치는 실제로 권력을 잡기 전에는 한 번도 다수당이 된 적이 없다. 만약 아인슈타인에서 트로츠키에 이르는 수많은 사상가들이 강력하게 촉구했던 대로 좌파 정당들이 기꺼이 인민전선을 구축했더라면 세계는 최악의 전쟁을 피할 수 있었을 것이다. 당시 좌파 정당들이 분열되었던 차이점은 아주 현실적인 것들이었으며, 그 때문에 유혈 충돌까지 벌어지곤 할 정도였다. 하지만 그들 사이의 차이점이 무엇이라고 해도, 보편주의에 입각한 각종 좌파 운동과 부족주의에 입각한 파시즘의 비전 사이에 놓인 차이점에 비하면 정말로 아무것도 아닌 것들이었다. 스탈린주의 공산당은 이 점을 깨닫지 못했다.

우리는 지금 그러한 실수를 다시 반복할 여유가 없다.

* 1930년대 초까지만 해도 유럽의 좌파는 사회민주주의와 공산주의가 극렬하게 대립하고 있었고, 좌파 전체가 부르주아 자유주의를 또한 적으로 삼았으며 자유주의 또한 좌파 전체와 대립하는 등의 상황이었다. 하지만 1930년대에 들어 유럽과 세계 각국에서 파시즘이 폭주하는 상황을 보면서 사회민주주와 공산주의, 좌파와 자유주의가 차이점을 극복하고 노동계급과 부르주아 및 중산층이 하나가 되어 파시즘에 맞서는 민주주의자들의 공동 전선을 구축해야 한다는 운동이 일어난다.

이 책의 시작은 2022년 4월 케임브리지 대학에서 있었던 애쉬비/태너 강좌Ashby/Tanner Lecture였다. 나는 클래어 칼리지Clare College의 초청자들 특히 조지 반 쿠텐George van Kooten과 앨런 쇼트Alan Short에게 감사한다. 그들 덕분에 몇 년 동안 나를 괴롭혔던 생각들을 강제로라도 정리할 수 있는 기회가 주어졌다. 사뮤엘 개럿 지틀린Samuel Garrett Zeitlin은 이 강좌에 논평해준 이들 중 하나이며, 나중에 이 책의 원고에 대해 중요한 논평을 광범위하게 해준 데에 대해서도 내가 빚을 지게 되었다.

이 책은 지금은 고인이 된 나의 친구 토드 기틀린Todd Gitlin과의 대화에 큰 영향을 입었다. 우리는 이 책에서 내가 서술한 상황에 경각심을 느껴 2020년 9월 매주 한 번씩 줌으로 만나 함께 책을 쓸 준비를 시작했다. 우리가 쓰려고 했던 책은 보편주의 문제에만 집중하기로 되어 있었으니 지금과는 다른 책이었다. 토드는 사회학자였고 나는 철학자였으니 그 책이 나왔더라면 사회학의 시각도 담을 수 있었을 것이다. 하지만 좌파가 어떤 약속을 내놓았고 어떤 실패를 저질렀는지에 대한 나의 생각은 그의 죽음으로 끝나버린 20년간의 우정에 큰 빚을 지고 있다. 그의 냉철하고도 탄탄한 논리를 담은 힘찬 목소리가 너무나 그립다.

이 책의 여러 버전의 초고가 준비되는 과정에서 읽고 논평해준 여러 고마운 친구들이 있다. 로레인 다스턴Lorraine Daston, 웬디 도니거Wendy Doniger, 샌더 길먼Sander Gilman, 에바 일루즈Eva Illouz, 필립 키처Philip Kitcher, 캐린 럭Carinne Luck, 소피 니먼Sophie Neiman, 벤 자카리아Ben Zachariah 등은 많은 사려 깊은 제안을 해주었다. 내가 받아들이지 않은 제안까지 포함하여 깊은 감사를 표한다. 이런 책을 쓴다는 것은 곧 명확하면서도 건설적이고 날카로우면서도 상처를 주지 않는 비판의 형태를 추구하는 작업이다. 얼마나 성공을 거두었는지는 내가 판단할 수 없는 일이다.

20년 전 나의 책《근대 사상에서의 악》을 편집한 이언 맬컴Ian Malcolm과 다시 일할 기회가 없었다면, 과연 강의를 책으로 확장하는 작업을 내가 했을지 의심스럽다. 이언은 한마디로 내가 지금까지 만난 최고의 편집자다. 20년 전의 책에서와 마찬가지로 이 책에서도 날카로운 비판과 무한의 격려를 함께 보내주었다.

늘 그렇듯, 나의 에이전트 새러 셀팬트Sarah Chalfant의 지혜와 꾸준한 지원은 내가 안정되게 작업에 집중하는 데 결정적인 역할을 했다.

출판사는 보통 책의 새 판이 나올 때 저자가 '전기forewrods'나 '후기afterwords'를 추가하는 것은 반갑게 여기지만, 완성된 책에다가 대량의 텍스트를 덧붙이겠다고 제안할 때는 그다지 기뻐하지 않는다. 따라서 나는 이 책을 최소한 2023년 11월 19일의 시점으로 업데이트하도록 공간을 내준 폴리티 출판사Polity Press에 감사를 드린다. 그 덕에 나는 또한 1판에서 내놓은 주장들에 혼란을 겪은 일부 독자들과 서평자들에게 오해를 바로잡을 수 있도록 더 자세히 설명할 수 있는 기회를 얻었다. 마지막으로, 도미니크 본피글리오Dominic Bonfiglio에게 그의 전문적인 연구 및 사려 깊은 비판에 대해 감사를 표하고자 한다. 이 책을 수정하는 데 그의 연구와 비판은 아주 큰 노움이 되었다.

좌파는 워크가 아니다

이 책은 간결하고 명확하며 친절하다. 다시 요약할 필요도 해설을 덧붙일 필요도 없다. 이 책이 "워크는 좌파가 아니다"라고 했으니, 나는 이를 뒤집어 "좌파는 워크가 아니다"라는 명제를 코다coda처럼 살짝 덧붙이고자 한다.

나는 오랫동안 '좌파'라는 것을 정체성으로 삼고 살아왔지만, 대략 10년 전부터는 그만두고 말았다. 내 생각이 변했기 때문이 아니다. 내가 알고 있는 바로 볼 때 '좌파'라는 말의 뜻이 변해버렸기 때문이다. 지금 통용되고 있는 의미로 보면 나는 '좌파'가 아니다. 이런저런 이념과 이데올로기들은 핵심적인 원리와 중심적인 저작들도 있기 때문에 하나로 규정하는 것이 불가능하지 않으나, 사실 '좌파'라는 말은 역사적으로 생겨날 때부터 모호한 경향성을 의미하는 것이었을 뿐, 무슨 내용을 담은 말이었다고는 보기 힘들다. 그러다 보니 이 말의 의미가 이렇게 저렇게 바뀐 것이, 이번이 처음 벌어진 일은 아니다.* 하지만 이번의 의미

* 역사적으로 '좌파'라는 말의 의미 변화에 대한 흥미로운 접근은 다음이 있다. Geoffrey Hodgson, *Wrong Turns: How the Left Got Lost*, Chicago University Press, 2018.

변화는 그 전과 비교하여 연속성보다는 단절성이 훨씬 크게 부각되는 사건이라고 보인다.

내가 알고 있었던 바의 '좌파'란 사회경제적 차원에서 불리한 위치에 있는 다수의 사람들이 안녕을 보장받고 스스로의 삶을 피워낼 수 있도록 다종다기한 활동을 벌이는 집단을 뜻한다. 그중에는 자본과 국가 권력에 맞서는 투쟁과 싸움만이 있는 것이 아니다. 피폐해진 사람들의 물질적·정신적 삶을 보호하고 복구하기 위한, 즉 삶을 다시 구축하기 위한 여러 활동이 있으며 그 가운데에서 우리 모두 모래알같이 파편화된 개인을 넘어 함께 살아가며 사회를 이루는 이웃이요, 형제자매였음을 회복하면서 사회 전체를 재구성해나가는 활동까지도 포함이 된다. 그렇기 때문에 비단 사회경제적 차원에서의 투쟁과 요구만이 아니라, 사람다운 사회가 건설되는 데에 필요한 여러 정치적·도덕적·미학적·문화적 요구로 전선을 계속적으로 확대해나가는 집단을 뜻한다.

워크는 이러한 목표와 가치를 공유하지도 않으며, 그 실천의 방법에 있어서도 공통점이 없다. 이 책에서 잘 설명하고 있듯이, 워크는 계몽주의와 진보에 대한 거부, 보편적 가치에 대한 허무주의, 부족적 정체성의 절대시, 맹목적인 권력 추구 등의 특징으로 볼 때 오히려 20세기 중반에 발호했던 파시즘과 훨씬 더 가깝게 닮아 있다. 성적 소수자, 소수 인종, 여성 문제 등에 있어서 지배 블록과 기성 체제와 각을 세우고 싸워나가려 한다는 것 때문에 순전히 우연적으로 좌파 진영과 서 있는 입지가 겹쳐 있을 뿐, 1930년대 스페인 내란 당시 공화국을 수호하려는 전선에 스탈린주의자들과 아나키스트들이 함께 서 있었던 것처럼 사실상 동상이몽 아니 오월동주라고 해야 할 것이다.

그런데 어째서 워크가 2010년대에 들어와서 좌파의 자리를 차지하게 된 것일까? 이와 관련하여서는 2000년대 아니 1980년대부터 꾸준히 진행되어온 이론 진영에서의 문제를 이야기하지 않을 수 없다. 워크가 단순한 사회적 증후symptom로 끝나지 않는 이유는 그러한 실천과 담론의 밑바탕에 1980년대 이후 미국을 필두로 서구의 대학 인문학계에서 발전되어온 ('포스트주의'로 통칭되는) 이른바 '이론Theory'을 깔고 있기 때문이다. 여기에 입문하지 않은 보통 사람들로서는 도저히 이해할 수 없는 알쏭달쏭한 이론과 개념을 구사하는 이들의 입과 손을 통해서, 상식적인 차원으로 보면 엽기적이라고밖에 할 수 없는 가지가지의 실천과 담론들이 고차적인 지적·도덕적 정당성 아니 우월성을 획득하곤 한다.* 그러다가 상식을 무기로 삼아 날카로운 질문과 말 주먹을 들이댈 줄 아는 우파 유튜버들에게 걸리면 차마 눈뜨고 볼 수 없는 추태를 연출하기도 한다.

* 이 '이론'에 대한 간명한 해설과 명쾌한 비판으로는 다음이 있다. Helen Pluckrose and James Lindsay, *Cynical Theories: How Activist Scholarship Made Everything about Race, Gender, and Identity: And Why this Harms Everybody*(《냉소적 이론들: 포스트모더니즘 대문자 이론 비판》 헬렌 플럭로즈, 제임스 린지 지음, 오민석 옮김, 뒤란, 2023.)

이러한 이론('비판적 정의론Critical Justice Theory'이라는 실로 아이러니한 이름을 달고 있다)에 기반한 워크의 실천과 담론은 그래서 본래 좌파들이 출발점으로 삼는 '산업사회에서 가장 불리한 위치에 처한 가장 숫자가 많은 사람들'과는 동떨어져 있다. 교육 중상층의 의식과 정서를 반영하여 사회적인 위신을 확보하는 한편, 거기에 편승하여 스스로의 이익을 관철시키고 권력을 확장하고자 하는 이들이 결합되면서 생겨난 소수의 집단이 핵을 이루고 있다. 이들은 자신들의 세를 확장하고 사회적인 징당성을 보강하기 위해 스스로에 '진보'라는 껍데기를 두르는 것이 보통이다. 그리하여 2010년대 후반이 되면 실로 눈 깜짝할 사이에 워크는 미국에서 진보 좌파의 주류 담론 자리를 차지해 버리고 만다. 이는 이제 미국의 국경을 넘어 서유럽으로 또 그 밖의 지역으로 확장되고 있다. 전 세계 담론 지형에서 미국의 대학, 언론 매체, 싱크탱크 등이 차지하는 압도적인 헤게모니에 힘입어, 미국의 진보 좌파를 장악한 워크가 마치 '새로운 시대의 대안적 좌파'인 것처럼 놀라운 속도로 전 세계로 확산되고 있는 것이다.

하지만 좌파는 워크가 아니다. 좌파는 좌파가 걸어온 길이 있으며, 또 산업사회와 자본주의가 존재하는 한 결코 사라지지 않는 나름의 임무와 사명이 있다. 생태위기, 사회적 불평등, 지정학적 갈등, 민주주의의 위기, 인구학적 위기 등 온갖 도전에 처한 오늘날의 산업사회를 더 인간적이고 생태적이고 효율적인 세상으로 만들어나가기 위해 좌파가 풀어야 할 질문들과 기여해야 할 영역들은 산적해 있다. 좌파는 워크가 아니다. 좌파는 좌파의 길이 있다. 그리고 시간이 지날수록 워크는 도저히 좌파의 입장에서 용납할 수 없는 담론과 실천으로 경도되어 갈 뿐만 아니라, 무수한 사람들을 분열과 혼란으로 몰아넣고 있다.

책의 결론으로 저자가 주장하고 있듯이, 지금은 이 인류 존속의 위기를 맞아서 계몽주의와 보편주의의 이상을 견지하면서 모든 사람이 서로 연대하고 협력하는 세상을 만들기 위해 힘을 합칠 때이다. 제1차 세계대전이 인류 문명을 위협할 때 로자 룩셈부르크는 "사회주의냐 야만이냐"는 질문을 던진 바 있다. 그보다 훨씬 시시하고 적은 규모이기는 하지만, 여전히 좌파의 프로젝트가 유효하다고 믿는 이들은 다음과 같은 질문을 던질 때가 되었다. "좌파냐 워크냐."*

2024년 4월

홍기빈

* 미국 우파들은 ESG 기업 경영에 파고든 워크의 관행을 비난하면서 기업들에게 "워크 하면 거지 된다Go Woke, Go Broke"라는 조롱의 구호를 외치고 있다.

주

1장 들어가며

[1] Thomas Piketty, *Time for Socialism: Dispatches from a World on Fire* (New Haven, CT: Yale University Press, 2021).

[2] Thomas Piketty, *Capital and Ideology* (Cambridge, MA: Harvard University Press, 2020).

[3] 최근 논의는 다음을 보라. Kenan Malik, *Not So Black and White*, Hurst and Company, 2023, pp. 202-206.

[4] Barbara Smith, quoted in Olúfémi O. Táíwò, "Identity Politics and Elite Capture," *Boston Review*, May 7, 2020.

[5] Touré Reed, *Toward Freedom: The Case Against Racial Reductionism* (London: Verso, 2020).

[6] https://www.mckinsey.com, 2021.

[7] *New York Times*, January 23, 2020.

[8] Rokhaya Diaollo, *The Washington Post*, October 21, 2023.

[9] Rokhaya Diaollo, ibid, October 9, 2023.

[10] Diaollo, letter to author, August 22, 2023.

[11] 예시가 더 많은 책을 참고하려면, 영어로는 Campbell and Manning, Malik, McWhorter, Pluckrose and Lindsay; 독일어로는 Cheeba and Mendel, Nida-Rumelin, Stegemann을 보라.

[12] Neiman, *Evil in Modern Thought*, originally published in 2002, Princeton Classics edition 2015.

[13] Bruno Latour가 제안한 다음을 참고하라. "Why Has Critique Run Out of Steam? From Matters of Fact to Matters of Concern," *Critical Inquiry*, Winter 2004.

[14] Barbara Fields와 Ta-Nahesi의 대화, The Graduate Center at CUNY, March 14, 2013.

[15] Ibram X. Kendi, *The Atlantic*, March 23, 2023.

2장 보편주의와 부족주의

[1] Kwame Anthony Appiah, *The Lies that Bind: Rethinking Identity* (New York: Liveright, 2018).

[2] Benjamin Zachariah, *After the Last Post: The Lives of Indian Historiography* (Berlin, Boston: De Gruyter Oldenbourg, 2019).

[3] YouTube: https://www.youtube.com/watch?v=3qkOUXkBNS4&ab_channel=RyanLong

[4] 다음을 보라. Neiman, *Heroism for an Age of Victims* (New York: Liveright, 2024), forthcoming.

[5] https://edition.cnn.com/2022/03/10/us/jussie-smollett-sentencing-trial/index.html

[6] Gil Ofarim. https://www.spiegel.de/panorama/justiz/gil-ofarim-muss-sich-ab-oktober-in-leipzig-vor-gericht-verantworten-a-f6996243-62d7-4fd8-af1a-c735ae 8af9d0

[7] Jean Améry, *At the Mind's Limits: Contemplations by a Survivor on Auschwitz and Its Realities* (Bloomington: Indiana University Press, 1980).

[8] Olúfémi O. Táíwò, *Elite Capture: How the Powerful Took Over Identity Politics (And Everything Else)* (Chicago: Haymarket Books, 2022), p. 20.

[9] Miranda Fricker, "Feminism in Epistemology: Pluralism without Postmodernism" in Fricker and Hornsby, eds., *The Cambridge Companion to Feminism in Philosophy* (Cambridge: Cambridge University Press, 2016), pp. 146–65. 또한 다음을 보라. Fricker, *Epistemic Justice: Power and the Ethics of Knowing* (Oxford: Oxford University Press, 2007).

[10] 이에 대한 더 자세한 논거는 다음을 보라. Omri Boehm, *Radikal Universalismus* (Berlin: Ullstein Verlag, 2022).

[11] 다음을 보라. Anthony Lerman, *Whatever Happened to Antisemitism?* Pluto Press, 2022. 최근 정보에 대한 간략한 버전은 여기에서 볼 수 있다. https://www.thenation.com/article/world/israel-gaza-intelligence-cyber-shield/?custno=&utm_source=Sailthru&utm_medium=email&utm_campaign=Daily%2011.2.2023&utm_term=daily

[12] 세밀한 논증을 위해서는 다음을 참고하라. K. Fields and B. Fields, *Racecraft: The Soul of Inequality in American Life* (London: Verso, 2012).

[13] James Q. Whitman, *Hitler's American Model: The United States and the Making of Nazi Race Law* (Princeton: Princeton University Press, 2017).

[14] Jean-Paul Sartre, "Materialism and Revolution" in *Literary and Philosophical Essays* (New York: Collier Books, 1962).

[15] Ato Sekyi-Otu, *Left Universalism, Africacentric Essays* (New York: Routledge, 2019).

[16] Carl Schmitt, *The Concept of the Political* (Chicago: University of Chicago Press, 1996).

[17] Joseph de Maistre, *Considerations on France*, ed. Richard A. Lebrun with an introduction by Isaiah Berlin (New York: Cambridge University Press, 1994).

[18] 다음을 보라. Raphael Gross, *Carl Schmitt and the Jews* (Madison: University of Wisconsin Press, 2007).

[19] 다음을 보라. Bettina Stangneth, *Eichmann Before Jerusalem*, Knopf 2014.

[20] 다음을 보라. Mark Lilla, *The Once and Future Liberal: After Identity Politics* (London: HarperCollins, 2017).

[21] Kenan Malik, op.cit., p. 222

[22] Thomas Keenan, "Or Are We Human Beings?" in *e-flux*, 2017.

[23] Eleanor Roosevelt, *On the Adoption of the Universal Declaration of Human Rights*, delivered 9 December 1948 in Paris, France.

[24] United Nations, Office of the High Commissioner for Human Rights, 2018.

[25] "A Flawed History of Humanity" (review of David Graeber and David Wengrow, *The Dawn of Everything: A New History of Humanity*), *Persuasion*, November 19, 2021.

[26] Marquis de Sade, *Juliette*; 또한 다음을 보라. Neiman, *Evil in Modern Thought* (Princeton: Princeton University Press, classics edn., 2015).

[27] Jean-Jacques Rousseau, *First and Second Discourses Together with the Replies to Critics and the Essay on Language*, Victor Gourevitch, ed. and trans. (London: HarperCollins, 1986).

[28] Denis Diderot in Sankar Muthu, *Enlightenment Against Empire* (Princeton: Princeton University Press, 2003). 여기에서 제기한 주장에 대해 더 알고 싶은 독자는 Muthu의 책을 보라.

[29] Immanuel Kant, *Toward Perpetual Peace*, Third article: "The law of world citizenship is to be united to conditions of universal hospitality." earlymoderntexts.com

[30] Diderot in Muthu, op. cit.

[31] Kant, *The Metaphysics of Morals* (Cambridge, Cambridge University Press, 2017).

[32] Kant, in Emmanuel Chukwudi Eze, *Race and the Enlightenment: A Reader* (Cambridge, MA: Blackwell, 1997).

[33] Chukwudi Eze, ibid.

[34] Jean-Paul Sartre, Introduction to Frantz Fanon, *The Wretched of the Earth* (New York: Grove Press, 2005).

[35] A. Ghose, in P. Mishra, *From the Ruins of Empire: The Revolt Against the West and the Remaking of Asia* (Harmondsworth: Penguin, 2013), p. 223.

[36] Tzvestan Todorov, "Lévi-Strauss," in Mark Lilla, ed., *New French Thought:*

Political Philosophy (Princeton: Princeton University Press, 1994), 38 – 53.
[37] 관련된 더 많은 문헌이 있다. the papers in Fliksschuh and Ypr, *Kant's Colonialism: Historical and Critical Perspectives*, Oxford University Press, 2014.
[38] Ludwig Wittgenstein, Philosophical Investigations 4th edn. (Oxford: Wiley-Blackwell, 2009).
[39] Exodus 22:21, Dr. J.H.Hertz, ed and trans, The Soncino Press, 1960.
[40] A. Cabral, quoted in Táíwò, p. 82.
[41] Sekyi-Otu, op. cit., p. 6.
[42] Táíwò, *Against Decolonialization: Taking African Agency Seriously* (London: C. Hurst & Co., 2022), p. 6.
[43] Fanon, *Black Skin, White Masks* (New York: Grove Press, 2008).
[44] Sekyi-Out, op. cit., p. 169.
[45] A. Cabral, *National Liberation and Culture*. In P. Williams and L. Chrisman, eds., Colonial Discourse and Postcolonial Theory (London: Routledge, 1994).
[46] *Cabralista* (film).
[47] Sekyi-Otu, op. cit, p. 14.
[48] 다음을 보라. Benjamin Zachariah, op. cit.
[49] Aime Cesaire, *Letter to Maurice Thorez* (Editions Presence Africaine, 1957).

3장 정의와 권력

[1] Richard Rorty, *Achieving our Country: Leftist Thought in Twentieth-Century America* (Cambridge, MA: Harvard University Press, 1998).
[2] Bernard Williams, *Truth and Truthfulness: An Essay in Genealogy* (Princeton: Princeton University Press, 2002).
[3] Michael Walzer, "The Politics of Michel Foucault," *Dissent*, 1982.
[4] Michel Foucault, "Nietzsche, Genealogy and History" in *Language, Countermemory and Practice* (Ithaca, NY: Cornell University Press, 1980).
[5] https://michel-foucault.com/2019/05/01/highly-cited-researchers-h100-foucault-at-number-1-2019/
[6] Laura Stoler, *Race and the Education of Desire: Foucault's History of Sexuality and the Colonial Order of Things* (Durham and London: Duke University Press, 1995).
[7] Edward Said, *Culture and Imperialism* (New York: Vintage, 1994), p. 31.
[8] Michel Foucault, "Truth and Power" in Gordon Colin, ed., *Power Knowledge: Selected Interviews and Other Writings* 1972 – 1977 (New York: Vintage, 1980).

[9] Michel Foucault, ibid.

[10] YouTube, Foucault and Noam Chomsky. https://www.youtube.com/watch?v=3wfNl2L0Gf8&t=796s&ab_channel=withDefiance

[11] Michael Walzer, op. cit.

[12] S. Neiman, *Moral Clarity: A Guide for Grownup Idealists* (Princeton: Princeton University Press, 2010).

[13] Mark Lilla, "The Enemy of Liberalism" in the *New York Review of Books*, May 15, 1997.

[14] Paul Piccone, Interview, *Telos*, Fall 1999.

[15] Scott G. McNall, in *Fast Capitalism*, Volume 5, Issue 1, 2009.

[16] Alan Wolfe, The Future of Liberalism (New York: Vintage, 2009), p. 141. 또한 다음을 보라. Richard Wolin, "The Cult of Carl Schmitt" in Liberties, 2022.

[17] Samuel G. Zeitlin, "Indirection and the Rhetoric of Tyranny: Carl Smith's *The Tyranny of Values 1960–1967*," in *Modern Intellectual History* (Cambridge: Cambridge University Press, 2021). 또한 다음을 보라. Bill Scheurman, "Carl Schmitt and the Nazis" in *German Politics and Society*, No. 23, Summer 1991 and Mark Neocleous, "Perpetual war, or 'war and war again': Schmitt, Foucault, Fascism" in *Philosophy and Social Criticism*, Vol 22 no 2, Sage Publications, 1996.

[18] Theodor Adorno, *Minima Moralia* (Berlin: Suhrkamp, 1969).

[19] Carl Schmitt, "Amnestie – Urform des Rechts," in Stuttgart: *Christ und Welt*, 1949.

[20] Carl Schmitt, *The Concept of the Political* (Chicago: University of Chicago Press, 2007), pp. 27–8.

[21] Carl Schmitt, *Ex Captivitate Salus: Erfahrung aus der Zeit* 1945–1947 (Cambridge: Polity, 2017).

[22] Carl Schmitt, *The Concept of the Political*, p. 33.

[23] 다음을 보라. George Schwab, "Carl Schmitt Hysteria in the US", in *Telos*, Spring 1992.

[24] 다음을 보라. Neiman, "Antimodernismus: Die Quellen allen Unglücks?" *Die Zeit*, 2016.

[25] Quoted in Zeitlin, op. cit.

[26] Carl Schmitt, *Die Tyrannei der Werte* (Berlin: Duncker und Humblot, 2020).

[27] 반대하는 견해는 다음을 보라. Richard Wolin, *Heidegger in Ruins: Between Philosophy and Ideology* (New York: Yale University Press, 2023).

[28] Chantal Mouffe, *For a Left Populism*, Verso, 2018.

[29] Chantal Mouffe, *The Return of the Political*, Verso, 1993.

[30] 다음을 보라. Neiman, *Moral Clarity*, Harcourt, 2008.

[31] 다음을 보라. Schwab, op. cit.

[32] Jean Jacques Rousseau, *Second Discourse.*
[33] Erika Lorraine Milam, *Creatures of Cain: The Hunt for Human Nature in Cold War America* (Princeton: Princeton University Press, 2019), p. 274.
[34] Geertz, review of Donald Symons, *The Evolution of Human Sexuality, in New York Review of Books*, January 24, 1980.
[35] Richard Alexander, quoted in Philip Kitcher, *Vaulting Ambition: Sociology and the Quest for Human Nature* (Cambridge, MA: MIT Press, 1987), p. 274.
[36] Stephen Jay Gould, *Ever Since Darwin: Reflections on Natural History*. (New York, London: W.W. Norton & Company, 1992), p. 258.
[37] Kitcher, op. cit., p. 256.
[38] Kitcher, op. cit., p. 435.
[39] Vickers and Kitcher, "Pop Sociobiology Reborn: The Evolutionary Psychology of Sex and Violence," in C.B. Travis, ed., *Evolution, Gender and Rape* (Cambridge, MA: MIT Press, 2003), p. 2.
[40] David Barash, quoted in Kitcher, op. cit.
[41] Mary Midgley, *Evolution as a Religion* (London: Routledge Classics, 2002), p. 137.
[42] E.O. Wilson, *On Human Nature* (London: Penguin, 1995), pp. 155 – 6.
[43] Stephen Pinker, "The Moral Instinct" in Hilary Putnam, Susan Neiman and Jeffrey Schloss, eds., *Understanding Moral Sentiments: Darwinian Perspectives?* (New York: Transaction Publishers, 2014), p. 69.
[44] Midgley, op. cit., p. 152.
[45] Kitcher, op. cit., p. 403.
[46] Steven Pinker, *The Better Angels of Our Nature*, Penguin, 2012, pp. 39, 43.
[47] Midgley, op. cit., p. 152.
[48] Robert Wright, *The Moral Animal: Why We Are The Way We Are: The New Science of Evolutionary Psychology* (New York: Vintage, 1994).
[49] 다음 CNN 인터뷰를 참고하라. John Kelly, Trump's former chief of staff, on October 3, 2023.

4장 진보와 파멸

[1] Hannah Arendt, *On Violence* (Oxford: Harcourt, 1970), p. 82.
[2] Martha Nussbaum, "Professor of Parody," *The New Republic*, 1994.
[3] Michel Foucault, "What is Enlightenment?" in P. Rabinow, ed., *The Foucault Reader* (New York: Pantheon, 1984).
[4] Michel Foucault, "Nietzsche, Geneaology, History," op cit., p. 151.

[5] Jean Améry, Werke VI, p. 214.

[6] Michel Foucault, *Discipline and Punish: The Birth of the Prison* (London: Penguin, 2020).

[7] Jean Améry, "Michel Foucault's Vision des Kerker-Universums" in *Merkur* (Stuttgart: Klett-Cotta), April 1977.

[8] Michael C. Behrent, *Liberalism without Humanism* (Cambridge: Cambridge University Press, 2009).

[9] Quoted in Raymond Tallis, *Enemies of Hope: A Critique of Contemporary Pessimism* (New York: St. Martin's Press, 1999), p. 67.

[10] Michel Foucault, *Language, Countermemory and Practice*, op. cit., p. 227.

[11] In Neiman, *Moral Clarity* and Neiman, *Heroism in an Age of Victims*.

[12] 또한 다음을 보라. Malik, op.cit, pp 236-8.

[13] Jean-Jacques Rousseau, *Emile, or: On Education* (New York: Basic Books, 1979).

[14] Jean-Jacques Rousseau, *Discourse on Inequality* in Gourevitch, ed., op. cit.

[15] Immanuel Kant, *Religion Within the Limits of Reason Alone* (Cambridge: Cambridge University Press, 1998).

[16] McNall, op. cit.

[17] C.S. Lewis, "Introduction" in Athanasius, *On the Incarnation* (Kentucky: GLH Publishing, 2018).

[18] Philip Kitcher, *Moral Progress* (Oxford: Oxford University Press, 2021).

[19] Neiman, *Learning from the Germans: Race and the Memory of Evil* (New York: Farrar, Straus and Giroux, 2019).

[20] Neiman, ibid., ch. 2.

[21] 다음을 보라. Hamburger Institut für Sozialforschung (HG), *Eine Ausstellung und Ihre Folgen* (Hamburger Edition, 1999).

[22] 다음을 보라. Neiman, "Historical Reckoning Gone Haywire," *The New York Review of Books*, October 19, 2023.

[23] Neil MacGregor, *Guardian*.

[24] For a recent exception see Reed, op. cit.

[25] Bryan Stevenson, interview in Neiman, *Learning from the Germans*, op. cit., ch. 8.

[26] Touré, op. cit.

[27] Noam Chomsky, interview with David Barsamian, in *The Nation*, October 11, 2022.

[28] Midgley, op. cit., p. 170.

5장 좌파란 무엇인가?

[1] Duke University Press, 2022.

[2] See Benjamin Zacchariah, *The Postcolonial Volk*, Polity, forthcoming 2025.

[3] Hannah Arendt, op. cit., p. 63.

[4] Ibid., p. 66.

[5] Bernie Sanders, *It's OK to be Angry About Capitalism*, Crown, 2023.

[6] 한 예로 다음을 참고하라. Piketty in ibid. and Piketty, *Capital in the Twenty-First Century* (Cambridge, MA: Harvard University Press, 2013).

[7] Richard Tuck, "The Rise of Rational Choice" in *European Journal of Sociology* (Cambridge: Cambridge University Press, 2005), p. 587.

[8] Karl Marx, *The Communist Manifesto*: "All that is solid melts into air, all that is holy is profaned."

[9] Wendy Brown, *Undoing the Demos: Neoliberalism's Stealth Revolution* (New York: Zone Books, 2015).

[10] Ibid.

[11] 다음을 보라. Brown, op. cit., and Sawyer and Steinmetz-Jenkins, eds., *Foucault, Neoliberalism and Beyond* (London: Rowman and Littlefield, 2019), and Zamora and Behrent, *Foucault and Neoliberalism*, Polity Press, 2015.

[12] Piketty, *Capital and Ideology*, op. cit.

[13] Paul Tough, *The New York Times*, September 5, 2023.

[14] George Orwell, "Politics and the English Language," in *Horizon,* 1946.

[15] 이 구문은 Emily Dische-Becker가 제안했다.

워크는 좌파가 아니다

1판 1쇄 펴냄 | 2024년 4월 25일
지은이 | 수전 니먼
옮긴이 | 홍기빈
발행인 | 김병준
편 집 | 정혜지
디자인 | 위드텍스트·권성민
마케팅 | 차현지·이수빈
발행처 | 생각의힘

등록 | 2011. 10. 27. 제406-2011-000127호
주소 | 서울시 마포구 독막로6길 11, 2, 3층
전화 | 02-6925-4183(편집), 02-6925-4188(영업)
팩스 | 02-6925-4182
전자우편 | tpbook1@tpbook.co.kr
홈페이지 | www.tpbook.co.kr

ISBN 979-11-93166-46-8 (03300)